U0673556

THE ROOT AND
SOUL OF STATE-OWNED
ENTERPRISES

国有企业的“根”和“魂”

新时代加强国有企业党的政治建设探究

张秀中 著

责任编辑：余　平
封面设计：王欢欢
责任校对：白　玥

图书在版编目（CIP）数据

国有企业的“根”和“魂”：新时代加强国有企业党的政治建设探究／张秀中 著．—北京：人民出版社，2019.9
ISBN 978-7-01-021129-9

Ⅰ．①国…　Ⅱ．①张…　Ⅲ．①中国共产党-国有企业-党的建设-政治建设-研究　Ⅳ．①D267.1

中国版本图书馆 CIP 数据核字（2019）第 168602 号

国有企业的“根”和“魂”
GUOYOU QIYE DE GEN HE HUN
——新时代加强国有企业党的政治建设探究

张秀中　著

人民出版社 出版发行
（100706　北京市东城区隆福寺街 99 号）

北京盛通印刷股份有限公司印刷　新华书店经销

2019 年 9 月第 1 版　2019 年 9 月北京第 1 次印刷
开本：710 毫米 ×1000 毫米 1/16　印张：15.75
字数：234 千字

ISBN 978-7-01-021129-9　定价：58.00 元

邮购地址 100706　北京市东城区隆福寺街 99 号
人民东方图书销售中心　电话（010）65250042　65289539

目　录

序　言

国有企业是推进国家现代化、保障人民共同利益的重要力量，是中国特色社会主义的重要物质基础和政治基础，关系到公有制主体地位的巩固，关系到中国共产党的执政地位和执政能力，关系到中国社会主义制度。新中国成立以来特别是改革开放以来，国有企业为中国经济社会发展、科技进步、国防建设、民生改善等作出了历史性贡献，功勋卓著、功不可没。国有企业具有天然的经济属性和鲜明的政治属性。天然的经济属性，指的是国有企业作为市场竞争的主体，公司治理结构必须依法维护股东也就是全体中国人民的权益，保证国有资产保值增值，做强做优做大国有资本，防止国有资产流失，实现企业经营效益的最大化。鲜明的政治属性，指的是国有企业作为中国特色社会主义的重要物质基础和政治基础，以广大党员干部职工为主体的工人阶级作为中国共产党最坚实最可靠的阶级基础和领导阶级，国有企业党组织必须保证监督党的理论和路线方针政策在企业贯彻执行，保证监督党和国家的决策部署在企业贯彻落实，同时支持公司治理结构依法行使职权，不断提升企业党组织的政治功能和组织力，不断提升广大党员干部职工的政治素质和政治能力，确保党对国有企业的领导，确保企业改革发展工作始终沿着正确的方向前进。天然的经济属性和鲜明的政治属性，决定了国有企业党组织和党员干部职工始终面对着经济建设和政治建设“两个战场”。因此，坚定不移地坚持党的领导、加强党的建设，对推动国有企业发展具有重大的政治意义、现实意义和深远的历史意义。

中国的国有企业是中国共产党领导的企业，离开了中国共产党的领导，企业也就不是国有企业。习近平同志在全国国有企业党的建设工作会议上指出，坚持党的领导、加强党的建设是国有企业的“根”和“魂”，是中国国有企业的独特优势。但正如人的理想信念不会自然形成一样，党的领导、党的建设这一国有企业的“根”同样不会自动扎牢，“魂”同样不会自然铸成。特别是随着改革开放以来中国经济体制从社会主义计划经济向社会主义市场经济转变，由于对市场经济内在规律和本质属性认识上的偏差，理解把握不够到位，以及受市场经济一些负面因素影响，一些国有企业党组织和党员领导干部在加强企业党建工作的思想观念和认识上出现了偏差，搞不清坚持党的领导、加强党的建设与建立现代企业制度的内在关系，找不准党建工作与改革发展工作深度融合的着力点、发力点，存在“只抓业务不抓党风、只管发展不治腐败”现象，贯彻执行党的方针政策不坚决、不全面、不到位，管党治党不担当，致使不同程度地存在党的领导、党的建设弱化、淡化、虚化、边缘化问题。

党的十九大提出了新时代党的建设总要求，明确提出了坚持“以党的政治建设为统领”的“政治建党”要求，为加强新时代国有企业党的领导、党的建设，确保改革发展工作沿着正确的方向前进指明了方向、提供了根本遵循。国有企业要使坚持党的领导、加强党的建设成为企业的“根”和“魂”，必须把党的政治建设作为根本性建设，发挥政治工作生命线作用，才能科学有效地铸牢国有企业的“根”和“魂”，除此之外别无坦途。国有企业党组织要高举中国特色社会主义伟大旗帜，以习近平新时代中国特色社会主义思想为指导，全面贯彻落实党的十九大精神，把党的政治建设作为党的根本性建设，以坚守共产主义远大理想和中国特色社会主义共同理想、“两个一百年”奋斗目标的政治方向为根本要求，以坚决维护党中央权威和集中统一领导为根本出发点，以始终保持国有企业改革发展正确的政治方向为根本原则，以凝聚党员干部职工智慧力量作为重要着力点，以营造良好政治生态作为根本任务，充分发挥政治工作生命线作用，用强有力的党的政治建设统领党的思想建设、组织建设、作风建设、纪律建设和制度建设，全面解决党的领导和党的建设弱化、淡化、虚化、边缘化等突出问题，始终坚持党对国有企业的领导不动摇、坚持服务生产经营不偏离、坚持党组织对国有企业选人用人的领导和把关作用不能变、坚持建强国有企业基层党组织不放松，更好地发挥党的领导作用、基层党组织战斗堡垒作用和党员先锋模范作用，为推动国有企业不断做强做优做大、建设具有全球竞争力的世界一流企业提供坚强的政治保证。

张秀中同志长期在中共广东省委办公厅从事政策理论研究，近年来，根据组织安排，他又在广东省省属国有企业——广东省广新控股集团有限公司从事党建工作。在认真抓好本职工作的同时，针对国有企业党建工作中存在的问题进行了认真的总结分析，并运用掌握的理论知识进行研究思考，形成了《国有企业的“根”和“魂”——新时代加强国有企业党的政治建设探究》一书。该书坚持目标导向和问题导向相结合，围绕如何使党的领导、党的建设成为国有企业的“根”和“魂”这一核心问题，明确提出要按照坚持以党的政治建设为统领的“政治建党”要求，坚定不移做好强化政治导向工作。坚持目标导向，就是围绕破解一些国有企业党组织和党员干部特别是领导干部存在的重经济属性轻政治属性、重业务轻党建等错误思想观念和思想认识，鲜明地提出了要深刻理解和全面把握国有企业党建工作的本质要求、核心价值、关键环节和基本工作方法等“四大理念”，努力为推动党建工作与生产经营工作的深度融合奠定坚实的思想基础。坚持问题导向，就是围绕破解一些国有企业存在的党的领导、党的建设弱化、淡化、虚化、边缘化等“四化”问题，明确提出要科学把握和正确处理好国有企业党建工作与改革发展工作的关系、党建工作与党务工作的关系，明确提出了加强新时代国有企业党的政治建设的指导思想和基本原则，明确提出要着力探索创新政治工作实现路径、着力健全完善政治工作制度机制、着力抓好政治工作创新发展，努力发挥政治工作生命线作用，用强有力的政治建设统领党的其他建设，推动国有企业独特的政治优势与市场机制有机结合，切实把国有企业的政治优势转化为经营管理优势、创新发展优势和市场竞争优势，从而确保党的先进性和纯洁性，不断提高执政能力和领导水平，努力铸牢国有企业的“根”和“魂”，推动国有企业不断做强做优做大，为建设具有全球竞争力的世界一流企业提供坚强的政治保证。该书坚持理论性、创新性、实践性相统一，力求站位高、切实际，针对性和操作性强，能够解决实际问题。强调理论性，就是坚持以习近平新时代中国特色社会主义思想为指导，紧紧围绕新时代党的建设总要求，认真谋划新时代加强国有企业党的政治建设的思路举措，确保理论指导上的科学性和先进性；强调创新性，就是紧扣国有企业工作实际，把推进新时代党的建设新的伟大工程这一宏伟蓝图，变为加强国有企业党的领导、党的建设的创造性施工图，努力做到纲举目张、流水有源；强调实践性，就是坚持目标导向和问题导向相结合，对每一个领域、每一项工作，既从理论和总体上谋划目标，又从工作实际出发解决好路和桥等问题，增强针对性和可操作性。总体上看，该书问题界定比较准确，逻辑分析比较缜密，政策建议比较系统，对国有企业如何通过加强党的政治建设提高党建工作质量水平，推动党建工作与改革发展工作深度融合，铸牢国有企业的“根”和“魂”具有现实的参考价值。

相信该书的出版会给广大读者，特别是国有企业广大党务工作者带来实实在在的参考价值。真诚期待社会理论界加强该领域的系统研究，结出更多、更好、更丰硕的成果，为推动国有企业不断做强做优做大、建设具有全球竞争力的世界一流企业，为夺取新时代中国特色社会主义伟大胜利、实现中华民族伟大复兴的中国梦献计谋策，奉献智慧和力量。

中共广东省委党校（广东行政学院）常务副校（院）长　杨汉卿

2019年3月1日

第 一 章

旗帜鲜明地把党的政治建设摆在国有企业党建工作的首位

中国共产党是马克思主义政党，具有崇高的政治理想、高尚的政治追求、纯洁的政治品质和严明的政治纪律。旗帜鲜明地讲政治是中国共产党作为马克思主义政党的根本要求。党的政治建设是党的根本性建设，决定党的建设的方向和效果，事关统揽推进伟大斗争、伟大工程、伟大事业、伟大梦想；不抓党的政治建设或背离党的政治建设指引的方向，党的思想建设、组织建设、作风建设、纪律建设和制度建设就难以取得预期的成效。只有加强党的政治建设，才能保证党的政治方向对头、政治原则坚定、政治路线正确，才能统一全党思想认识、凝聚全党意志力量，为实现党的纲领和目标而共同奋斗；只有把党的政治建设摆在首位，才能不断提高党的建设质量，才能把中国共产党建设成为始终走在时代前列、人民衷心拥护、勇于自我革命、经得起各种风浪考验、朝气蓬勃的马克思主义执政党。党的十九大报告明确提出了以党的政治建设为统领，把党的政治建设摆在首位的“政治建党”要求，《中共中央关于加强党的政治建设的意见》明确提出了强化国有企业政治导向的要求，这为加强新时代国有企业党的政治建设指明了方向，提供了根本遵循。国有企业党组织要坚持以习近平新时代中国特色社会主义思想为指导，深入贯彻落实党的十九大精神，旗帜鲜明地把加强党的政治建设摆在国有企业党建工作的首位，发挥政治工作生命线作用，用强有力的党的政治建设统领党的思想建设、组织建设、作风建设、纪律建设和制度建设，从而确保党的先进性和纯洁性，不断提高执政能力和领导水平，使党的领导、党的建设始终成为国有企业的“根”和“魂”。

第一节　坚持党的领导、加强党的建设是国有企业的“根”和“魂”

国有企业是伴随中华人民共和国的诞生而产生的全民所有制企业，是新中国在经济领域的“长子”，在新中国建设和改革开放的历史进程中，国有企业为中国的工业化和社会主义经济社会发展作出了巨大贡献。一部国有企业发展壮大的历史，就是一部坚持党的领导、加强党的建设的历史。没有中国共产党的坚强领导，没有国有企业各级党组织的战斗堡垒作用和共产党员的先锋模范作用，没有国有企业广大干部职工的长期努力和不懈奋斗，就没有国有企业的今天。国有企业党组织作为中国共产党的基层组织，具有先进的理论指导和崇高的价值追求、健全的组织体系和完善的工作机制、严明的组织纪律和优良的工作作风、广泛的群众基础和巨大的社会影响力。正是国有企业党组织把方向、管大局、保落实作用的发挥，保证监督党的路线方针政策在企业的贯彻执行，保证监督党和国家决策部署在企业的贯彻落实，支持公司治理结构依法行使职权，才确保了党对国有企业的领导。实践充分证明，坚持党的领导、加强党的建设是国有企业的“根”和“魂”，是中国国有企业独特的政治优势。国有企业是中国共产党领导的企业，离开了中国共产党的领导，企业也就不是国有企业。无论任何时候、任何情况下，都不能把加强国有企业党的领导、党的建设同改革发展工作割裂开来，甚至对立起来。必须深刻理解和科学把握做好国有企业党建工作的本质要求和方式方法，科学把握党建工作和党务工作的辩证关系，通过扎扎实实做好党务工作不断提高党建工作质量水平，更好发挥党的领导作用，确保党的领导、党的建设成为国有企业的“根”和“魂”。

一、不要把加强国有企业党建工作同改革发展工作割裂开来

坚持党的领导、加强党的建设是国有企业的“根”和“魂”，是国有企业不断做强做优做大的坚强组织保证。但随着改革开放以来中国经济体制从社会主义计划经济体制向社会主义市场经济体制转变，由于对市场经济内在规律和本质属性认识上的偏差，理解把握不够到位，以及受市场经济一些负面因素影响，一些国有企业党组织和党员领导干部在加强企业党建工作的思想观念和思想认识上出现了偏差，搞不清坚持党的领导、加强党的建设与建立现代企业制度的内在关系，没有适应健全完善社会主义市场经济的发展需要，把加强党的领导和完善公司治理科学统一起来，建设中国特色现代国有企业制度，而是把经济效益当成硬指标、硬杠杠，为追求经济效益而弱化、淡化、虚化党的领导，甚至把党的领导、党的建设同企业改革发展工作割裂开来直至对立起来，导致改革发展过程中出现了许多问题和不足。必须深刻认识到国有企业是中国特色社会主义的重要物质基础和政治基础，深刻认识到党的领导、党的建设是国有企业的“根”和“魂”，是推动国有企业改革发展的核心动力，始终做到坚持党的领导、党的建设和企业改革发展工作两手抓、两手都要硬，更加有力有效地推动国有企业不断做强做优做大。

（一）国有企业是中国特色社会主义的重要物质基础和政治基础

中国国有企业的产权属性是公有制，全体中国人民是国有资产的出资人和终极所有者，国有企业公司治理结构依法履行职责行使权力的目标，就是要始终实现好、维护好、发展好国家和人民的根本利益。国有企业是推进国家现代化、保障人民共同利益的重要力量，是中国特色社会主义的重要物质基础和政治基础，关系公有制主体地位的巩固，关系中国共产党的执政地位和执政能力，关系中国社会主义制度。改革开放以来，通过深化改革、优化调整、创新发展，国有企业逐步向关系国家安全、国民经济命脉、国计民生的重要行业和关键领域、重点基础设施集中，向前瞻性、战略性产业集中，向具有核心竞争力的优势企业集中，国有资产的规

模实力稳步提升，国有资本的布局结构不断完善，国有经济的活力、控制力、影响力和抗风险能力不断增强。特别是进入新世纪以来，国有企业在载人航天、探月工程、深海探测、特高压输变电、移动通信、高速铁路等领域，取得了一系列具有世界先进水平甚至是领先水平的重大科技创新成果，许多投资大、风险大、收益低、周期长的基础设施、公共服务、国防科技、脱贫攻坚、民生改善、灾害防治等领域的建设和项目，都是由国有企业扛起来的。

2017 年 12 月 12 日，光明网刊登了中国国际经济交流中心战略研究部副部长任海平的文章《中央企业——科技创新的主力军》。文章介绍，党的十八大以来，国有企业特别是中央企业认真贯彻落实创新驱动发展战略，紧紧抓住世界科技革命和产业变革的机遇，着力加大原始创新、自主创新、协同创新的力度，取得了显著的成效。一是涌现了一大批具有世界先进水平的标志性的重大科技成果。包括载人航天、深海探测、高速铁路、特高压输变电、移动通讯，还有 2017 年下水的国产航母和 2017 年首飞的国产大飞机等，这些重大项目都是具有标志性的世界先进水平的。二是拥有一大批具有前瞻性、突破性的科技创新引领了行业和产业发展。比如，世界最长跨海大桥——港珠澳大桥、“蓝鲸 1 号”深海钻井平台、北斗导航系统等运用了一大批重大创新成果，同时在页岩油气资源开发、可燃冰开采、天地一体化信息网络等方面的前瞻性开发布局，新一代核反应堆、新型运载火箭、大型运输机等成果，都有效带动了相关产业向产业链的高端转移。三是建立一大批“双创”平台带动了社会创新。这其中，中央企业已经搭建各类“双创”平台 518 个，比较突出的有工业互联网，包括航天云网、中航爱创客、欧冶云商、熠星大赛等为代表的一大批成果，有效汇集了社会创新资源，带动了社会的创新，真正起到了大中小企业融通发展，总体带动社会就业超过 600 万人，汇集社会创新资源、人才资源以及基金，共同为“双创”搭建平台，为社会开展“双创”。四是国有企业特别是中央企业已经成为建设创新型国家的骨干力量。截至 2016 年底，仅中央企业就拥有研发人员 80.8 万人，两院院士 226 名，国家级研发平台 632 个，累计拥有有效的专利 48.6 万项；中央企业获得的国家科技进步奖和技术发明奖，占到了获奖总数的1/3，在特等奖和一等奖占比更高。2013年至2017年，仅中央企业研发经费累计投入就达1.7万亿元，相当于全国研发经费的1/4；累计获得国家科技奖励424项，占同类奖项总数的1/3。可以说，国有企业已经成为名副其实的国家科技创新的主力军，为中国创新型国家建设作出了重大贡献。

事实雄辩地证明，国有企业为中国经济社会发展、科技进步、国防建设、民生改善作出了历史性贡献。据国务院国资委网站援引官方数据显示，2017年全国国有企业营业总收入52.2万亿元，同比增长13.6%；利润总额约2.9万亿元，同比增长23.5%；资产总额151.71万亿元，同比增长10%；进入2017年《财富》世界500强的国有企业达到83家，占中国大陆入选企业数量的80%。特别是在“一带一路”建设中，国有企业更是发挥了主力军作用。党的十八大以来，国有企业积极投身“一带一路”建设，在基础设施建设、国际产能合作等领域承担了一大批具有示范性和带动性的重大项目和工程。来自国务院国资委的数据显示，截至2018年10月底，仅中央企业就已经在“一带一路”建设中承担了3116个项目，已开工和计划开工的基础设施项目中，中央企业承担的项目数占比达50%，合同金额占比超过70%，名副其实成了国家实施“走出去”战略、“一带一路”建设等重大战略的重要力量。中国共产党要坚持和发展中国特色社会主义，统筹推进“五位一体”总体布局、协调推进“四个全面”战略布局，实现“两个一百年”奋斗目标、实现中华民族伟大复兴的中国梦，国有企业肩负着重大的历史使命。

党的十八大以来，习近平同志在深刻把握马克思主义基本原理，全面总结中国共产党坚持公有制主体地位和工人阶级领导地位思想传承的基础上，明确提出国有企业是中国特色社会主义的重要物质基础和政治基础。这一重要论述把中国共产党长期以来关于国有企业是中国特色社会主义“经济基础”地位的思想认识，提升到“两个基础”地位的崭新高度。习近平同志关于国有企业“两个基础”的重要论断，深刻揭示了国有企业对巩固党的执政基础、坚持社会主义制度的重大现实意义和深远历史意义，既体现了对马克思主义基本原理的始终坚守，又体现了对马克思列宁主义、毛泽东思想、邓小平理论、“三个代表”重要思想、科学发展观的与时俱进。社会主义中国是中国共产党领导的国家。中国共产党要确保国家各项事业稳定健康持续发展，既要依靠公有制的主体地位，又要依靠工人阶级的领导地位。如果把公有制的主体地位搞没了、垮掉了，就会侵蚀社会主义制度的经济根基，最终动摇中国共产党执政的物质基础；如果把工人阶级的领导地位削弱了、搞散了，人民民主专政就失去了阶级依靠，最终动摇中国共产党执政的政治基础。

更为重要的是，习近平同志关于国有企业“两个基础”的重要论断，深刻揭示了国有企业具有天然的经济属性和鲜明的政治属性。天然的经济属性，指的是国有企业作为市场竞争的主体，公司治理结构必须依法维护股东也就是全体人民的权益，保证国有资产保值增值，做强做优做大国有资本，防止国有资产流失，实现企业经营效益的最大化。鲜明的政治属性，指的是国有企业作为中国特色社会主义的重要物质基础和政治基础，国有企业党组织必须保证监督党的理论和路线方针政策在企业贯彻执行，必须保证监督党和国家的决策部署在企业贯彻落实，同时积极支持公司治理结构依法行使职权，不断提升企业党组织的政治功能和组织力，不断提升广大党员干部职工的政治素质和政治能力，确保党对国有企业的领导，确保企业改革发展工作始终沿着正确的方向前进。国有企业兼具的天然的经济属性和鲜明的政治属性，决定了国有企业党组织和广大党员干部职工要始终面对着经济建设和政治建设“两个战场”。在这“两个战场”中，经济建设是基础、是中心，是要务、是目标；政治建设是统领、是核心，是灵魂、是根基。对国有企业党员干部职工而言，经济本领不过硬一打就垮，政治素质不过硬不打自垮。没有政治上的稳如泰山、坚不可摧，就没有国有企业改革发展工作上的攻坚克难、所向披靡；没有政治建设这个“灵魂”和“根基”，经济建设搞得再好都将是无本之木、无用之功。只有把国有企业政治建设抓好了，政治方向、政治立场、政治大局把握住了，坚定政治信仰、强化政治领导、提高政治能力、净化政治生态的能力提高了，党的领导、党的建设就扎稳了“根”、铸牢了“魂”，国有企业改革发展工作才能纲举目张、流水有源。

国有企业党组织和广大党员干部职工必须时刻牢记国有企业的政治属性和经济属性，时刻牢记身上肩负的光荣职责和神圣使命，始终做到革故鼎新，常除思想的污垢、常防精神的懈怠，永葆创新进取的工作品格和攻坚克难的战斗精神，切实把准政治方向、提高政治站位、站稳政治立场，以更加奋发有为、昂扬向上的精神状态推动企业不断做强做优做大，努力向党和人民交出经济建设和政治建设两份优异考卷。

（二）国有企业党建工作中存在的主要问题

坚持党的领导、加强党的建设，是国有企业的光荣传统，是国有企业广大党员干部职工为新中国建设和改革开放事业作出巨大贡献的根本保证。纵观国有企业的发展历程，党建工作实，则企业发展兴；党建工作虚，则企业发展衰。随着国家经济体制由计划经济体制向市场经济体制转变，国有企业负重前行、迎难而上、开拓创新、勇于进取，这其中党建工作发挥了不可替代的重要作用。但在风云变幻、波谲云诡的市场大潮中，确实有一些国有企业党组织和党员领导干部存在忽视政治、淡化政治、不讲政治的问题，在如何深化企业改革发展工作的思想认识上出现了偏差，致使企业党建工作中存在不少问题和不足。

一是在党建工作认识方面。有的把经济效益当成硬指标，认为只要把生产经营搞上去了，其他都不是问题，对于党建工作则是有时间抓一抓，没时间放一放，致使党建工作基础建设薄弱；有的企业党组织活动无经费、无场所、无标准、无内容，党组织活动难于开展；有的企业党务工作者政工职称享受不到应有的待遇，薪酬待遇明显低于同级别的经营管理人员，导致一些优秀党务工作者流失，致使党建工作难于开展；有的企业改制重组，党建工作部门和党务工作者首当其冲地成为精简机构、人员分流的重点，甚至把党务工作岗位当成“退休中转站”“干部安置所”；等等。

二是在党组织作用发挥方面。有的企业改制后，特别是企业性质改变后，只注重在做大营收规模上做文章，却不愿在加强和改进党建工作上下功夫；有的认为企业就应该以经济利益为主，党建工作要服从于经济建设，党组织成了企业的附属机构；有的认为企业重大问题应由董事会决策，忽视了党组织的把方向、管大局、保落实作用，党组织研究讨论是董事会、经理层决策重大问题的前置程序制度安排形同虚设；有的重经济属性轻政治属性、重经营轻党建，党的领导、党的建设和企业改革发展“两张皮”，企业党组织软弱无力；等等。

三是在全面从严治党方面。有的企业重要岗位任人唯亲，裙带关系复杂，一些企业领导人员利用职务之便捞取好处；有的在贯彻执行中央八项规定精神时，借口方便企业生产经营工作为由搞变通、打折扣，乱设“暗门”、私开“天窗”，致使顶风违纪问题频发多发；有的企业负责人在重大工程招投标、大额度资金使用、大宗物资采购、产品销售等重大问题上搞“个人说了算”，滋生腐败问题，职工群众对此反映较大；等等。

四是在加强党员教育管理方面。有的企业“三会一课”制度贯彻执行不到位，党内政治生活不够严肃，党组织活动简单化、形式化、行政化，甚至娱乐化；有的企业一些党员长期不交党费、不过组织生活；有的企业党组织不按期换届，或者即使换届也仅仅是改选党组织领导班子，没有对企业未来改革发展工作谋篇布局、举旗定向，凝聚广大党员的共识；有的企业党员下岗分流后，由于外出务工地点不确定，也很少与组织联系，党组织难以形成科学有效的管理；等等。

以上这些现象，说明一些国有企业党组织和党员领导干部在加强企业党建工作的思想观念和思想认识上存在严重偏差，而思想观念和思想认识上的偏差又导致抓企业党建工作的方式方法上出现严重问题，从而使国有企业党的领导、党的建设工作同企业改革发展工作割裂开来甚至对立起来，导致不同程度地存在党的领导、党的建设弱化、淡化、虚化、边缘化问题。

（三）党的领导和党的建设是国有企业的独特政治优势

党的领导、党的建设是国有企业的“根”和“魂”，是国有企业独特的政治优势，是推动国有企业不断做强做优做大的根本保证。习近平同志在全国国有企业党的建设工作会议上指出，在中国，把国有企业做强做优做大靠什么？宏观政策支持、市场环境很重要，正确的发展战略、科学的管理体系、有竞争力的技术和产品很重要，但最重要的还是要有一种为国家为人民真诚奉献的精神、一个坚强有力的领导班子、一支勇于攻坚克难的高素质干部队伍、一支充分组织起来的职工队伍。没有精神，没有领导力，没有队伍，任何国有企业都是办不好的。为什么说党的领导、党的建设是国有企业的“根”和“魂”？笔者认为，如果把国有企业比作一个人的身体来看待，那么党的领导、党的建设就是企业的“心脏”，只有心脏始终在跳动，企业才有充足的发展动力和生机活力；资金链条就是企业的“血液”，没有资金流动企业的生产经营工作就无法进行下去，很有可能陷入停滞甚至很快就会倒闭；干部人才团队就是企业的“骨架”，只有干部人才团队也就是企业的“骨架”始终保持健壮充满力量，才能为推动企业发展壮大提供源源不断的力量支撑和智力支持；经营管理模式就是企业的“肌肉”，只有企业为实现生产经营目标进行的组织资源、经营、生产活动的基本框架和方式清晰，才能有效实施科学化、精细化、专门化管理，使生产经营管理工作充满活力，更好地推动企业生产经营工作发展。

国有企业党组织和广大党员干部职工还要进一步认识到，党的领导、党的建设之所以能够成为国有企业的“根”和“魂”，就是因为党建工作的本质要求是凝心聚力；核心价值在于凝聚干部职工的思想认识、建强领导班子和干部人才队伍、确保重大决策部署的科学决策和坚决贯彻落实；关键环节是选好人、用好人、管好人；基本工作方法就是摆正党组织与董事会、经理层、监事会的关系，始终坚持问题导向、项目导向和结果导向等“三个导向”，坚持问题导向就是要紧紧围绕影响企业改革发展大局的热点难点问题来加强和改进党建工作，坚持项目导向就是要紧紧围绕解决“三重一大”事项决策执行落实过程中存在的突出问题来加强和改进党建工作，坚持结果导向就是要紧紧围绕坚持有利于国有资产保值增值、有利于提高国有经济竞争力、有利于放大国有资本功能的方针要求来加强和改进党建工作，努力从“越位”的地方“退位”、让“错位”的地方“正位”、到“缺位”的地方“补位”，做到把关不代替、到位不越位、补台不拆台。“本质要求”“核心价值”“关键环节”“基本工作方法”这一党建工作的“四大理念”，是对国有企业党建工作整体核心价值的生动阐释，也是对重经济属性轻政治属性、重业务轻党建等错误思想观念和思想认识的最有力回击。国有企业党组织和广大党员干部若能够深刻认识并科学把握好上述要求，就等于找到了党建工作与企业改革发展工作骨肉相连、深度融合的着力点、发力点，就能做到有的放矢、精准施策，就能实现党的政治领导、思想领导、组织领导的有机统一，更好地发挥企业党组织把方向、管大局、保落实作用。

（四）始终做到党建工作和改革发展工作两手抓两手硬

办好中国的事情，关键在党。中国特色社会主义最本质的特征是中国共产党领导，中国特色社会主义制度的最大优势是中国共产党领导。国有企业是中国共产党执政兴国的重要支柱和依靠力量，是党领导的国家治理体系的重要组成部分，理所当然要坚持党的领导。离开了党的领导，企业就不是国有企业；离开了党的领导的企业改革，就不是国有企业的改革。

还要看到，中国的国有企业是肩负着光荣职责和神圣使命的执行党的政治任务的经济组织，绝不是单纯的经济组织。国有企业是中国特色社会主义的重要物质基础和执政基础，以国有企业广大党员干部职工为主体的工人阶级，是中国共产党最坚实最可靠的阶级基础，是中国的领导阶级。国有企业各级党组织和广大党员干部职工不仅要做强做优做大国有资本，有效防止国有资产流失，实现国有资产保值增值，厚实中国共产党执政的物质基础；还要教育引导广大职工群众自觉把自身利益同党的要求、国家的利益紧密联系在一起，坚决贯彻执行党的理论和路线方针政策，坚决贯彻落实党和国家的决策部署，坚守共产主义远大理想和中国特色社会主义共同理想以及“两个一百年”奋斗目标的共同信念，切实树牢“四个意识”、坚定“四个自信”、坚决做到“两个维护”，始终团结凝聚在中国共产党的旗帜下，坚定不移听党话、跟党走，巩固党执政的政治基础。这是国有企业党组织和广大党员干部职工的共同理想信念和价值追求。面对光荣的职责和神圣的使命，国有企业党组织和广大党员干部职工不能有单纯的经济观点，认为企业就要专注生产经营工作，党的领导、党的建设是党委和政府部门的事情，甚至认为只要生产经营工作搞好了，党建工作自然就会好了，党的领导、党的建设自然就加强了；更不能把加强党的领导、党的建设同企业改革发展工作割裂开来甚至对立起来，成为“两张皮”。必须从确保国有企业政治属性的高度，强化各项工作的政治导向，始终把坚持党的领导、加强党的建设这一国有企业的“根”和“魂”紧紧抓在手上，确保国有企业广大党员干部职工始终听党话、跟党走，确保国有企业和国有资产始终牢牢掌握在党的手中，确保国有企业改革发展工作始终沿着正确的方向前进。

加强党对国有企业的领导，是中国共产党的光荣传统，也是对如何推动国有企业发展壮大的艰辛探索和伟大实践。早在井冈山时期，中国共产党就在根据地的公营企业中建立起“三人团”制度，把党的领导融入企业生产管理之中，探索了党领导国有企业的制度雏形；新中国成立后，中国共产党在国营企业先后探索建立了“一长制”、党委领导下的厂长负责制，逐步确立了党对国营企业的领导地位，为建立独立完整的国民经济体系、奠定共和国宏基伟业提供了坚强保证；改革开放以来，伴随着经济体制改革，中国共产党在国有企业相继探索实行了厂长（经理）负责制、党委领导下的厂长（经理）负责制，不断完善发展现代企业制度，党组织的地位作用也实现由监督保障、政治核心到政治核心和领导核心并存逐步转变，为推进国有企业改革发展提供了有力保障①。特别是党的十八大以来，习近平同志在全面总结中国共产党领导国有企业长期实践探索的成功经验，并在积极借鉴发达国家公司治理的有益经验基础上，旗帜鲜明地提出了党的领导、党的建设是国有企业的“根”和“魂”，是国有企业独特的政治优势；旗帜鲜明地提出了国有企业是中国特色社会主义的重要物质基础和政治基础的“两个基础”重要论断；旗帜鲜明地提出了要坚持两个“一以贯之”，即坚持党对国有企业的领导是重大政治原则、必须一以贯之，建立现代企业制度是国有企业改革的方向、也必须一以贯之。国有企业党组织在加强党的领导、党的建设问题上绝不能含糊，也不能有模糊认识，必须把抓好国有企业党建工作作为应尽之责、分内之事，把坚持党要

① 郝鹏：《新时代国有企业党的建设的根本指南》，《光明日报》2018 年 9 月 28 日。

管党、全面从严治党要求落到实处。

此外，还要清醒认识到，在推动国有企业改革发展工作进程中，党建工作与企业生产经营工作是辩证统一的关系。一方面，加强国有企业党的领导、党的建设，就是要以党建工作为统领，确保国有企业改革发展工作的正确方向，有效促进企业生产经营发展；另一方面，国有企业党组织的一项重要任务，就是要抓好生产经营工作各项决策部署的落实落地，其工作成效如何反映着基层党组织的战斗力，这也是检验基层党建工作成效的一个重要标准。党建工作与企业生产经营工作的科学有机结合，是中国特色现代国有企业制度的本质要求和根本属性，在深化国有企业改革发展工作进程中，不存在党的领导、党的建设同企业改革发展工作割裂开来甚至对立起来，成为“两张皮”的任何理由和依据。

国有企业党组织和广大党员干部职工应时刻站在坚持和发展中国特色社会主义、巩固党的执政基础的战略高度，从推进伟大事业、建设伟大工程、夺取伟大斗争胜利的全局出发，以落实全面从严治党要求为主线，以解决突出问题为突破口，坚决摒弃过去的重经济属性轻政治属性的错误做法，坚持政治属性和经济属性并重，坚持以政治属性为引领的党建工作本质要求，着力强化各项工作的政治导向，始终做到坚持党对国有企业的领导不动摇、坚持服务生产经营不偏离、坚持党组织对国有企业选人用人的领导和把关作用不能变、坚持建强国有企业基层党组织不放松，始终做到改革发展和党的领导、党的建设两手抓、两手都要硬，推动国有企业党的领导、党的建设与企业改革发展工作融为一体、高度统一。正如习近平同志在全国国有企业党的建设工作会议上所强调指出的，要坚持党对国有企业的领导不动摇，通过加强和完善党对国有企业的领导、加强和改进国有企业党的建设，使国有企业成为党和国家最可信赖的依靠力量，成为坚决贯彻执行党中央决策部署的重要力量，成为贯彻新发展理念、全面深化改革的重要力量，成为实施“走出去”战略、“一带一路”建设等重大战略的重要力量，成为壮大综合国力、促进经济社会发展、保障和改善民生的重要力量，成为中国共产党赢得具有许多新的历史特点的伟大斗争胜利的重要力量，奋力开创国有企业党的建设工作新局面。

二、科学把握党建工作和党务工作的辩证关系

党的十九大报告指出，党政军民学，东西南北中，党是领导一切的，是最高的政治领导力量，是做好党和国家各项工作的根本保证。党领导一切的力量源自人民群众，前进道路中遇到的一切问题需要靠发展来解决；而一个地方和单位的发展关键靠人、关键在党，关键在于坚持党要管党、全面从严治党。做好坚持党要管党、全面从严治党工作，需要深刻理解和全面掌握党建工作与党务工作的本质属性和内在要求，科学把握党建工作和党务工作的辩证关系，通过谋实做好党务工作的思路举措来加强和改进党建工作。国有企业党组织和广大党员干部要适应新形势新任务发展需要，切实加强党的理论和路线方针政策的学习，加强党的建设新理念、新论断、新方略的学习，深刻理解和科学把握做好党建工作的本质要求和方式方法，坚持用党旗领航前行，坚持抓好党建工作支撑改革发展，通过扎实做好党务工作不断提高党建工作质量水平，更好发挥党的领导作用，确保党的领导、党的建设成为国有企业的“根”和“魂”。

（一）不能将日常的党务工作当成党建的核心工作来抓

一段时间以来，国有企业党的领导、党的建设之所以出现弱化、淡化、虚化、边缘化问题，除了一些国有企业党组织和党员领导干部在坚持党的领导、加强党的建设方面存在思想认识误区之外，很重要的一点就是在抓党建的工作方法上出现了偏差，分不清党建工作与党务工作的本质要求和内在区别，导致党建工作存在许多问题与不足。如，有的企业领导班子虽然有党内分工，但在实际工作中却只挂名无落实，无法形成抓党建工作的共识和合力；有的虽然完善了党组织会议事规则，但议事决策时往往重形式轻内容、重过程轻结果、重数量轻质量，甚至动辄以党政联席会议代替党组织会议；有的党代会报告简单地就党建论党建，未能对企业未来改革发展的重大工作部署把脉会诊、凝聚共识、举旗定向，使得党员干部职工无所适从；有的传达贯彻上级党组织重要会议文件精神抓不住重点、融不进实际，泛泛而谈、悬在半空，上不连“天线”、

下不接“地气”，热衷于走过场；有的搞不清党组织和董事会、经理层、监事会的职责分工，摆不正彼此关系，借口加强党的领导横加干预董事会、经理层、监事会工作，甚至越俎代庖；有的对基层党建工作研究不深不透，底数不清、情况不明，布置工作简单化、套路化，无法落细落小落实，造成基层无所适从；有的党组织活动简单化、形式化、行政化甚至娱乐化，使党员党性得不到应有的锤炼和提升；有的甚至将党建工作简单地视同为念念文件、开开会议、搞搞活动、收收党费，满足于应付交差、敷衍了事；等等。

以上问题归结到一点，就是没有深刻认识和科学把握党建工作和党务工作的内在规律和本质要求，片面地将日常的党务工作当成党建工作的核心工作来抓，致使党建工作浮在面上、悬在空中，不深不实不透，游离于企业改革发展中心工作和党员干部职工思想工作生活实际之外。必须厘清党建工作和党务工作的本质要求和内在区别，科学把握两者的辩证关系，才能通过做好做实做细党务工作，不断提高党建工作的质量水平。

（二）分清党建工作与党务工作的区别

党的工作、党建工作、党务工作虽然都是党所从事的事业，但三者的内涵和外延不一样，本质属性和内在要求是有着明显区别的。国有企业党组织和广大党务工作者要通过做好党务工作提高党建工作的质量水平，就必须首先弄清楚党的工作、党建工作和党务工作三者的内在联系和相互区别，从而采取更有针对性的思路举措做好党务工作，进而加强和改进企业党建工作。

党的工作是指党所从事的全部活动，除包括党的建设和党务工作之外，还包括党的领导工作、思想政治工作、群众工作、军事工作、经济工作、文化工作，以及处理与外国政党关系的外事工作等①。

① 《党务工作包含哪些？党务工作者有何职责?》，《中国组织人事报》2018 年 8 月 17 日。

党建工作即党的建设的简称，是指党为保持自己的性质而从事的一系列自我完善的活动。党建工作不仅包括党务工作，还包括了党的政治建设、思想建设、组织建设、作风建设、纪律建设、制度建设等内容，具有鲜明的党性和实践性，指导党在不同时代、不同情况下的工作与活动。在党的几大建设范畴中，思想建设、组织建设、作风建设三大范畴是中国共产党在长期的革命、建设实践中形成的。改革开放以来，中国共产党高度重视制度建设，党的十六大报告进一步强调要将制度建设贯穿于党的建设各项工作之中；党的十七大报告又鲜明提出了反腐倡廉建设这个范畴；党的十八大报告增写了加强党的纯洁性建设；党的十九大报告明确提出："坚持和加强党的全面领导，坚持党要管党、全面从严治党，以加强党的长期执政能力建设、先进性和纯洁性建设为主线，以党的政治建设为统领，以坚定理想信念宗旨为根基，以调动全党积极性、主动性、创造性为着力点，全面推进党的政治建设、思想建设、组织建设、作风建设、纪律建设，把制度建设贯穿其中，深入推进反腐败斗争，不断提高党的建设质量，把党建设成为始终走在时代前列、人民衷心拥护、勇于自我革命、经得起各种风浪考验、朝气蓬勃的马克思主义执政党。"这一新时代党的建设总要求，深刻回答了中国共产党在长期执政的历史条件下，建设什么样的党、怎样建设党这样一个重大现实问题，使党的建设的内容和范畴更加符合马克思主义执政党的特点。

党务工作是党建工作中的一个具体概念，其内涵和外延都要小于党建工作。准确地说，党务工作是围绕党的建设而进行的一系列具体的党内管理活动。从范围上分，党务工作包括党的宣传工作、组织工作、干部工作、纪检工作、群众工作等。党务工作的基本原则包含了党性原则、实事求是原则、党要管党原则、规范性原则、公开性原则、集体领导和分工负责相结合原则、服务原则、精干高效原则、检查督促原则等九大原则；党务工作内容包括了发展党员工作、党员教育和管理工作、干部考察工作、干部监督工作、党的人才工作、党的宣传思想工作、党的统战工作、党的纪律检查工作、党的群众工作等九方面工作；同时，对党组织书记、副书记、组织委员、宣传委员、纪检委员等党务工作者，都有明确的党务工作分工和目标任务[①]。做好党务工作是党的领导活动和党的建设正确有效进行的保证。

从中不难看出，党的工作、党建工作和党务工作是紧密联系又相互区别的三个范畴。在紧密联系方面，三者都是党所从事的事业，都是以无产阶级政党作为研究对象的科学；在相互区别方面，三者并不是平行的等同关系，而是包含与被包含的关系。按照形式逻辑的概念种属关系，党的工作是三者中外延最大的种概念；党的建设也就是党建工作是党的工作的属概念，但又是党务工作的种概念；党务工作是被包含于党的工作和党的建设之中的一个属概念，其外延都要小于党的工作和党建工作[②]。

综上所述，党建工作和党务工作是一个相互联系、科学统一的有机整体，从根本上说党务工作就是围绕党建工作来展开的，党务工作是党建工作的过程，党建工作是党务工作的主要目标方向。党建工作和党务工作两者联系紧密、科学统一，互相补充、相互促进。离开具体的党建工作，就不存在党务工作；党务工作不严不实，党建工作质量水平就难于提升。

（三）推动党建工作与党务工作相互融合、交相辉映

党建工作和党务工作虽然是一个相互联系、科学统一的有机整体，但两者又是有着内在区别的，不能简单地将党务工作等同于党建工作，或者将党建工作视同为党务工作。关于党建工作和党务工作的区别，笔者认为，首先是工作目标不同。党建工作的核心任务是围绕中心、服务大局，发挥党组织把方向、管大局、保落实的作用和能力；党务工作的核心任务主要是提高党建工作的规范化程度，进而提升党建工作的质量水平。其次是责任主体不同。在党建工作中，各级党组织领导班子成员是主体，其中党组织书记是第一责任人，专职党组织副书记是直接责任人，其他党员领

---

① 《党务工作包含哪些？党务工作者有何职责?》，《中国组织人事报》2018 年 8 月 17 日。

② 《党务工作包含哪些？党务工作者有何职责?》，《中国组织人事报》2018 年 8 月 17 日。

导人员要切实履行“一岗双责”，重在形成抓党建工作的共识和合力；在党务工作中，各级党务工作者是主体，重在协助党组织抓好各项党建工作任务的落实。党建工作是“本”和“纲”，党务工作是“标”和“目”。治标才能固本，纲举才能目张。国有企业党组织和党员领导干部特别是广大党务工作者，一定要加强对党的建设新理念、新论断、新方略的学习，深刻理解党建工作和党务工作的科学内涵和本质属性，使党建工作思维观念适应党的建设格局发展变化需要，适应新形势新任务发展需要；同时，要科学把握党建工作和党务工作的辩证关系，紧紧围绕提高党建工作质量水平来从严从实做好党务工作，从而做到治标固本、纲举目张，促进党建工作与党务工作相互融合、交相辉映，推动党建工作和生产经营工作融为一体、高度统一。

第二节　强化国有企业改革发展工作的政治导向

国有企业是中国共产党领导的企业。注重加强党的政治建设是国有企业的优良传统，是推动企业做强做优做大的根本保证。面对国有企业肩负的光荣职责和神圣使命，面对一些国有企业党组织和党员干部存在的政治意识不强、政治立场不稳、政治能力不足、政治行为不端等问题，国有企业党组织要按照《中共中央关于加强党的政治建设的意见》部署要求，强化各项工作的政治导向，明确加强新时代国有企业党的政治建设的时代主题、指导思想和基本原则，紧紧聚焦党的政治属性、政治使命、政治目标、政治追求持续发力，教育引导广大党员干部职工不断坚定政治信仰、强化政治领导、提高政治能力、净化政治生态，坚决贯彻执行党的路线方针政策，认真落实党中央关于推进国有企业改革发展的决策部署，切实加强企业党建工作，充分发挥党组织重要作用，保证改革发展各项工作始终沿着正确政治方向前进，取得良好政治效果。

一、注重加强党的政治建设是国有企业的优良传统

始终注重加强党的政治建设是国有企业的优良传统，是不断焕发党员干部职工队伍生机与活力，保障生产经营工作顺利进行，推动企业发展壮大的根本保证。在新中国长期建设和改革开放实践中，国有企业党的政治建设形成了一整套优良传统，主要有：紧跟党的步伐、听从党的指挥的光荣传统，坚持用科学理论特别是马克思主义中国化最新成果武装党员干部职工头脑，坚持国家和人民利益至上的改革发展工作导向，坚持实事求是的思想路线，坚持群众路线的根本作风，坚持围绕党和国家发展战略大局发挥服务保证作用，坚持科学民主依法决策，坚持公道正派选拔使用干部，坚持发扬民主凝聚共识、形成合力，坚持实行自觉的严格的纪律，坚持自力更生、艰苦奋斗、改革创新、开拓进取的革命精神，坚持党员干部特别是党员领导干部率先垂范、以身作则，等等。这些优良传统是国有企业政治工作的根本原则和重要内容，也是新时代加强和改进国有企业党的政治建设的重要遵循和努力方向。面对新形势新任务新要求，面对深化国企改革的攻坚期和深水区，面对新时代国有企业所肩负的历史使命，国有企业党组织要团结带领广大党员干部职工抢抓机遇、担当使命、开拓创新、加快发展，有力地推动企业不断做强做优做大，就必须大力弘扬加强党的政治建设这一优良传统，坚定不移把党的政治建设摆在首位，努力把准政治方向，夯实政治根基，提高政治能力，永葆政治本色，始终在政治立场、政治方向、政治原则、政治道路上同党中央保持高度一致，坚定理想信念、矢志不渝地为党的事业不懈奋斗。

二、铸牢国有企业的“根”和“魂”是强化政治导向的核心任务

国有企业的改革发展离不开党的领导，党的领导是国有企业发展壮大的根本保证。国企永远跟党走，强企必先铸牢“根”和“魂”。充分发挥党的领导作用是铸牢国有企业的“根”和“魂”的根本保证。面对国有企业肩负的巩固党执政的重要物质基础和政治基础的光荣职责和神圣使命，

面对改革开放以来一些党员干部职工党员身份的模糊、理想信念的缺失、担当奉献精神的不足、爱国爱企精神的弱化等“精气神”上存在的问题，做好新时代强化政治导向工作，就是要明确国有企业政治工作的时代主题，带领广大党员干部职工回归初心、回归使命、回归本色，重塑思想、重塑作风、重塑政治生态，立起政治导向的新方略、立起领导干部的新标准、立起职工队伍的新样子，以新气象新作为推动国有企业不断做强做优做大；就是要通过加强党性教育和党性锤炼提振党员干部职工的精神面貌和工作作风，通过做好选好人、用好人、管好人工作建强领导班子和干部人才队伍，通过健全完善制度机制保证重大决策部署的科学决策和坚决贯彻落实以提高领导力，不断提升企业党组织的政治功能和组织力，不断提升广大党员干部职工的政治素质和政治能力，努力培育一种为国家为人民真诚奉献的精神，努力建设一个坚强有力的领导班子、一支勇于攻坚克难的高素质专业化干部队伍、一支充分组织起来的职工队伍；就是要通过加强党的政治建设，强化各项工作的政治导向，更加科学有效地把加强党的领导和完善公司治理统一起来，把党的领导融入公司治理各个环节，把企业党组织内嵌到公司治理结构之中，把共产党员的先进性和纯洁性落实到各个生产经营岗位上，着力破解企业改革发展工作中遇到的困难和问题，扎扎实实做好生产经营各项工作，不断做强做优做大国有资本，实现国有资产保值增值。

总之，国有企业党组织就是要通过扎实做好强化政治导向工作，教育引导广大党员干部职工回归初心、强化党员身份认同，切实增强在党爱党、在党言党、在党忧党、在党护党意识，把爱党、忧党、兴党、护党落实到思想工作生活各个环节；教育引导广大党员干部职工回归使命、强化工作角色认同，切实增强爱国爱企、爱岗敬业、履职尽责、敬业奉献意识，做到干一行爱一行、钻一行精一行、管一行通一行，创新进取、勇创一流；教育引导广大党员干部职工回归本色、强化政治本色回归，切实增强立党为公、执政为民意识，牢记全心全意为人民服务宗旨，始终坚持以人民为中心的发展思想，永葆共产党员的政治本色，实现从“社会人”“经济人”向忠诚干净担当的高素质专业化干部队伍转变，始终做到心中有党、心有国企，始终做讲责任、勇担当、甘奉献的国企人，以更加奋发有为的精神状态和昂扬向上的精神风貌，推动企业不断做强做优做大，努力朝着建设具有全球竞争力的世界一流企业宏伟目标昂首阔步前进。

三、切实把加强国有企业党的政治建设的四个带根本性的要求牢固树立起来

坚持中国共产党的领导是当代中国最重大的政治原则。党的十九大报告明确指出:“保证全党服从中央，坚持党中央权威和集中统一领导，是党的政治建设的首要任务。”深化国有企业改革发展必须坚持正确的政治方向，通过一系列体制设计和制度安排，把发挥党的领导作用、基层党组织战斗堡垒作用和党员先锋模范作用的根本原则和制度机制，进一步固化下来并加以完善，确保国有企业改革发展工作始终沿着正确的方向前进。基于国有企业改革发展工作和党建工作实际，笔者认为，培育坚定的理想信念是加强国有企业党的政治建设的核心要义，坚持坚强的党性原则是加强国有企业党的政治建设的根本要求，弘扬好干部标准是加强国有企业党的政治建设的目标方向，树立政治工作威信是加强国有企业党的政治建设的重要基础，这既是新时代加强和改进国有企业党的政治建设的四项重要工作，也是四个带根本性的要求。必须通过扎实有效的工作，把新时代加强和改进国有企业党的政治建设的这四个带根本性的要求牢固树立起来。

一是要把坚定的理想信念在党员干部职工中牢固树立起来。适应做强做优做大国有企业、建设具有全球竞争力的世界一流企业的目标任务要求，把坚定党员干部职工理想信念作为固本培元、凝魂聚气的战略工程，科学把握新时代新形势新任务下铸魂育人的特点和规律，科学把握新时代党员干部职工思想的新情况、新特点、新动态，聚焦强化党的政治属性、政治使命、政治目标、政治追求持续发力，教育引导党员干部职工深入学习贯彻党的创新理论，特别是习近平新时代中国特色社会主义思想，努力从科学理论中获取理想信念的真理支撑、精神动力和精神支柱，始终把对

马克思主义的信仰、对社会主义和共产主义的信念作为毕生追求；坚持党的原则第一、党的事业第一、人民利益第一，努力把对党忠诚、为党分忧、为党尽职、为民造福作为根本政治担当，自觉做共产主义远大理想和中国特色社会主义共同理想的坚定信仰者和忠实实践者。

二是要把坚强的党性原则在党员干部职工中牢固树立起来。坚持党性原则是加强党的政治建设的根本要求。国有企业党组织要教育引导党员干部职工坚决把政治纪律和政治规矩挺在前面，自觉养成尊崇党章、遵守党纪的良好习惯，弘扬以忠诚老实、公道正派、实事求是、清正廉洁等为主要内容的共产党人价值观，切实树牢“四个意识”、坚定“四个自信”、坚决做到“两个维护”，做到在党爱党、在党言党、在党忧党、在党护党，把爱党、忧党、兴党、护党落实到思想工作生活各个环节，始终保持对党绝对忠诚，坚决维护党中央权威和集中统一领导，始终在思想上、政治上、行动上同党中央保持高度一致。

三是要把好干部标准在党员干部职工中牢固树立起来。切实把握好干部标准，聚焦建设对党忠诚、勇于创新、治企有方、兴企有为、清正廉洁的国有企业领导班子，聚焦建设心中有党、心有国企和讲责任、勇担当、甘奉献的国有企业干部人才队伍，聚焦建设有理想守信念、懂技术会创新、敢担当讲奉献的宏大的产业工人队伍，把发挥国有企业的政治优势和市场化机制优势结合起来，健全完善党管干部、组织选人与市场化配置人才有机结合的干部人才考核评价体系，坚持德才兼备、以德为先、任人唯贤，坚持事业为上、人事相宜，坚持人岗相适、用当其才、用当其时、人尽其才，坚持把事业需要、岗位要求与促进干部成长、调动各方面积极性有机结合起来，形成选好人、用好人、管好人的舆论导向、工作导向、用人导向、政策导向，探索完善政治工作保证改革发展中心工作的作用机理，把政治工作贯穿到国有企业改革发展的各个环节之中，融入生产经营各项工作中去，更好地激发企业发展活力。

四是要把政治工作威信在党员干部职工中牢固树立起来。切实从发挥党的领导作用、基层党组织的战斗堡垒作用和共产党员的先锋模范作用抓起，从发挥领导干部示范带头、率先垂范作用抓起，从健全基本组织、建强基本队伍、完善基本制度严起。教育党员干部特别是党员领导干部坚持慎独、慎微、慎友，时刻心存敬畏，从严从实要求自己、约束自己，牢记人情里面有原则、交往之中有政治、亲情里面有底线、感情面前有原则，切实做到心中有党、心中有民、心中有责、心中有戒，不断增强政治定力、纪律定力、道德定力、抵腐定力，始终做到不放纵、不越轨、不逾矩。强化敢于担责、勇于担当精神，坚持求真务实、公道正派、创新进取、真抓实干，始终做到干在实处、走在前列，用行动诠释忠诚、用担当彰显信仰，引导各级领导干部特别是广大党务工作者把纪律规矩力量和人格品质力量统一起来，使广大职工群众看有方向、学有榜样、赶有标杆，凝聚起推动企业改革发展的强大力量。

四、加强新时代国有企业党的政治建设的指导思想

按照新时代党的建设总要求和《中共中央关于加强党的政治建设的意见》精神，笔者认为，加强新时代国有企业党的政治建设，必须高举中国特色社会主义伟大旗帜，坚持以习近平新时代中国特色社会主义思想为指导，全面贯彻党的十九大精神，把党的政治建设作为国有企业党的根本性建设，以坚守共产主义远大理想和中国特色社会主义共同理想、“两个一百年”奋斗目标的政治方向为根本要求，以坚决维护党中央权威和集中统一领导为根本出发点，以始终保证国有企业改革发展正确的政治方向为根本原则，以凝聚广大党员干部职工智慧力量作为重要着力点，以营造良好政治生态作为根本任务，充分发挥政治工作生命线作用，用强有力的政治建设统领党的思想建设、组织建设、作风建设、纪律建设和制度建设，全面解决党的领导、党的建设弱化、淡化、虚化、边缘化等突出问题，始终做到坚持党对国有企业的领导不动摇、坚持服务生产经营不偏离、坚持党组织对国有企业选人用人的领导和把关作用不能变、坚持建强国有企业基层党组织不放松，不断提升企业党组织的政治功能和组织力，不断提升广大党员干部职工的政治素质和政治能力，更好地发挥党的领导作用、基层党组织战斗堡垒作用和党员先锋模范作用，为推动国有企业不断做强做

优做大、建设具有全球竞争力的世界一流企业提供坚强的政治保证。

五、加强新时代国有企业党的政治建设的基本原则

根据上述指导思想，加强和改进新时代国有企业党的政治建设，笔者认为，需要遵循以下“十个坚持”基本原则。

一是坚持正确的政治方向。坚持正确的政治方向是加强国有企业党的政治建设的根本要求。必须教育引导广大党员干部职工坚持共产主义远大理想，为实现共产主义不懈奋斗；坚持中国特色社会主义共同理想，坚定中国特色社会主义道路自信、理论自信、制度自信、文化自信；坚持实现“两个一百年”奋斗目标和中华民族伟大复兴的中国梦，团结带领职工群众更加自觉地为建设具有全球竞争力的世界一流企业不懈奋斗，创造更加美好的生活。

二是坚持坚定的理想信念。共产主义远大理想和中国特色社会主义共同理想，是中国共产党人的精神支柱和政治灵魂，是保持党的团结统一的思想基础。必须把坚定理想信念作为加强国有企业党的政治建设的核心要义，教育引导广大党员干部职工坚决站稳党性立场和人民立场，牢记党的宗旨，挺起共产党人的精神脊梁，牢固树立以人民为中心的发展导向，解决好世界观、人生观、价值观这个“总开关”问题；始终把对马克思主义的信仰、对社会主义和共产主义的信念作为毕生追求，坚持用党的创新理论特别是马克思主义中国化最新成果武装头脑，自觉做共产主义远大理想和中国特色社会主义共同理想的坚定信仰者和忠实实践者。

三是坚持严守政治纪律、政治规矩。保证全党服从中央，坚持党中央权威和集中统一领导，是党的政治建设的首要任务。必须坚定执行党的政治路线，切实树牢“四个意识”、坚定“四个自信”、坚决做到“两个维护”，自觉在政治立场、政治方向、政治原则、政治道路上同党中央保持高度一致；必须严守党的政治纪律和政治规矩，坚决贯彻落实党和国家的路线方针政策和重大决策部署，坚决防止和纠正自行其是、各自为政、有令不行、有禁不止、上有政策、下有对策的行为，确保国有企业广大党员干部

职工统一思想、统一意志、统一行动，步调一致地向前进。

四是坚持严肃党内政治生活。严肃党内政治生活既是党的政治建设的重要任务，又是加强党的政治建设的基本途径。必须从党内政治生活管起、从党内政治生活严起，严格执行新形势下党内政治生活若干准则，坚持不懈开展批评和自我批评，积极开展健康的思想斗争，增强党内政治生活的政治性、时代性、原则性、战斗性，着力破解一些党员干部职工中存在的政治信念动摇、政治方向模糊、政治立场不稳、政治纪律松懈等问题，不断提高党内政治生活质量；坚决摒弃重经济属性轻政治属性的错误思想观念和思想认识，坚持政治属性和经济属性并重，坚持以政治属性为引领的党建工作本质要求，自觉抵制商品交换原则对党内政治生活的侵蚀，营造风清气正的良好政治生态和干净干事的创业兴业氛围。

五是坚持健全完善民主集中制。民主集中制是党的根本组织原则，是党内政治生活正常开展的重要制度保障。必须健全完善民主集中制的各项制度，坚持民主基础上的集中和集中指导下的民主相结合，坚持集体领导制度，坚持科学民主依法决策，坚持少数服从多数，严格按程序、规矩办事，做到决策前多听各种声音、决策中善听不同声音、决策后保持一个声音，坚定维护领导班子的统一意志，确保重大决策部署的科学决策和坚决贯彻落实。

六是坚持发展积极健康的党内政治文化。发展积极健康的党内政治文化，是党的政治建设的重大任务和崭新课题。必须把发展积极健康的党内政治文化，作为加强国有企业党的政治建设的价值导向和内在精神，教育引导广大党员干部职工切实把以忠诚老实、公道正派、实事求是、清正廉洁为主要内容的共产党人价值观作为立身之本，旗帜鲜明地抵制和反对个人主义、分散主义、自由主义、本位主义、好人主义、宗派主义和圈子文化、码头文化、关系学、厚黑学、官场术、“潜规则”等各种腐朽、庸俗文化，堂堂正正做人，勤勤恳恳干事，干干净净为官，永葆共产党人政治本色。

七是坚持加强党性教育和党性锻炼。党性是党员干部职工立身、立业、立言、立德的基石，党性教育和党性锻炼是党的政治建设的经常性、基础性工作。必须组织动员广大党员干部职工自觉加强党性锻炼，经常进行党性分析，自觉把对党忠诚、为党分忧、为党尽职、为民造福作为根本政治担当，教育引导党员干部永葆对党忠诚的政治品格，坚守个人干净的为官底线，提升敢于负责、勇于担当、甘于奉献的思想境界，着力提高把方向、管大局、保落实的政治能力，着力激发勇于创新、治企有方、兴企有为的担当作为，确保对党忠诚、个人干净、勇于担当。

八是坚持正风肃纪提升作风。优良的作风和严明的纪律是党的崇高形象和威望的集中体现，是加强国有企业党的政治建设的重要内容和检验政治建设工作成效的重要标准。必须持之以恒加强作风建设，紧紧围绕保持党同人民群众的血肉联系，着力查摆和纠正“四风”，增强群众观念和宗旨意识，不断厚实党执政的群众基础；必须以“零容忍”态度加大整治职工群众身边腐败问题的力度，深化标本兼治，强化不敢腐的震慑，扎牢不能腐的笼子，增强不想腐的自觉，以优良的作风和严明的纪律彰显党的崇高形象和威望。

九是坚持不懈提高政治能力。政治能力是领导干部的第一能力。提高领导干部的政治能力，是加强国有企业党的政治建设的重要内容。必须适应形势和任务的发展需要，不断提高各级领导干部把握方向、把握大势、把握全局的能力，辨别政治是非、保持政治定力、驾驭政治局面、防范政治风险的能力，善于从政治上分析问题、解决问题；必须教育引导各级领导干部切实做到心中有党、心中有民、心中有责、心中有戒，增强政治定力、纪律定力、道德定力、抵腐定力，始终心存敬畏、手握戒尺，始终做到不放纵、不越轨、不逾矩，坚决同各种破坏政治纪律和政治规矩的行为作斗争，努力成为党的政治建设的引领者、实践者、推动者，切实担负起领导职责和管党治党的政治责任。

十是坚持改革创新激发活力。改革创新是推动新形势下党的政治工作发展的不竭动力，是永葆国有企业政治工作生机活力的必然选择。必须顺应新形势新任务的发展需要，着力把准正确的政治方向这一政治工作创新的根本原则、着力紧扣凝聚党员干部职工智慧力量这一政治工作创新的重要着力点、着力聚焦营造良好政治生态这一政治工作创新的根本任务、着力把握推进思维理念创新这一政治工作创新的重要内涵、着力谋划方法手段创新这一政治工作创新的永恒课题，积极推进政治工作思维理念、运行模式、指导方式、方法手段创新，提高政治工作信息化、法治化、科学化水平，形成全方位、宽领域、思想共融、发展共赢的政治工作格局，增强政治工作的时代性、主动性、针对性、实效性。

第三节　加强国有企业党的政治建设必须紧贴时代要求紧跟时代步伐

党的政治建设是党的根本建设，重视党的政治建设是中国共产党的优良传统。中国共产党之所以能够团结带领全国各族人民取得革命、建设和改革开放事业的伟大胜利，很重要一点，就是始终把加强党的政治建设作为加强党的建设的核心工作来抓，就是始终紧贴时代要求、紧跟时代步伐、与时俱进地加强党的政治建设。在新的历史转型期，面对前所未有的繁重任务、超乎想象的复杂局面、世所罕见的严峻挑战，中国共产党要团结带领全国各族人民进行伟大斗争、建设伟大工程、推进伟大事业、实现伟大梦想，迫切需要把马克思主义普遍真理同当代中国实际结合起来，紧跟时代步伐、顺应时代要求、倾听人民呼声，更加重视和强化党的政治建设，从而科学制定治国理政的行动纲领和路线方针政策。国有企业要实现党的十九大报告提出的推动企业不断做强做优做大、建设具有全球竞争力的世界一流企业的宏伟目标，就必须适应新时代新形势新任务的发展需要，旗帜鲜明地把加强党的政治建设摆在党的建设的首位，深刻认识新时代、自觉融入新时代、积极聚力新时代，坚定不移地用马克思主义中国化最新成果武装广大党员干部职工的头脑，确保国有企业改革发展工作始终沿着正确的方向前进，确保党和国家的决策部署不折不扣地贯彻落实、结出硕果。

一、深刻认识新时代自觉融入新时代积极聚力新时代

党的十九大报告指出，中国特色社会主义进入了新时代。这是中国发展新的历史方位，表明中国发展站在了新的历史起点上。新时代是承前启后、继往开来、在新的历史条件下继续夺取中国特色社会主义伟大胜利的时代，是奋斗者的时代。新时代要有新目标新要求，新时代要有新思路新举措，新时代要有新气象新作为。国有企业党员干部职工是新时代中国特色社会主义的忠实实践者，是新时代党在经济领域的执政骨干人才团队。国有企业广大党员干部职工要深刻认识新时代，把握新时代的丰富内涵、特点规律和本质要求；自觉融入新时代，找准自己的人生定位、工作目标、工作重点和努力方向，努力与新时代心相连、情相融、理相通；积极聚力新时代，自觉地把人生追求融入党、国家和人民的事业，同实现“两个一百年”奋斗目标和中华民族伟大复兴紧密结合起来，做到爱国爱企、爱岗敬业，讲责任、勇担当、甘奉献，勇于在艰苦奋斗中净化灵魂、磨砺意志、坚定信念，以敢为天下先的锐气、壮士断腕的勇气、啃硬骨头的担当和狠抓落实的作风，努力在新时代干出新气象、实现新作为、作出新贡献，实现个人的事业梦想和人生价值。

（一）深刻认识新时代

中国特色社会主义进入了新时代，这是世情国情党情变化的必然结果，是社会主要矛盾运动的必然结果，也是党的十八大以来党和国家事业发生历史性变革的结果，是中国共产党人团结带领全国各族人民长期不懈奋斗的结果，具有丰富深厚的思想内涵。如何认识新时代，需要广大党员干部职工从新的历史起点、新的理论建树、新的发展目标、新的矛盾变化和新的国内国际环境变化等方面深刻认识其基本特点、把握其丰富内涵，从而做到内化于心、外化于行，提高做好国有企业改革发展工作的思想自觉。

着力从新的历史起点方面深刻认识新时代。党的十九大报告指出，党的十八大以来，以习近平同志为核心的党中央科学把握国内外发展大势，

顺应实践要求和人民愿望，以巨大的政治勇气和强烈的责任担当，提出一系列新理念新思想新战略，出台一系列重大方针政策，推出一系列重大举措，推进一系列重大工作，解决了许多长期想解决而没有解决的难题，办成了许多过去想办而没有办成的大事，推动党和国家事业发生历史性变革。这些变革力度之大、范围之广、效果之显著、影响之深远，在中国共产党的历史、新中国发展史和中华民族发展史上都具有开创性意义，标志着党和国家事业站到新的历史起点上，标志着中国特色社会主义事业进入新的发展阶段。国有企业党组织和广大党员干部职工要结合新时代的内涵，进一步深化对世情、国情、党情和地方情况以及企业发展情况的认识和把握，更好地分析把握国家经济社会发展和国有企业发展的阶段性特征，努力找准新时代国有企业发展的新起点、新定位。

着力从新的理论建树方面深刻认识新时代。党的十九大报告指出，党的十八大以来，以习近平同志为核心的党中央根据国内外形势变化和中国各项事业发展，紧紧围绕怎样从理论和实践结合上系统回答新时代坚持和发展什么样的中国特色社会主义、怎样坚持和发展中国特色社会主义这个重大时代课题，紧密结合新的时代条件和实践要求，以全新的视野深化对共产党执政规律、社会主义建设规律、人类社会发展规律的认识，进行艰辛理论探索，取得重大理论创新成果，形成了习近平新时代中国特色社会主义思想，实现了马克思主义中国化的又一次历史性飞跃，构成了划时代的理论新建树。习近平新时代中国特色社会主义思想，是对马克思列宁主义、毛泽东思想、邓小平理论、“三个代表”重要思想、科学发展观的继承和发展，是马克思主义中国化最新成果，是党和人民实践经验和集体智慧的结晶，是中国特色社会主义理论体系的重要组成部分，是全党全国人民为实现中华民族伟大复兴而奋斗的行动指南，必须长期坚持并不断发展。国有企业广大党员干部职工要全面准确把握习近平新时代中国特色社会主义思想，刻在骨子里、融入血液中，自觉用以武装头脑、指导实践、推动工作，不断提升理论联系实际的能力水平。

着力从新的发展目标方面深刻认识新时代。党的十九大报告指出，从党的十九大到党的二十大，是中国“两个一百年”奋斗目标的历史交汇期。

全党全国各族人民既要全面建成小康社会、实现第一个百年奋斗目标，又要乘势而上开启全面建设社会主义现代化国家新征程，向第二个百年奋斗目标进军。为此，党的十九大报告提出了从 2020 年到本世纪中叶发展目标分为两个阶段的战略安排，即：第一个阶段从 2020 年到 2035 年，在全面建成小康社会的基础上，再奋斗十五年，基本实现社会主义现代化；第二个阶段从 2035 年到本世纪中叶（也就是新中国成立 100 周年时），在基本实现社会主义现代化的基础上，再奋斗十五年，把中国建成富强民主文明和谐美丽的社会主义现代化强国，从而开启了全党全国各族人民决胜全面建成小康社会、全面建设社会主义现代化强国的新征程。“两个一百年”奋斗目标的战略安排，既是全党全国各族人民的共同任务，更是以国有企业广大党员干部职工为主要代表的中国工人阶级的历史使命。国有企业党组织和广大党员干部职工要全面准确把握实现“两个一百年”奋斗目标的战略部署，把智慧和力量凝聚到落实党中央决策部署上来，主动承担起党在新时代赋予国有企业的历史使命，自觉对标、找准企业发展的目标任务，以更加奋发有为的精神状态担负起新的历史使命，唱响新时代奋斗者之歌。

着力从新的矛盾变化方面深刻认识新时代。党的十九大报告指出，经过改革开放 30 多年的持续健康快速发展，中国社会生产力水平总体上显著提高，社会生产能力在很多方面进入世界前列，中国经济总量稳居世界第二位，稳定解决了十几亿人的温饱问题，总体上实现了小康，不久将全面建成小康社会。随着中国特色社会主义进入新时代，人民美好生活需要日益广泛，不仅对物质文化生活提出了更高要求，而且在民主、法治、公平、正义、安全、环境等方面的要求日益增长，因此发展不平衡不充分的问题，已经成为满足人民日益增长的美好生活需要的主要制约因素，中国社会主要矛盾已经转化为人民日益增长的美好生活需要和不平衡不充分的发展之间的矛盾。新时代中国社会主要矛盾这一关系全局的历史性变化，对党和国家工作提出了新要求。国有企业党组织和广大党员干部职工，要全面准确把握新时代中国社会主要矛盾历史性变化带来的深远影响，以及对国有企业加强党的领导、党的建设和深化企业改革发展工作提出的新要求，特别是在贯彻落实新发展理念、建设现代化经济体系等方面的部署要求，积极谋划好新时代企业的改革发展大计。

着力从新的国内国际环境变化方面深刻认识新时代。党的十九大报告指出，当前，国内外形势正在发生深刻复杂变化，世界正处于大发展大变革大调整时期，中国发展仍处于重要战略机遇期，正处在从大国走向强国的关键时期，前景十分光明，挑战也十分严峻。中国发展同外部世界的交融性、关联性、互动性不断增强，中国正日益走近世界舞台的中央，“树大招风”效应日益显现。必须着力办好自己的事情，处理好与世界主要大国为重点的国际关系，做好内外兼修这篇大文章，努力跨越“中等收入陷阱”和“修昔底德陷阱”，为实现中华民族伟大复兴创造良好的国内国际环境。国有企业党组织和广大党员干部职工要深化对国内国际环境新变化新特点的认识，努力从中寻找发展机遇、规避发展风险，坚定不移地通过全面加强和改进党的领导、党的建设，扎实做好深化企业改革发展各项工作，做到内强素质、外树形象，勠力同心、奋力实现中华民族伟大复兴的中国梦。

（二）自觉融入新时代

党的十九大报告指出，新时代是承前启后、继往开来、在新的历史条件下继续夺取中国特色社会主义伟大胜利的时代，是决胜全面建成小康社会、进而全面建设社会主义现代化强国的时代，是全国各族人民团结奋斗、不断创造美好生活、逐步实现全体人民共同富裕的时代，是全体中华儿女勠力同心、奋力实现中华民族伟大复兴中国梦的时代，是中国日益走近世界舞台中央、不断为人类作出更大贡献的时代。国有企业广大党员干部职工要深刻认识新时代的丰富内涵，自觉地在思想上、工作上和生活上融入新时代。

思想上要自觉融入新时代。思想是行动的先导，思想的自觉和精神的提振是改变个人乃至社会的核心因素，只有思想上自觉融入新时代，精神上才能变被动为主动，才能形成推动事业发展的强大动力。面对新时代的新任务新要求，国有企业党员干部职工要在思想上融入新时代，就必须坚持以习近平新时代中国特色社会主义思想为指引，深入学习贯彻党的十九大精神，聚焦担当新时代中国共产党的历史使命，聚焦实现新时代的发展目标和战略安排，切实树牢“四个意识”、坚定“四个自信”、坚决做到“两个维护”，始终在政治立场、政治方向、政治原则、政治道路上同党中央保持高度一致，不断增强忠诚核心、拥戴核心、维护核心、捍卫核心的思想自觉和行动自觉；就必须不断增强对党的基本理论、基本路线、基本方略的政治认同、思想认同、情感认同，坚定不移听党话、矢志不渝跟党走，积极投身进行伟大斗争、建设伟大工程、推进伟大事业、实现伟大梦想的火热实践，为在新时代坚持和发展中国特色社会主义、实现“两个一百年”奋斗目标提供坚强的思想组织保证。

工作上要自觉融入新时代。牢记问题就是时代的呼声，表达着人民群众的心声，反映着时代变化的风向。善于倾听时代声音，善于发现问题，勇于直面问题，注重解决问题，是党的十八大以来中国共产党和国家事业大发展大进步的重要原因之一，也是我们研究问题、分析问题、解决问题的行之有效的工作方法。面对新时代社会主要矛盾的新变化，中国发展的内涵和重点、理念和方式、环境和条件、水平和要求与过去都有很大不同，需要国有企业党组织和广大党员干部职工更好地贯彻落实新发展理念。国有企业党组织和广大党员干部职工要强化问题意识，坚持问题导向，努力在所从事的领域、行业和岗位中找准工作定位、目标要求、工作重点和工作切入点，做到不忘初心、牢记使命、永远奋斗。党的十九大报告对国有企业改革发展工作提出了“要完善各类国有资产管理体制，改革国有资本授权经营体制，加快国有经济布局优化、结构调整、战略性重组，促进国有资产保值增值，推动国有资本做强做优做大，有效防止国有资产流失。深化国有企业改革，发展混合所有制经济，培育具有全球竞争力的世界一流企业”的要求。国有企业党组织和广大党员干部职工要深入学习贯彻党的十九大精神，坚持不忘实现国有资产保值增值、巩固党执政的重要物质基础和政治基础的初心，牢记推动国有资本做强做优做大、建设具有全球竞争力的世界一流企业的神圣使命，坚定不移为之不懈奋斗，坚决贯彻落实中央和上级党委的决策部署，着力深化国有企业改革，大力发展混合所有制经济，推动国有资本不断做强做优做大，培育建设具有全球竞争力的世界一流企业，努力创造经得起实践、人民和历史检验的时代新业绩。

生活上要自觉融入新时代。新时代是一个物质生活和精神生活都非常丰富的时代。按照党的十九大报告描绘的蓝图，到2020年全面建成小康社会时，中国人均生活水平将非常接近世界银行所定义的高收入国家的门槛，按照2016年美元购买力计算，将跃升到1万多美元的水平，从而跨越“中等收入陷阱”。据清华大学中国与世界经济研究中心估计，到2035年基本实现社会主义现代化时，中国人民生活水平将达到全球人口500万以上的大中型国家的30强，与西班牙人民的生活水平差不多；到2050年建成富强民主文明和谐美丽的社会主义现代化强国时，中国人民生活水平将进入世界前20名的行列，相当于法国、英国人民的生活水平，到那时我们的国家将更加民主、文明程度大幅度提高，人民群众参与公共决策、参与政治决策的积极性会提高，参与渠道也会进一步拓宽，法治建设水平将会迈上一个新台阶，整个社会文化、文明程度、生态发展将会迈上一个新台阶，中国将变成世界各国都非常向往的美丽国家。党员干部是人民的公仆，肩负着团结带领全国人民实现中华民族伟大复兴的历史使命。面对神圣的职责和光荣的使命，国有企业党员干部必须讲责任、勇担当、甘奉献，做到个人的物质生活不一定要紧贴新时代、跟上新时代，但精神生活一定要引领新时代、勇立新时代潮头，就是要按照全面从严治党要求从严从实约束自己、管好自己，营造风清气正的干事创业氛围，从而在推进新时代中国特色社会主义新征程中更好地发挥先锋模范作用。

（三）积极聚力新时代

习近平同志在党的十九大报告中指出：“今天，我们比历史上任何时期都更接近、更有信心和能力实现中华民族伟大复兴的目标。”“行百里者半九十。中华民族伟大复兴，绝不是轻轻松松、敲锣打鼓就能实现的。全党必须准备付出更为艰巨、更为艰苦的努力。”中华民族伟大复兴的中国梦是干出来的，是奋斗出来的。没有艰辛就不是真正的奋斗，伟大事业需要一代代人的持续奋斗。只有艰苦奋斗的创业者，才能成为时代的胜利者。面对新时代新的发展战略目标，国有企业党员干部职工要坚持以习近平新时代中国特色社会主义思想为指引，深入学习贯彻党的十九大精神，坚持以学促干、知行合一积极聚力新时代，努力在新的时代征程中干出新气象、实现新作为、作出新贡献。

努力在新时代干出新气象。新时代要有新气象，新时代要干出新气象。近年来我们国家之所以能够发生重大历史变革，很重要一点就是以习近平同志为核心的党中央坚定不移推进全面从严治党，把党的政治建设摆上突出位置，全党政治意识明显增强、政治能力明显提高，党内政治生活气象更新，党内政治生态明显好转，党的创造力、凝聚力、战斗力显著增强，使全党全国各族人民想在了一起、干在了一起。新时代中国共产党面临的执政环境是复杂的，影响党的先进性、弱化党的纯洁性的因素也是复杂的，广大党员要经受住执政考验、改革开放考验、市场经济考验、外部环境考验，抵御住精神懈怠危险、能力不足危险、脱离群众危险、消极腐败危险，就必须坚持问题导向，保持战略定力，推动全面从严治党向纵深发展，着力解决一些党员干部存在的思想不纯、组织不纯、作风不纯等突出问题，不断提高党的先进性、增强党的纯洁性，努力在新时代干出新气象。国有企业党组织要按照习近平同志的要求，坚持党要管党、全面从严治党，着力培育一种为国家为人民真诚奉献的精神，着力建设一个坚强有力的领导班子、一支勇于攻坚克难的高素质干部队伍、一支充分组织起来的职工队伍。有了这种精气神、有了这种领导力、有了这支队伍，就有了国有企业的新气象，就能在新时代大有作为。

努力在新时代实现新作为。打铁必须自身硬。新时代要有新作为，关键是要有过硬的政治素质和高强的专业本领。国有企业党员干部职工要切实树牢“四个意识”、坚定“四个自信”、坚决做到“两个维护”，全面贯彻执行党的理论和路线方针政策，确保对党忠诚、干净干事、勇于担当。必须坚决把政治纪律和政治规矩挺在前面，牢固守住“底线”、坚决不碰“红线”，始终做到“三严三实”，始终做到“心中有党、心中有民、心中有责、心中有戒”，始终做到“铁一般信仰、铁一般信念、铁一般纪律、铁一般担当”。按照建设高素质专业化干部队伍要求，着力增强国有企业党员干部职工学习、政治领导、改革创新、科学发展、依法执政、群众工作、狠抓落实、驾驭风险等八种本领，确保政治素质过硬、工作本领高强。倡导崇尚实干，不驰于空想、不骛于虚声，敢于担当负责、勇于攻坚克难，着力破解发展难题，补足工作短板。坚持改革创新、锐意进取，始终保持锐意进取的勇气、敢为人先的锐气、蓬勃向上的朝气，以改革促进派和实干家的担当勇做弄潮儿，不断清障除弊、破局开路，创造性地开展工作。国有企业党员领导干部要牢记习近平同志的嘱托，始终做到“对党忠诚、勇于创新、治企有方、兴企有为、清正廉洁”，确保成为党在经济领域的执政骨干，确保成为国有资产的忠诚卫士。

努力在新时代作出新贡献。能否在新的历史征程中作出新贡献，是检验党员干部是否积极聚力新时代的重要标准。党的十九大描绘了决胜全面建成小康社会、夺取中国特色社会主义伟大胜利的宏伟蓝图。美好的梦想，要靠个人奋斗才能实现；伟大的事业，要通过艰苦奋斗才能成就。社会主义是干出来的，新时代也是干出来的。国有企业广大党员干部职工一定要爱国爱企、爱岗敬业，讲责任、勇担当、甘奉献，拿出奋力拼搏的干劲、奋勇争先的闯劲、争创一流的钻劲，勇于改革创新、善于攻坚克难、肯于追求极致，以卓越的劳动创造争做新时代的见证者、开创者、建设者，以实干书写人生，用奋斗镌刻荣光，努力以出色的业绩凝聚起共筑共圆中国梦的磅礴力量。

二、着力用马克思主义中国化最新成果武装头脑指导实践推动工作

习近平同志指出：“信仰、信念、信心，任何时候都至关重要。小到一个人、一个集体，大到一个政党、一个民族、一个国家，只要有信仰、信念、信心，就会愈挫愈奋、愈战愈勇，否则就会不战自败、不打自垮。”加强党的政治建设必须首先加强理论武装，坚持用马克思主义中国化最新成果武装广大党员的头脑，坚定广大党员的理想信仰、信念、信心。党的

十九大把习近平新时代中国特色社会主义思想确立为全党的行动指南，实现了党的指导思想的又一次与时俱进。国有企业党组织必须把加强理论武装坚定理想信仰、信念、信心，作为加强党的政治建设的基础性、根本性工作来抓，坚定不移用习近平新时代中国特色社会主义思想这一马克思主义中国化最新成果武装头脑、指导实践、推动工作，使广大党员干部职工坚定对马克思主义的信仰、对中国特色社会主义的信念、对实现中华民族伟大复兴中国梦的信心，始终保持统一的思想、坚定的意志、强大的战斗力。

（一）坚定不移用习近平新时代中国特色社会主义思想武装头脑

习近平新时代中国特色社会主义思想，从理论和实践结合上系统回答了新时代坚持和发展什么样的中国特色社会主义、怎样坚持和发展中国特色社会主义这一重大时代课题，是对马克思列宁主义、毛泽东思想、邓小平理论、“三个代表”重要思想、科学发展观的继承和发展，是马克思主义中国化最新成果，是党和人民实践经验和集体智慧的结晶，是中国特色社会主义理论体系的重要组成部分，是全党全国人民为实现中华民族伟大复兴而奋斗的行动指南，为新时代国有企业深化改革、创新发展提供了根本遵循，是国有企业各级党组织和广大党员干部职工的强大思想武器。

中国共产党是中国工人阶级的先锋队，同时是中国人民和中华民族的先锋队，是中国特色社会主义的领导核心。以国有企业广大党员干部职工为主要代表的中国工人阶级，是中国共产党最坚实最可靠的阶级基础，是社会主义中国的领导阶级，是先进生产力和生产关系的代表，是坚持和发展中国特色社会主义的主力军。始终坚持用马克思主义中国化最新成果武装广大党员干部职工头脑，坚定理想信仰、信念、信心，始终听党话、跟党走，凝聚推动发展的强大智慧和力量，是国有企业加强党的政治建设的优良传统。国有企业党组织要适应新形势新任务发展需要，教育引导广大党员干部职工深入学习贯彻习近平新时代中国特色社会主义思想，全面系统认真研读《习近平谈治国理政》第一、二卷和习近平总书记系列重要讲话精神，着力在领会核心要义和丰富内涵上下功夫，着力在学懂弄通做实上下功夫，着力在大学习、深调研、真落实上下功夫，深切体会习近平新时代中国特色社会主义思想所贯穿的坚定信仰信念、鲜明人民立场、强烈历史担当、求真务实作风、勇于创新精神和科学思想方法，深刻领会习近平新时代中国特色社会主义思想的鲜明理论特色和实践品质，解决好世界观、人生观、价值观这一共产党人的理想信念“总开关”问题，牢固树立共产主义远大理想和中国特色社会主义共同理想；教育引导广大党员干部职工深入学习贯彻习近平同志关于国企治理的系列重要论述，特别是在全国国有企业党的建设工作会议上的重要讲话精神，牢固树立“为国企服务为荣、为国企奉献为荣”的价值理念，自觉把个人理想、家庭幸福融入国家富强、民族复兴的伟业之中，始终做到心中有党、心有国企，爱国爱企、爱岗敬业，忠诚履职、奋勇争先，在报效祖国、服务社会的奋斗历程中展现精彩的人生作为。

（二）努力提高政治站位站稳政治立场

众所周知，国有企业主要集中在关系国民经济命脉的重要行业和关键领域。具体来讲，国有企业主要集中在如下行业和领域：一是为人民群众提供公共产品和公共服务的行业，主要是水电、交通、通讯等行业；二是确保国家经济安全、国防安全的行业，如资源、能源、军工等行业；三是确保国家技术安全和占领未来经济发展战略高地，赢得未来发展空间的行业，如高新技术产业、战略性新兴产业等。国有企业所处行业和领域的核心位置，决定了国有企业是推进国家现代化、保障人民共同利益的重要力量，是发展中国特色社会主义的重要物质基础和政治基础。党的十九大报告明确提出中国到2020年要全面建成小康社会，实现第一个百年奋斗目标，之后再踏上全面建设社会主义现代化国家新征程，为实现第二个百年奋斗目标，即建设富强民主文明和谐美丽的社会主义现代化强国而努力。在这一历史进程中，国有企业地位重要、作用关键、不可替代；在这一历史进程中，国有企业广大党员干部职工的政治立场、政治站位、政治能力、政治定力非常重要、含糊不得。

坚持党的领导是当代中国最重大的政治原则。习近平同志强调：“坚持和完善党的领导，是党和国家的根本所在、命脉所在，是全国各族人民的利益所在、幸福所在。”国有企业广大党员干部职工一定要提高政治站位、站稳政治立场，始终站在巩固党执政的重要物质基础和政治基础、巩固中国社会主义制度的高度，坚定不移地贯彻执行党的路线方针政策，切实树牢“四个意识”、坚定“四个自信”、坚决做到“两个维护”，自觉向党中央看齐，向党的理论和路线方针政策看齐，坚定自觉地在政治立场、政治方向、政治原则、政治道路上同党中央保持高度一致，以实际行动保证党的基本理论、基本路线、基本方略的贯彻落实，坚决维护党中央的权威。国有企业广大党员干部职工一定要把对党忠诚、为党分忧、为党尽职、为民造福作为根本政治担当，严守政治纪律和政治规矩，做到党中央的号召坚决响应，党中央的要求坚决落实，党中央提倡的坚决拥护，党中央反对的坚决杜绝，始终在大是大非面前决不含糊、在小事小节上决不走样，坚决同各种违反党中央权威和集中统一领导的思想和行为作斗争，确保令行禁止、政令畅通，以旗帜鲜明的政治站位、政治立场和高度自觉的政治纪律、政治规矩意识，立起国有企业党的政治建设新高地。

（三）坚持学以致用、用以促学

新时代新任务新实践需要新的思想来指引。深入学习贯彻习近平新时代中国特色社会主义思想，不仅要用来武装头脑，更要用来指导实践、推动工作。国有企业广大党员干部职工必须大力弘扬理论联系实际的优良学风，坚持学中干、干中学，坚持学以致用、用以促学，坚持学习——实践——再学习——再实践的学习方法，特别是在研读《习近平谈治国理政》第一、二卷时要做到不断章取义、不哗众取宠、不固步自封；坚持思想认识源于实践，坚持思路举措先于实践，坚持质量标准严于实践，善于研究工作特点、把握工作规律、总结成效不足、创新思路举措，不断用工作实效修正自己的学习方式方法、检验自己的学习质量水平、提高指导实践推动工作的能力。强化问题意识、坚持问题导向，始终以国有企业正在做的改革发展工作为中心，准确把握新时代中国社会主要矛盾的新变化和国有企业发展的阶段性特征，积极探索、自觉遵循现代国有企业发展规律和社会主义市场经济客观规律，正确处理加强国有企业党的领导、党的建设与改革发展工作的关系，科学把握国有企业党建工作和党务工作的辩证关系，努力把加强党的领导和完善公司治理有机统一起来，建设中国特色现代国有企业制度。适应新形势新任务发展需要，教育引导广大党员干部职工着力提高学习能力、政治领导能力、改革创新能力、市场洞察能力、法治思维能力、推动执行能力、群众工作能力和风险防控能力，提升综合素质，提高专业本领，站稳政治立场，保持政治定力，坚持实干兴企，坚持创新强企，以更加昂扬向上、更加奋发有为的精神状态，促进国有资产保值增值，推动国有资本不断做强做优做大，有效防止国有资产流失，努力为实现中华民族伟大复兴的中国梦奠定更加坚实的物质基础和政治基础。

坚持学以致用、知行合一，做到学有所思、思有所悟、悟有所用，是用马克思主义中国化最新成果武装头脑的最佳方法和最佳途径。国有企业所处的行业和领域位置不同，党员干部职工所学、所思、所悟、所用的内容、重点和目标任务、思路举措也不完全一样，必须结合企业所处的行业、领域和产业发展情况，在学习党的最新文件精神如党的十九大精神时，有针对性地教育引导党员干部职工。国有企业基层单位是直接服务国家经济建设以及创造价值的前沿窗口，广大党员干部职工要通过加强政治理论学习，不仅要辨大势、明方向、识大局，而且要从中找到处理问题的科学方法，获取破解难题的智慧力量。比如，如果你的企业从事的是为人民群众提供公共产品和公共服务的行业，就要善于从健全完善现代化公共服务设施对建设国家现代化经济体系的重要支撑作用等方面，给党员干部职工讲清楚当前和今后一个时期企业改革发展的目标任务、工作重点和思路举措，激发大家服务国家重大发展战略的主人翁意识；如果你的企业从事的是服务国家经济安全、国防安全的行业，就要善于从维护国家战略安全的高度，给党员干部职工讲清楚自己所从事工作的重大政治意义和重大社会作用，让大家牢固树立国家安全观、忧患意识和责任意识；如果你的企业从事的是为国家技术安全和占领未来经济发展战略高地、赢得未来发展空间的行业，就要善于从如何抢占行业、领域和产业发展的制高点、引领发展未来的战略高度，给党员干部职工讲清楚自己所肩负的神圣使命，激发大家的开拓创新、锐意进取精神。此外，要给党员干部职工讲清楚党的最新文件精神，如党的十九大报告，不仅规划了国家在新时代实现新发展的宏伟蓝图和路线途径，坚定了中国人民实现中华民族伟大复兴中国梦的信心和动力；要讲清楚实现宏伟目标要坚定实施科教兴国战略、人才强国战略、创新驱动发展战略、乡村振兴战略、区域协调发展战略、可持续发展战略、军民融合发展战略等“七大战略”，突出做好抓重点、补短板、强弱项等工作，特别是要坚决打好防范化解重大风险、精准脱贫、污染防治三大攻坚战，在这些重大战略和重要工作中，国有企业肩负着重要的社会责任，发挥着其他经济组织不可替代的重要作用；还要给党员干部职工讲清楚新时代党和国家在保障和改善民生、保障公共服务供给方面的最新思路举措，消除党员干部职工的思想工作生活顾虑；等等。总之，一定要结合企业工作实际、职工思想实际来学习，增强针对性和实效性，做到有的放矢、融入工作、入脑入心，才能真正用马克思主义中国化最新成果武装广大党员干部职工的头脑，最终达到指导实践、推动工作的目的。

（四）确保党的决策部署不折不扣地贯彻落实

党的事业发展基础在基层，党的路线方针政策的具体落实关键也在基层，需要充分发挥基层党组织的战斗堡垒作用和党员的先锋模范作用，激发基层党建工作活力。必须强化贯彻力、执行力，坚决贯彻落实党和国家的决策部署，把党的重大路线方针政策贯彻落实到企业改革发展各项工作中去，确保党和国家的决策部署在企业落地生根、开花结果，这是加强国有企业党的政治建设题中应有之义，也是国有企业最大的政治、最旗帜鲜明的政治。国有企业广大党员干部职工要深入贯彻落实党的十九大精神，加快国有经济布局优化、结构调整，加快处置低效无效资产，淘汰落后产能，解决企业“小、散、弱”问题，提高国有资本配置效率；推动国有企业战略性重组，聚焦发展实体经济，突出主业、谋实主业、做强主业，加快推进横向联合、纵向整合和专业化重组，提高国有企业核心竞争力，增强国有经济活力、控制力、影响力、国际竞争力、抗风险能力。深化国有企业改革，积极推进主业处于充分竞争行业和领域的商业类国有企业开展混合所有制改革，有效探索重点领域混合所有制改革，大力推动国有企业改制上市，鼓励包括民营企业在内的非国有资本投资主体通过多种方式参与国有企业改制重组，鼓励国有资本以多种方式入股非国有企业，建立健全混合所有制企业治理机制，着力培育建设具有全球竞争力的世界一流企业。

国有企业作为中国国民经济的主导力量，一定要干在实处勇立潮头、走在前列善谋新篇，努力做到面对急难险重任务敢于负起责任、挑起重担，勇于打头阵、啃“硬骨头”、涉险滩，更加自觉主动地按照党和国家的决策部署，突出做好抓重点、补短板、强弱项等工作，特别是要坚决打好防范化解重大风险、精准脱贫、污染防治等“三大攻坚战”，在国家推动实施“七大发展战略”进程中发挥主力军作用，用实际行动诠释忠诚、用责任担当彰显信仰，为其他经济组织助推国家战略实施并不断发展壮大发挥好示范引领作用。

（五）如何做好学以致用、用以促学工作

广东省广新控股集团有限公司党委在组织学习《习近平谈治国理政》第一、二卷，科学运用习近平新时代中国特色社会主义思想指导集团改革发展工作实际时，结合得比较紧密、比较好。笔者作为广东省广新控股集团有限公司专职党委副书记，对于组织企业职工从《习近平谈治国理政》中学什么、怎样学、如何学以致用，有一些自己的思考。

《习近平谈治国理政》第二卷，收录了习近平总书记在2014年8月18日至2017年9月29日期间的99篇重要著作，共17个专题，生动记录了以习近平同志为核心的党中央团结带领全党全国各族人民，在新时代坚持和发展中国特色社会主义的伟大实践。全书始终贯穿坚定的马克思主义信仰，继续推进马克思主义中国化、时代化、大众化这一条红线，始终围绕怎样坚持和发展中国特色社会主义这一重大时代课题擘画设计，既有论述治国理政大政方针的重要讲话，又有研究重要工作的谈话要点；既有中国故事的精彩演讲，又有针对关键问题的重要批示，每一个专题讲述一个重大理论或现实问题，涵盖了习近平新时代中国特色社会主义思想的发

展脉络和主要内容，是深入学习贯彻习近平新时代中国特色社会主义思想和党的十九大精神的权威读本，是一座开启中国新时代、领航中国新时代的思想宝库。学习《习近平谈治国理政》第一、二卷，需要我们从学什么、怎样学、如何用以指导实践推动工作等方面去学习理解把握。

第一，把握好学什么的问题。

研读《习近平谈治国理政》第一、二卷，我们可以深切体会到习近平新时代中国特色社会主义思想所贯穿的坚定信仰信念、鲜明人民立场、强烈历史担当、求真务实作风、勇于创新精神和科学思想方法，深切领会到这一思想的鲜明理论特色和实践品质。

一是坚定的马克思主义信仰。《习近平谈治国理政》第二卷始终贯通一条精神气韵，那就是秉持“老祖宗不能丢”的坚定信仰信念，始终坚持马克思主义指导地位，坚定不移地推进马克思主义中国化、时代化、大众化，这是构成习近平新时代中国特色社会主义思想理论逻辑和实践逻辑的基因底色。特别是在许多重大原则问题上，旗帜鲜明坚持和捍卫马克思主义，理直气壮驳斥各种奇谈怪论。翻开全书，我们可以看到很多这样的论述：“马克思主义是我们立党立国的根本指导思想。背离或放弃马克思主义，我们党就会失去灵魂、迷失方向。”“坚定的理想信念，必须建立在对马克思主义的深刻理解之上，建立在对历史规律的深刻把握之上。”“坚持不忘初心、继续前进，就要坚持马克思主义的指导地位，坚持把马克思主义基本原理同当代中国实际和时代特点紧密结合起来，推进理论创新、实践创新，不断把马克思主义中国化推向前进。”党的十八大以来，以习近平同志为核心的党中央面对复杂多变的外部环境，面对中国经济发展进入新常态等一系列深刻变化，团结带领我们党之所以能够解决许多长期想解决而没有解决的难题，办成许多过去想办而没有办成的大事，推动党和国家事业发生历史性变革，根本原因就在于对马克思主义理论的科学运用。与此同时，习近平新时代中国特色社会主义思想以对中华文化的高度自信，坚持弘扬中华优秀传统文化和发展现实文化的科学有机统一，并结合新的实践和时代要求进行正确取舍，坚持古为今用、以古鉴今，对先哲思想从时代的高度进行新的哲学思考和阐述，赋予传统文化以新的时代内涵，使中华文化点点滴滴地融入一篇篇光辉文献，展现了古老的东方智慧、哲学的思辨锋芒和时代的精神特质；秉持交流互鉴、取长补短的文明进步原则，积极吸收人类文明进步的有益成果，积极借鉴世界各国治国理政的成功经验，展现出恢弘的全球视野和博大的人类情怀。

二是与时俱进的创新品格。在我们党的历史上，曾经有过两次产生了巨大积极影响的学习马克思主义哲学活动，一次是1943年的延安整风运动，一次是1978年开展的真理标准大讨论，这两次哲学活动都为推动中国的历史变革奠定了重要的思想基础。当前，中国正由富起来向强起来、由大向强迈进的历史进程中，如果缺乏理论思想的有力支撑，不能始终坚定对马克思主义的信仰、对中国特色社会主义的信念、对实现中华民族伟大复兴中国梦的信心，就不可能战胜前进道路上的各种风险和困难。习近平新时代中国特色社会主义思想，紧密结合新的时代条件和实践要求，从理论和实践结合上系统回答了新时代坚持和发展什么样的中国特色社会主义、怎样坚持和发展中国特色社会主义这个重大时代课题。对坚持和发展什么样的中国特色社会主义，习近平总书记从理论上进行了深刻阐释，强调中国特色社会主义是既坚持科学社会主义基本原则，又具有鲜明实践特色、理论特色、民族特色、时代特色的社会主义，是中国特色社会主义道路、理论、制度、文化四位一体的社会主义，是统揽伟大斗争、伟大工程、伟大事业、伟大梦想的社会主义，是根植于中国大地、反映中国人民意愿、适应中国和时代发展进步要求的社会主义。对怎样坚持和发展中国特色社会主义，习近平总书记从实践角度进行了总体谋划，全面回答了新时代坚持和发展中国特色社会主义的总目标、总任务、总体布局、战略布局和发展方向、发展方式、发展动力、战略步骤、外部条件、政治保证等基本问题。这些重要思想观点，深刻揭示了新时代中国特色社会主义的本质特征和发展规律，为在新的历史条件下坚持和发展中国特色社会主义指明了方向、提供了根本遵循。

三是人民至上的宗旨意识。家国情怀是中国优秀传统文化的基本内涵，是对中华民族高度认同感和归属感、责任感和使命感的生动体现，其精髓在于责任和担当，表现在对党、国家和人民的深情大爱，对中华民族伟大复兴、人民生活美好幸福的理想追求，是一种深层次的文化心理密码。习近平新时代中国特色社会主义思想，坚持人民主体地位，尊重人民首创精神，始终把实现好、维护好、发展好最广大人民根本利益作为党和国家一切工作的出发点和落脚点，始终为人民代言、为人民立言、为人民感言。人民至上，是习近平新时代中国特色社会主义思想的精髓要义，也是贯穿全书的一条红线。“必须始终把人民利益摆在至高无上的地位”，“小康不小康，关键看老乡”，“中国梦是人民的梦，必须同中国人民对美好生活的向往结合起来才能取得成功”，“人民是共和国的坚实根基，人民是我们执政的最大底气”，“必须始终把人民对美好生活的向往作为我们的奋斗目标，践行党的根本宗旨，贯彻党的群众路线，尊重人民主体地位，尊重人民群众在实践活动中所表达的意愿、所创造的经验、所拥有的权利、所发挥的作用，充分激发蕴藏在人民群众中的创造伟力”，“我们要着力解决人民群众所需所急所盼，让人民共享经济、政治、文化、社会、生态等各方面发展成果，有更多、更直接、更实在的获得感、幸福感、安全感，不断促进人的全面发展、全体人民共同富裕”，等等。这些重要论述充分体现了我们党立党为公、执政为民的执政理念，彰显了马克思主义政党的根本价值取向。正是在习近平新时代中国特色社会主义思想指引下，党的十八大以来一大批为民惠民措施落地生根、开花结果，推动脱贫攻坚战和污染防治攻坚战蹄疾稳步推进，城乡居民收入增速超过经济增速，覆盖城乡居民的社会保障体系基本建立，人民健康和医疗水平大幅提高。这些改革发展成果就是对人民至上理念的生动诠释。

四是积极探索把握规律的科学品质。习近平总书记在治国理政中始终坚持贯彻马克思主义科学世界观、方法论。翻开《习近平谈治国理政》第二卷，扑面而来的是强烈问题意识、鲜明问题导向，是坚持辩证唯物主义和历史唯物主义世界观和方法论，是注重运用战略思维、辩证思维、创新思维、法治思维和底线思维研究分析解决问题的方式方法。习近平新时代中国特色社会主义思想，始终坚持问题导向，始终以我们正在做的事情为中心，准确把握中国发展的阶段性特征和中国社会主要矛盾的新变化，积极探索规律、自觉遵循规律，正确处理尊重客观规律与发挥主观能动性的关系，既规划部署“过河”的目标任务又指导解决“桥或船”的问题，既抓好顶层设计又明确方法举措，始终按照客观规律谋划党和国家各项事业发展。坚持目标导向和问题导向相结合，既从顶层设计上谋划党和国家发展的总体布局，又从举措方法上聚焦解决突出问题，党的十九大报告概括的“八个明确”，主要是从理论层面来讲，回答了新时代坚持和发展什么样的中国特色社会主义的问题，是习近平新时代中国特色社会主义思想的基本内涵、四梁八柱、核心要义；“十四个坚持”，主要从实践层面回答，讲述的是坚持和发展中国特色社会主义的基本方略，明确了坚持和发展中国特色社会主义的目标、路径、方略、步骤等要求。“八个明确”和“十四个坚持”是相辅相成的关系，一个是从理论层面回答了我们党要坚持和发展的是什么样的社会主义，回答了“是什么”的问题；另一个是从实践层面回答了怎样坚持和发展中国社会主义，主要回答了“怎么办”的问题，从而为我们从纷繁复杂的事物表象中把准脉搏、掌握规律，不断提高攻坚克难、驾驭复杂局面、求真务实抓落实的能力提供了行动指南和方法论指引。

第二，把握好怎样学的问题。

各级党组织和广大党员干部职工要把学习《习近平谈治国理政》第二卷同学习贯彻习近平新时代中国特色社会主义思想和党的十九大精神结合起来，同学习贯彻习近平总书记对广东工作的重要指示批示精神结合起来，同广新控股集团正在进行的建设新兴产业国有资本投资公司（试点），推动集团不断做强做优做大、创建具有全球竞争力的世界一流企业伟大实践结合起来，在学懂弄通做实上下功夫，自觉用以武装头脑、指导实践、推动工作。

一是要全面系统学。要通读全书，一个专题一个专题地认真学习，一个领域一个领域地理解掌握，做到了然于胸、融会贯通，切忌只言片语、断章取义、瞎子摸象。要经常学、反复学、深入学，努力从中系统学习掌握世情、国情、党情，系统学习掌握古今中外知识和承上启下、环环相扣的事物关系，系统学习掌握党政军民学，东西南北中等不同领域不同行业的特点规律要求，系统学习掌握书中蕴含的马克思主义立场、观点、方法，系统学习掌握“五位一体”“四个全面”“五位发展”等四梁八柱，使之与学习掌握省情、企业情况结合起来，与改进自己在新时代的思想、工作、生活紧密结合起来，切实把好抬头看路的方向、用好狠抓落实的实劲。

二是要带着问题学。问题是时代的最强音，也是引导思想、工作和生活的最强音。要结合提高党性意识党性修养学，不断提升自己的胸怀、境界和格局，做一个高尚的人、一个纯粹的人、一个有道德的人、一个脱离了低级趣味的人、一个有益于人民的人。要结合提高工作能力水平学，不断提高综合素质，重点围绕广新控股集团建设新兴产业国有资本投资公司(试点)、创建具有全球竞争力的世界一流企业这一目标任务，着力提高政治领导、改革创新、科学发展、狠抓落实和驾驭风险等五种本领。要结合提高生活品质学，牢记自己的第一身份是共产党员、第一职责是为党工作，坚决把纪律规矩挺在前面，不断净化“生活圈”“朋友圈”，始终做到干净干事、廉洁奉公。

三是要突出重点学。以正在从事的工作、以正在做的事情为重点，根据广新控股集团新的功能定位和五大产业发展要求，结合自己的分管领域和分管工作，结合岗位本职工作要求，运用书中蕴含的马克思主义立场、观点、方法，研究把握所从事工作的本质属性、内在规律、工作特点和方法举措，真正发挥把方向、管大局、保落实作用，系统地、整体地、协同地推进各项工作的落实。

四是要与时俱进学。坚持学中干、干中学，坚持学以致用、用以促学，坚持学习——实践——再学习——再实践的学习方法，不断章取义、不哗众取宠、不固步自封；坚持思想认识源于实践，坚持思路举措先于实践，坚持质量标准严于实践，善于研究工作特点、把握工作规律、总结成效不足、创新思路举措，不断用工作实效修正自己的学习方式方法、检验自己的学习质量水平、提高指导实践推动工作的能力，最终达到知行合一。

第三，把握好如何用以指导实践推动工作的问题。

学习贯彻《习近平谈治国理政》第二卷是当前和今后一个时期集团各

级党组织和广大党员干部职工的重大政治任务。特别是集团领导班子成员更要先学一步、学深一层，切实把思想和行动统一到习近平新时代中国特色社会主义思想上来，统一到党的十九大确定的重大决策部署上来。要深刻领会习近平新时代中国特色社会主义思想的时代背景、理论主题、科学体系、人民立场和世界意义，深刻领会贯穿其中的马克思主义立场观点方法，大力弘扬理论联系实际的学风，在学懂弄通做实上下功夫，做到知行合一、学以致用。

一是要把学习成果转化落实到建设新兴产业国有资本投资公司（试点）的生动实践上来。牢记事业是干出来的，新兴产业国有资本投资公司（试点）是干出来的，具有全球竞争力的世界一流企业是干出来的，始终以永不懈怠的精神状态、一往无前的奋斗姿态和时不我待的工作态度，撸起袖子加油干，努力在新时代干出新气象、实现新作为、作出新贡献，推动建设新兴产业国有资本投资公司（试点）、创建具有全球竞争力的世界一流企业各项工作再上新台阶。

二是要把学习成果转化到坚定不移贯彻落实新发展理念、走高质量发展道路上来。紧紧聚焦新时代广新控股集团新的功能定位，加快产业调整重组和转型升级步伐，加大创新驱动发展力度，做强做优做大先进制造业、新能源新材料、生物医药和食品大健康、文化创意和大数据营销、新型外贸等五大产业板块，着力建设现代化新兴产业经济体系，为广东乃至全国国企改革发展、转型升级提供广新智慧和广新方案。

三是要把学习成果转化落实到强化政治导向、铸牢国有企业的“根”和“魂”的生动实践上来。通过加强党的政治建设，提高广大党员干部职工的党性修养和政治站位，提高干部人才队伍的政治意识和综合素质，提高各级党组织的政治功能和组织力，更好地发挥党的领导作用、基层党组织的战斗堡垒作用和共产党员的先锋模范作用，为推动集团不断做强做优做大提供坚强的政治保证。

四是要把学习成果转化落实到坚定文化自信、推动广新企业文化繁荣发展上来。夯实企业文化内核，凝聚发展的精神动力，提高广新控股集团的软实力和竞争力，以优秀的国有企业文化立起新时代企业文化道德高地。深化拓展广新荣誉体系，努力通过加强企业文化建设，引导广大党员干部职工牢固树立“为国企服务为荣、为社会奉献为荣”的价值理念，始终做到心中有党、心有广新，始终做到讲责任、勇担当、甘奉献，始终以创业姿态、创业精神推动事业发展。

五是要把学习成果转化落实到坚持以人民为中心的发展思想、进一步保障改善民生上来。着眼广新控股集团新的功能定位，不断提高改革发展的质量效益，在服务省委、省政府发展战略大局中作出新的更大贡献，在助推广东民生改善中作出新的更大贡献。着眼广新控股集团新的功能定位，在所属企业领导班子成员中大力推行具有中国国有企业特色的广新控股集团经理人制度，推动企业领导人员实现从工作执行者到价值创造者、再到事业开拓者的转变，让广大党员干部职工在释放智慧和汗水中提高获得感幸福感。着眼广新控股集团新的功能定位，与时俱进地提高广大职工群众的收入，更好地吸引留住优秀人才，创造拴心留人的干事创业环境。

六是要把学习成果转化落实到推动全面从严治党、巩固发展良好政治生态上来。切实树牢“四个意识”、坚定“四个自信”、坚决做到“两个维护”，坚决维护习近平总书记党中央的核心、全党的核心地位，坚决维护党中央权威和集中统一领导，坚决把政治纪律和政治规矩挺在前面，营造风清气正的政治生态和干净干事的创业兴业氛围，确保中央和省委的大政方针和决策部署在集团不折不扣落地落实、结出丰硕成果。

学习党的理论和路线方针政策绝不能空对空、“两张皮”，机械地学、片面地学，一定要坚持理论与实践相结合，紧密结合单位工作实际、干部职工思想实际，做到有的放矢、融会贯通，在学懂弄通做实上下功夫，才能做到真学真信真懂真用，用以武装头脑、指导实践、推动工作。只要国有企业党组织紧密结合企业实际和党员干部职工的思想实际，认真细致地组织安排好理论学习，不断明晰企业改革发展工作的目标方向，理顺思路举措，更好地指导实践、推动工作，就一定能够不断增强广大党员干部职工推动改革发展的信心和动力，科学有效地推动企业持续健康发展。

第二章

深刻理解新时代国有企业党的政治建设的整体核心价值理念

国有企业具有天然的经济属性和鲜明的政治属性，如何按照新时代党的建设总要求加强新时代国有企业党的政治建设，这是一项宏大的系统工程。面对市场经济一些负面因素的影响，面对广大党员干部职工直面生产经营工作的实际，面对一些国有企业党的领导、党的建设中存在的弱化、淡化、虚化、边缘化问题，国有企业党组织要通过加强党的政治建设来加强党的领导、党的建设，使国有企业肩负起巩固党执政的重要物质基础和政治基础的光荣职责和神圣使命，就必须教育引导广大党员干部特别是各级领导干部，深刻理解和全面把握加强新时代国有企业党的政治建设的整体核心价值理念，使大家深刻认识到，党的领导、党的建设之所以能够成为国有企业的“根”和“魂”，就是因为国有企业党建工作的本质要求是凝心聚力；核心价值在于凝聚党员干部职工的思想认识、建强领导班子和干部人才队伍、确保重大决策部署的科学决策和坚决贯彻落实；关键环节是选好人、用好人、管好人；基本工作方法是摆正党组织与董事会、经理层、监事会的关系，始终坚持问题导向、项目导向和结果导向等“三个导向”，努力从“越位”的地方“退位”、让“错位”的地方“正位”、到“缺位”的地方“补位”，做到把关不代替、到位不越位、补台不拆台等这一国有企业党建工作整体价值的“四大理念”；深刻认识到推动落实基层党建“加减乘除”工作方法，是强化政治导向、铸牢国有企业的“根”和“魂”的制度机制保障，努力从思想深处彻底扭转重经济属性轻政治属性、重业务轻党建等错误观念和认识，为推动党建工作与生产经营工作的深度融合奠定坚实的思想基础。

第一节　深刻认识国有企业党建工作的本质要求

坚持党的领导、加强党的建设，是深化国有企业改革发展的核心动力，是推动国有企业不断做强做优做大的根本保证。面对新形势新任务新要求，做好新时代深化国有企业改革发展工作，就必须下大力做好统一党员干部职工思想认识、汇聚党员干部职工智慧力量工作，也就是要做好凝心聚力这篇大文章，确保广大党员干部职工想在一起、干在一起。凝心聚力是新时代国有企业思想政治工作的重要任务，是加强新时代国有企业党建工作的本质要求，也是加强国有企业党的政治建设的根本要求。“凝心”，就是统一思想，用马克思主义中国化最新成果，也就是要用习近平新时代中国特色社会主义思想武装广大党员干部职工的头脑，统一党员干部职工的思想认识，使广大党员干部职工切实树牢“四个意识”、坚定“四个自信”、坚决做到“两个维护”，在思想上政治上行动上同党中央保持高度一致；“聚力”，就是凝聚力量，把广大党员干部职工的智慧和力量汇聚到推动国有企业不断做强做优做大、建设具有全球竞争力的世界一流企业这一宏伟目标任务上来，为实现中华民族伟大复兴的中国梦作出国有企业新的更大的贡献。按照这一要求做好凝心聚力工作，就是国有企业最大的政治，就做好了国有企业的党建工作，就是高质量高标准的党建工作。国有企业党组织要紧紧围绕国家发展战略目标和企业的功能定位、目标任务、深化改革、持续健康发展等方面工作，持之以恒地做好凝心聚力工作。

一、紧紧围绕国家发展战略目标做好凝心聚力工作

国有企业是中国国民经济的重要支柱，是推进国家现代化、保障人民

共同利益的重要力量。中国是发展中的社会主义大国，要实现国家发展战略，有效调控宏观经济，保障经济社会持续健康发展，让人民群众更好分享改革发展成果，最可靠、最雄厚、最先进的物质力量就在国有企业。特别是在新时代实现中华民族伟大复兴中国梦的新征程中，国有企业更是贯彻新发展理念、全面深化改革、实施“走出去”战略、“一带一路”建设、壮大综合国力、促进经济社会发展、保障和改善民生的重要力量。党的十九大描绘了决胜全面建成小康社会、夺取中国特色社会主义伟大胜利的宏伟蓝图，明确提出了到2020年全面建成小康社会，到2035年基本实现社会主义现代化，到本世纪中叶把中国建成富强民主文明和谐美丽的社会主义现代化强国的奋斗目标。目标鼓舞人心、梦想凝聚人心、愿景催人奋进。

实现中华民族伟大复兴的中国梦，实现国家富强、民族振兴、人民幸福，是党和国家的工作大局，是新时代的工作主题，也是国有企业的工作大局和新时代的工作主题。面对新形势新任务新要求，国有企业改革发展工作必须与实现“两个一百年”奋斗目标同频共振，与满足人民群众对美好生活的向往同向而进，这是国有企业必须肩负的光荣职责和历史使命。国有企业党组织要用国家发展的战略目标凝聚党员干部职工的思想认识，引导广大党员干部职工把坚持正确的政治方向，贯彻落实到谋划重大战略、制定重大政策、部署重大任务、推进重大工作的实践中去，把智慧力量凝聚到新时代坚持和发展中国特色社会主义伟大事业中来，自觉压实身上肩负的使命和担当，鼓舞做好企业改革发展工作的信心，激发推动企业做强做优做大的动力。广大党员干部职工要牢固树立“为国企服务为荣、为社会奉献为荣”的价值理念，自觉把国家发展战略目标与企业发展战略目标和个人发展进步目标科学有机统一起来，始终做到心中有党、心有国企，努力爱国爱企、爱岗敬业、履职尽责、争创一流，大力弘扬真抓实干、埋头苦干的良好风尚，以自己的最大智慧、力量、心血，创造出无愧于时代、无愧于人民、无愧于历史的业绩，为建设富强民主文明和谐美丽的社会主义现代化强国，做出国有企业人应有的责任、担当和贡献。

二、紧紧围绕企业的功能定位做好凝心聚力工作

国有企业主要集中在关系国家安全、国民经济命脉和国计民生的重要行业和关键领域，承担着稳定国民经济、推动产业升级、壮大综合国力、参与全球竞争的重任，是党和国家事业发展的重要物质基础和政治基础。国有企业是执行党的政治任务的经济组织，不是单纯的经济组织，具有中国特色社会主义的政治属性，其功能定位必须服从服务于党和国家的总体发展战略。党的十八届三中全会审议通过的《中共中央关于全面深化改革若干重大问题的决定》明确指出，国有资本投资运营要服务于国家战略目标，更多投向关系国家安全、国民经济命脉的重要行业和关键领域，重点提供公共服务、发展重要前瞻性战略性产业、保护生态环境、支持科技进步、保障国家安全。从中不难看出，国有企业的设立设置要服从服务于社会主义市场经济体制总体布局，国有企业的功能定位要服从服务于国家发展战略目标，国有企业的发展壮大要服从服务于完善和发展中国特色社会主义制度，这是党和人民事业的发展需要，这是国家发展战略大局的需要。

国有企业党组织要清醒认识所从事的事业，对维护国家安全、国民经济命脉和国计民生的重大意义，自觉服从党和人民事业的战略安排，围绕企业的功能定位，积极找准主业、科学谋划主业、紧紧聚焦主业、发展壮大主业，更好地服务国家发展战略大局。国有企业广大党员干部职工要切实增强党性观念、党性意识和国家利益观、国家安全观，善于从政治上研判形势、分析问题，自觉在党和国家工作大局下想问题、做工作，做到一切服从大局、一切服务大局，以高度的思想自觉和行动自觉，把党交付的工作当成一种责任、一份使命，爱我所做、做我所爱，干一行爱一行、钻一行精一行、管一行通一行，心无旁骛、兢兢业业地做好本职工作，努力成为所在岗位和业务的行家里手，成为所在行业和领域的能工巧匠和大国工匠，在助推企业发展壮大进程中贡献智慧力量、实现人生价值。

三、紧紧围绕企业的目标任务做好凝心聚力工作

新中国成立以来特别是改革开放以来，通过坚定不移地加强和改进党的领导、党的建设以及深入推进改革，国有企业的生产经营机制、管理体系、党的建设面貌和企业发展面貌发生了根本性变化，许多国有企业已经发展成为拥有雄厚的物质资源和人力资源、强大科技创新能力、良好技术装备、一流技术管理水平，能够把握市场机遇、应对国际市场挑战的现代化国有企业。正因如此，党的十九大报告明确提出了“推动国有资本做强做优做大……培育具有全球竞争力的世界一流企业”的奋斗目标，这是新时代国有企业的发展目标定位和必须肩负的神圣使命。

国有企业虽然分处国家安全、国民经济命脉和国计民生的不同行业和领域，但其发展的目标任务和担负的神圣使命是相同的。国有企业党组织要根据企业所处行业和领域的位置，根据产业所处的产业链位置，依据企业的干部人才团队建设、科技创新能力、技术装备和管理水平等情况，自觉对标国家的发展战略，科学制定企业的发展蓝图，明确到 2020 年中国全面建成小康社会时企业发展的现阶段奋斗目标，也就是要按照《中共中央国务院关于深化国有企业改革的指导意见》所提出的，“到 2020 年，在国有企业改革重要领域和关键环节取得决定性成果，形成更加符合我国基本经济制度和社会主义市场经济发展要求的国有资产管理体制、现代企业制度、市场化经营机制，国有资本布局结构更趋合理，造就一大批德才兼备、善于经营、充满活力的优秀企业家，培育一大批具有创新能力和国际竞争力的国有骨干企业，国有经济活力、控制力、影响力、抗风险能力明显增强”。这一目标要求，明确企业现阶段的奋斗目标，努力发展成为具有创新能力和国际竞争力的国有骨干企业；明确到 2035 年中国基本实现社会主义现代化时企业发展的中期奋斗目标，也就是要推动企业不断做强做优做大，成为所处行业和领域的中国一流企业；明确到本世纪中叶中国建成富强民主文明和谐美丽的社会主义现代化强国时企业的远期奋斗目标，也就是到本世纪中叶时把企业建设成为具有全球竞争力的世界一流企业，成为“在国际资源配置中能够占据主导地位、引领全球行业技术发展、

在全球产业发展中具有话语权和影响力的领军企业”①。

与此同时，国有企业党组织要对企业各项工作部署进行调整完善，明确任务书、路线图、时间表，提出全面贯彻落实国家发展战略的工作方案，使之既符合中央精神又体现时代要求，努力把国家发展战略大局的“设计图”，变成切合企业实际的可操作的“施工图”。广大党员干部职工要把发展壮大企业的目标任务同实现自身的人生价值紧密结合起来，围绕企业的现阶段、中期和远期奋斗目标，科学合理地制定人生的现阶段、中期和远期发展目标，积极将个人的成长进步与企业的发展壮大融为一体，自觉舍弃“小家”顾全“大家”，自觉舍弃“小我”成就“大我”，努力怀着对党的事业的无限忠诚和对祖国对人民的无限热爱，在艰苦奋斗、图强报国的发展征程中，以壮丽的人生书写共产党人光照人间的精彩篇章。

四、紧紧围绕企业的深化改革做好凝心聚力工作

改革创新是企业发展壮大的永恒动力。中国国有企业是在“一穷二白”的基础上起步的。新中国成立以来特别是改革开放以来，中国国有企业之所以能够成功探索出一条从无到有、由小到大、由弱到强的国有经济发展道路，靠的就是深化改革、开拓创新。面对当前深化改革的攻坚期和深水区，面对制约和束缚国有企业发展壮大的矛盾和问题，面对新时代国有企业发展的目标任务，必须持之以恒地深化改革，把加强党的领导同完善公司治理有机统一起来，健全完善中国特色现代国有企业制度，为推动国有企业做强做优做大提供坚强的制度机制保障和动力支持。

国有企业党组织要按照《中共中央国务院关于深化国有企业改革的指导意见》决策部署要求，坚持社会主义市场经济改革方向，适应市场化、现代化、国际化新形势，以解放和发展社会生产力为标准，以提高国有资本效率、增强国有企业活力为中心，深化推进公司制股份制改革、健全公

① 《国务院国资委举行记者发布会肖亚庆谈国企改革目的培育具有全球竞争力的世界一流企业》，人民网，2018 年 3 月 13 日。

司法人治理结构、建立国有企业领导人员分类分层管理制度、实行与社会主义市场经济相适应的企业薪酬分配制度、深化企业内部用人制度改革等各项改革，着力健全完善产权清晰、权责明确、政企分开、管理科学的现代企业制度，全面推进依法治企，加强和改进党对国有企业的领导，做强做优做大国有企业，不断增强国有经济活力、控制力、影响力、抗风险能力。尤其要鼓励探索、实践、创新，大力宣传中央关于全面深化国有企业改革的方针政策，宣传深化国企改革的重大意义、目标任务、主要举措，宣传改革实施中的先进典型和经验成效，营造关心支持改革的良好社会环境，引导广大党员干部职工坚定不移听党话、跟党走，不断巩固党执政的阶级基础和群众基础。劈波斩浪的航船上，没有悠然自得的乘客，只有辛勤忙碌的水手；攻城拔寨的部队中，没有观望徘徊的士兵，只有冲锋陷阵的战士。国有企业广大党员干部职工要始终站在企业发展全局和整体利益的高度看待改革、适应改革，正确理解、大力支持和积极参与改革，不断增强深化改革的责任感和使命感，不断增强对企业改革目标、方向和路径的自信，以主人翁的姿态积极支持改革、参与改革，自觉做深化改革的实践者、推动者，努力凝聚共识、形成合力，推动企业加快转型，不断发展壮大。

五、紧紧围绕企业的持续健康发展做好凝心聚力工作

促进企业持续健康发展，是推动企业做强做优做大的根本要求，也是凝聚党员干部职工思想共识和增强发展信心动力的重要保证。企业发展兴旺，生产经营兴旺，干部队伍建设就兴旺。一个优秀的企业，反映着企业良好的生产经营管理状况，反映着干部职工队伍良好的精神面貌。

在推进企业持续健康发展进程中，国有企业党组织既要围绕国家发展战略目标和企业的功能定位、目标任务、深化改革等方面，做细做实党员干部职工的思想政治工作，增强大家对企业发展目标任务、方向路径和思路举措的信心；又要在重大问题决策、重要干部任免、重大项目投资决策、大额资金使用等“三重一大”事项决策过程中充分发扬民主，在领导班子

集体研究决定前，多听听党员干部职工的意见建议，保证决策的科学性民主性，把党员干部职工的智慧力量凝聚到高质高效推进“三重一大”事项决策执行的贯彻落实上来。此外，还要围绕如何树立新发展理念，深化企业改革发展等工作，切实加强政治理论学习，努力从党的理论和路线方针政策，特别是习近平新时代中国特色社会主义思想中找办法、谋思路、求良策，获取破解难题的智慧；围绕破解制约企业发展的瓶颈问题，着力做好去产能、去库存、去杠杆、降成本、补短板等“三去一降一补”工作，加快推进供给侧结构性改革，在破解制约企业发展的重点难点问题中谋思路；围绕企业创新发展问题，加大实施创新驱动发展战略力度，努力为企业稳增长、打造新的增长极、实现高质量发展提供政策支撑；围绕干部人才团队建设问题，加大干部人才培养和团队建设工作力度，扎实做好精准定岗、精准考核和强化激励、强化约束工作，创造创业兴业、拴心留人的环境，努力把党员干部职工队伍建设优势，转化为企业发展最重要的先进人力资源优势，为企业持续健康发展提供坚实的人才保障和智力支持；等等。把这些工作做实做细做到位了，就能消除党员干部职工对企业发展目标方向、思路举措、信心动力等方面的疑虑，更加积极自觉地投身企业改革发展实践，扎扎实实做好岗位本职工作，推动企业持续健康发展。

第二节 深刻认识国有企业党建工作的核心价值

当前，一些国有企业在工作上存在的重业务、轻党建现象，找不准党建工作和生产经营工作深度融合的着力点、发力点，表面上体现为过于看重企业经济效益的思想认识和工作导向问题，深层次原因则在于忽视了国有企业的政治属性，特别是存在对党建工作的核心价值认识模糊不清、把握不到位问题。习近平同志指出，没有精神、没有领导力、没有队伍，任何国有企业都是办不好的。习近平同志的这一重要论述，明确指出了国有企业党建工作的核心价值。笔者认为，国有企业虽然分处不同的行业和领域，但党建工作的本质属性和核心价值是相同的，主要体现为凝聚党员干部职工的思想认识、建强领导班子和干部人才队伍、确保重大决策部署的科学决策和坚决贯彻落实。以上三项工作是对习近平同志提出的搞好国有企业必须具备的“精神、领导力、队伍”具体化，是国有企业党建工作的核心价值所在，也是国有企业改革发展的核心工作所在，两者是科学融为一体的。深刻认识国有企业党建工作的核心价值并坚决贯彻落实到实际工作中去，就能破除重经济属性轻政治属性、重业务轻党建的思想认识误区和工作片面性，就能找到党建工作和企业生产经营工作深度融合的着力点和发力点，推动党建工作与企业生产经营工作的深度融合、共融发展。

一、扎实做好凝聚党员干部职工的思想认识工作

凝聚广大党员干部职工的思想认识，是做好国有企业改革发展工作的前提。国有企业要做强做优做大，就要切实回答好抓什么“纲”、举什么“旗”、沿着什么方向前进等重大问题，努力把准企业改革发展的正确方向。新时代国有企业党组织要凝聚党员干部职工的思想认识，就是要通过深入学习贯彻习近平新时代中国特色社会主义思想和党的十九大精神，教育引导党员干部职工切实树牢“四个意识”、坚定“四个自信”，自觉在思想上政治上行动上同党中央保持高度一致，坚决维护党中央权威和集中统一领导；就是要坚持党性和人民性相统一，坚决站稳党性立场和人民立场，坚持以党的旗帜为旗帜、以党的方向为方向、以党的意志为意志，始终做到在党言党、在党忧党、在党为党，任何时候都同党同心同德；就是要深入学习贯彻党的理论和路线方针政策，确保企业改革发展工作始终沿着正确的方向前进，在事关政治方向和重大原则问题上立场坚定、旗帜鲜明；就是要坚决贯彻落实党中央和上级党委的决策部署，自觉服从服务于国家和地方发展战略大局，明确企业的功能定位、目标任务和工作重点，把国家和地方的“规划图”变成企业的“施工图”，在贯彻落实中央和上级党委决策部署中发挥示范引领作用；就是要紧紧围绕深化企业改革发展、促进企业持续健康发展，做深入细致的思想政治工作，教育引导广大

党员干部职工始终听党话、永远跟党走，强化提升作风、提振精神状态，在事关企业改革发展的重大决策部署上凝聚共识、形成合力。

二、扎实做好建强领导班子和干部人才队伍工作

建强领导班子和干部人才队伍，是做好国有企业改革发展工作的基础。毛泽东同志指出，正确的路线确定之后，干部就是决定的因素。干部的作为正确不正确、水平高不高、力度大不大、与群众的愿望和诉求吻合不吻合，是一切事业成败的关键。做好国有企业改革发展工作关键在人，国有企业发展壮大的历程就是党员干部职工的成长进步历程。从人力资源角度来考察，党员干部队伍是有坚定信念和严密组织的先进人力资源。在企业的各种优势中，人的优势是最重要的优势。外国企业管理有管理层和被管理层这两个基本层面，但中国的国有企业除了这两个层面外，还有融合于这两个层面之中的党员干部队伍，在企业生产经营工作中发挥先锋模范作用，并且团结和带领广大职工群众共同进步。中国国有企业所具有的党员干部队伍优势，已经成为企业发展最重要的优势，这也正是外国企业所不能比拟的。事实也雄辩地证明，凡是领导班子和干部人才队伍建设抓得好的国有企业，改革发展工作就成效显著，就能勇立潮头；凡是领导班子和干部人才队伍建设薄弱的国有企业，改革发展工作就困难重重，就会步履维艰。新时代国有企业党组织要做好建强领导班子和干部人才队伍工作，就是要坚持党管干部、党管人才原则与市场化配置人才有机结合，坚持正确选人用人导向，紧紧围绕发挥党的领导作用，着力建设“对党忠诚、勇于创新、治企有方、兴企有为、清正廉洁”的“忠诚、干净、担当”领导干部队伍；紧紧围绕发挥战斗堡垒作用，着力建设宣传党的主张、贯彻党的决定、领导基层治理、团结动员群众、推动改革发展的基层党组织；紧紧围绕发挥党员先锋模范作用，着力建设教育党员、管理党员、监督党员和组织群众、宣传群众、凝聚群众、服务群众的党支部，着力建设讲责任、勇担当、甘奉献的党员干部职工队伍。

总之，就是要充分利用国有企业独有的党组织和党员干部队伍这一政

治资源和政治优势，充分运用发挥党的领导作用的基层党组织所拥有的政治建设、思想建设、组织建设、作风建设和纪律建设等工作资源，来加强企业领导班子和干部人才队伍建设，促进和保证国有企业的改革发展；就是要通过加强企业领导班子和干部人才队伍建设，着力政治过硬、本领高强的高素质专业化干部人才队伍，为做强做优做大国有企业提供坚强的人才保证和智力支持。

三、扎实做好确保重大决策部署的科学决策和坚决贯彻落实

确保重大决策部署的科学决策和坚决贯彻落实，是做好国有企业改革发展工作的根本要求。国有企业是从事生产经营管理工作的，国有企业党组织要做到勇于创新、治企有方、兴企有为，推动企业不断做强做优做大，就必须做好重大决策部署的科学民主依法决策和坚决贯彻落实工作。

围绕确保重大决策部署的科学民主依法决策和坚决贯彻落实，国有企业党组织要进一步健全完善党组织会、董事会、经营班子会议事规则，保证重大决策部署必须经集体研究讨论做出决定，保证重大事项决策的内容、过程和结果的制度化规范化，坚决克服和防止重形式轻内容、重过程轻结果、重数量轻质量现象；就是要健全完善“三重一大”事项的议事决策制度，明确决策主体、事项范围、法定程序、法律责任，规范决策流程，强化决策法定程序的刚性约束；就是要在事关企业发展大局的重大决策事项上广泛听取意见，增强职工群众参与实效，尤其是对专业性、技术性较强的决策事项要落实风险评估机制，加强对重大决策部署事项的合法合规性审查，推动决策的科学化民主化法制化；就是要坚持以人民为中心的发展思想，坚持全心全意依靠工人阶级的方针，健全以职工代表大会为基本形式的民主管理制度，坚持和完善职工董事制度、职工监事制度，鼓励职工代表有序参与公司治理，扎实推进厂务公开、业务公开，确保在重大决策事项上必须听取职工群众意见，涉及职工群众切身利益的重大问题必须经过职代会审议，更好地落实职工群众知情权、参与权、表达权、监督权，充分调动工人阶级的积极性、主动性、创造性；就是要加强对重大

决策部署贯彻执行情况的监督检查和实施效果的综合评估，健全完善并严格实施重大决策终身责任追究制度及责任倒查机制，对决策严重失误或者依法应该及时作出决策，但久拖不决造成重大损失、恶劣影响的，要严格追究企业主要领导、负有责任的其他领导人员和相关责任人员的党纪政纪和法律责任，以提升领导班子和领导干部的领导力和执行力，保证各项决策部署符合企业工作实际，符合职工群众的愿望和诉求，得到职工群众的真心拥护，并不折不扣地坚决贯彻落实到实际工作中去。

第三节　深刻理解科学把握国有企业党建工作的关键环节

国有企业既具有专注经营发展、经济效益优先，保证国有资产保值增值，做强做优做大国有资本，防止国有资产流失，实现企业经营效益最大化的经济属性；又具有巩固中国特色社会主义的重要物质基础和政治基础，保证监督党的理论和路线方针政策在企业贯彻执行，保证监督党和国家的决策部署在企业贯彻落实，同时支持公司治理结构依法行使职权，不断提升企业党组织的政治功能和组织力，不断提升广大党员干部职工的政治素质和政治能力，确保党对国有企业的领导，确保企业改革发展工作始终沿着正确方向前进的政治属性，这一双重属性决定了选好人、用好人、管好人是国有企业党建工作的关键环节。企业是靠人干出来的，人是企业的第一资源。尤其是国有企业党组织和党员干部队伍，是国有企业独特的政治资源和政治优势，是其他体制外企业无法比拟的。党员干部队伍、领导班子建设，特别是“一把手”对国有企业改革发展工作至关重要。国有企业党建工作涉及政治建设、思想建设、组织建设、作风建设、纪律建设和制度建设方方面面，融入改革发展工作各个环节，但贯穿其中的一条主线，就是要坚定不移地做好选好人、用好人、管好人工作，抓住了这一点，就抓住了国有企业党建工作的关键环节，抓住了国有企业党建工作的“牛鼻子”，从而确保党的领导、党的建设成为国有企业的“根”和“魂”。

必须把选好人、用好人、管好人作为国有企业党建工作的关键环节来抓，努力建强国有企业领导班子和干部人才队伍，为推动国有企业不断做强做优做大提供坚强的组织保证和智力支持。

一、清醒认识选好人、用好人、管好人是国有企业党建工作的关键环节

干部队伍是推进中国特色社会主义伟大事业的中坚力量，是做强做优做大国有企业的中坚力量。习近平同志指出，在中国，做强做优做大国有企业，最重要的是要有一种为国家为人民真诚奉献的精神、一个坚强有力的领导班子、一支勇于攻坚克难的高素质干部队伍、一支充分组织起来的职工队伍；没有精神，没有领导力，没有队伍，任何国有企业都是办不好的。这深刻启示我们，选好人、用好人、管好人是国有企业党建工作的关键环节。国有企业党组织要确保企业的政治属性和人民属性，推进中国特色现代国有企业制度建设，推进高素质专业化干部队伍建设，发挥好党的领导作用、基层党组织的战斗堡垒作用和党员的先锋模范作用，推动企业不断做强做优做大，都离不开做好选好人、用好人、管好人这一国有企业党建工作的关键环节。

第一，这是把准国有企业改革发展正确方向的需要。国有企业是中国特色社会主义的重要物质基础和政治基础，关系公有制主体地位的巩固，关系中国共产党的执政地位和执政能力，关系中国社会主义制度。国有企业具有鲜明的政治属性和人民属性，国有企业领导人员手中的权力是党和人民赋予的，经营的是国有资产，肩负着促进国有资产保值增值，推动国有资本做强做优做大，有效防止国有资产流失的重任。坚决服从党的领导，坚决服务国家发展战略大局，坚决为广大人民利益服务，是做强做优做大国有企业的根本保证；失去党的领导，失去人民的支持，国有企业就失去了前进方向。当前一些国有企业不同程度存在党的领导、党的建设弱化、淡化、虚化、边缘化问题，表面看有重业务、轻党建因素，本质上是因为贯彻执行党的路线方针政策不坚决、不全面、不到位，管党治党不

担当不作为所造成的。国有企业党组织要坚持党对国有企业政治领导、思想领导、组织领导的有机统一，使党组织发挥作用组织化、制度化、具体化，起到把方向、管大局、保落实作用，确保国有企业改革工作发展沿着正确的方向前进，就必须扎实做好选好人、用好人、管好人工作，才能推动国有企业不断做强做优做大。

第二，这是建强国有企业领导班子和干部人才队伍的需要。习近平同志指出，国有企业领导人员是党在经济领域的执政骨干，是治国理政复合型人才的重要来源，肩负着经营管理国有资产、实现保值增值的重任。把这支队伍建好、用好、管好，对坚持党的领导、加强党的建设，做强做优做大国有企业至关重要。但由于长期受计划经济体制机制的浸染，国有企业党员干部职工捧着“铁饭碗”、拿着高收入，加上对市场化资源配置、高效决策、成本控制等优势的认知、适应和知识储备不足，甚至受市场经济一些负面信息的袭扰，一些国有企业领导人员和党员干部职工不同程度地存在理想信念模糊动摇、思想境界不高、缺乏责任担当，工作作风漂浮、滋长“娇骄”二气，工作能力不强和“本领恐慌”等问题，特别是一些国有企业领导人员肩膀软、肩膀溜、肩膀斜的问题比较突出，这样的精神面貌，这样的领导班子，这样的干部人才队伍，跟不上建设中国特色现代国有企业制度和做强做优做大国有企业、建设具有全球竞争力的世界一流企业目标任务的需要。必须切实做好选好人、用好人、管好人工作，努力建强国有企业领导班子和干部人才队伍。

第三，这是凝聚职工群众、推动各项工作任务落实的需要。基层党组织是国有企业的坚强战斗堡垒，担负着宣传党的主张、贯彻党的决定、领导基层治理、团结动员群众、推动改革发展的重任，其基本组织、基本队伍、基本制度建设情况如何，是基层党组织创造力、凝聚力、战斗力和领导力、号召力所在。总体上看，国有企业的大多数基层党组织较好地发挥了战斗堡垒作用，但仍有一些党组织存在软弱涣散问题。如，有的企业党组织的工作机构设置和党务工作人员配备不合理，致使党建工作抓不到位、落不到实处；有的企业党建工作与生产经营工作严重脱节，甚至使一些职工群众认为抓党建工作妨碍了企业的正常生产经营工作；有的企业党组织党内政治生活不健全，组织活动简单化、形式化、行政化甚至娱乐化，无法融入党员干部职工的日常思想工作生活；有的企业对党建工作研究不深不透不实，布置工作简单化、套路化，让党员干部职工无所适从；等等。产生这些问题的原因，既有基层党组织和党务工作人员对新时期党建工作不适应、不会做和情况不清、标准不高、能力不强的问题，也有上级党组织指导不力、管党治党不严的问题。这说明一些企业党组织在如何管好人上还存在不严不实的一面，没有从基本组织、基本队伍、基本制度严起，没有在增强党内政治生活的政治性、时代性、原则性、战斗性上狠下功夫。

第四，这是正风肃纪、防范风险的需要。国有企业要肩负起促进国有资产保值增值，推动国有资本做强做优做大，有效防止国有资产流失的重任，从而使国有企业和国有资产牢牢掌握在党的手中；国有企业领导人员要成为党在经济领域的执政骨干，进而成为中国共产党治国理政复合型人才的重要来源，就必须按照坚持党要管党、全面从严治党的要求，扎扎实实抓好党风廉政建设，营造风清气正、干净干事的政治生态，打造对党忠诚、干净干事、勇于担当的高素质专业化干部队伍。毋庸置疑，当前一些国有企业在党风廉政建设方面还存在不少问题，主要有：有的企业领导人员设租、寻租，搞关联交易、利益输送；有的选人用人不讲规矩，任人唯亲、拉帮结派、因人设岗；有的搞“裙带关系”、建“小圈子”、搞人身依附；有的“四风”问题屡禁不绝，享乐奢靡之风突出，顶风违纪问题频发多发；等等。这些问题严重侵蚀了国有企业党组织的健康肌体。这也说明一些国有企业党组织在管党治党上还存在“宽、松、软”现象，在选人、用人、管人工作上还存在政治、思想、组织、作风、纪律等把关不严不实的问题。

二、扎实做好选好人、用好人、管好人工作

选好人、用好人、管好人是国有企业党建的关键环节，是推动国有企业不断做强做优做大的重要动力。必须坚持党管干部、组织选人与市

场化配置人才有机结合，坚持发挥国有政治优势和市场化机制优势相结合，突出政治、能力、作风、廉洁要求做好选人工作，突出人岗相适、用当其才、用当其时、人尽其才要求做好用人工作，突出墩苗壮骨、锻炼成长要求做好管人工作，着力建设一支对党忠诚、勇于创新、治企有方、兴企有为、清正廉洁的国有企业领导人员队伍，建设一支信念坚定、视野宽广、敢于担当、勇于创新、真抓实干、清正廉洁的高素质干部人才队伍，建设一支有理想守信念、懂技术会创新、敢担当讲奉献的宏大的产业工人队伍，为做强做优做大国有企业提供坚强的组织人才保证。

（一）突出政治、能力、作风、廉洁要求做好选人工作

选什么样的人、用什么样的人，体现用人导向，影响用人生态，关系企业风气，关系发展成败。用贤人能人则群贤毕至，用小人庸人则人心自乱。抓住正确选人用人导向这个关键，就能有效激发带动整个党员干部人才队伍的活力。国有企业的改革发展实践证明，凡是改革发展成效显著的企业，都是坚持正确选人用人导向的企业；凡是改革发展问题突出的企业，都是选人用人导向出现严重偏差的企业。一些企业领导干部甚至任人唯亲、因人设岗、为人择职，弄得企业乌烟瘴气，人心日渐涣散，发展举步维艰。必须坚持正确选人用人导向，严格按照“对党忠诚、勇于创新、治企有方、兴企有为、清正廉洁”好干部标准要求，选优配强企业领导班子和领导干部。严格政治标准，严把政治能力关，着力选拔旗帜鲜明讲政治，切实树牢“四个意识”、坚定“四个自信”、坚决做到“两个维护”，坚决维护党中央权威和集中统一领导，坚决贯彻执行党的路线方针政策的好干部，确保对党忠诚。严格能力标准，大胆选用具有强烈的问题意识和创新意识、创新自信，敢闯敢试、敢为人先的好干部；大胆选用具有较强的治企能力，善于把握市场经济规律和企业发展规律，懂经营、会管理、善决策的好干部；大胆选用具有正确的业绩观，勇担当，善作为，工作业绩突出的勇于创新、治企有方、兴企有为的好干部，确保勇于担当。严格廉洁标准，着力选拔具有良好的职业操守和道德品行，严守底线，廉洁从

业，境界高、作风硬的好干部，确保干净干事。

严格政治标准。国有企业虽然是体制内单位，但与党委、政府部门专门负责地方经济社会发展等方针政策制定执行和监督落实的职责不同，国有企业更多的是集中精力搞好经济项目运营、实现国有资产保值增值。这一工作性质决定了国有企业的党员干部职工，特别是中层以下的党员干部职工更多的是从经济利益视角去看问题，而不是像党委、政府部门的党员干部职工更多的是从政治要求视角去看问题。国有企业党员干部职工具有注重经济利益的天然属性，但又肩负着巩固党执政的重要物质基础和政治基础的政治责任，如果过多地从企业甚至是从个人利益的角度，而不是从全局和集体利益的角度去看待企业发展问题，就背离了我是谁、为了谁、依靠谁这一中国共产党立党为公、执政为民的根本问题，就背离了国有企业固有的政治属性和人民属性，从而使企业的发展偏离了国有企业改革发展的正确方向。因此，国有企业党组织在选配企业领导干部时，必须坚决摒弃过去的重经济属性轻政治属性的错误做法，坚持政治属性和经济属性并重，坚持以政治属性为引领的干部队伍建设本质要求，始终把政治上是否靠得住、理想信念是否坚定、作风是否过硬放在第一位。强化抓改革、强党建、促发展导向，突出考察政治表现，坚持实践标准，注重精准识人，全面考察领导干部的政治素质、政治能力、工作业绩和廉洁从业等情况，使党员干部时刻牢记当干部是为了什么、在岗位该干什么，走好从政的每一步，始终做到忠诚干净担当。考察国有企业领导干部，既要细算经济账，更要细看党建账，看干部的党的意识和党性观念强不强，贯彻执行党的路线方针政策是否坚决，履行“一岗双责”和“两个责任”是否到位。对思想不重视、抓党建工作不力的干部即使经营业绩再好，也不能将其放到重要领导岗位，对肩膀软、肩膀溜、肩膀斜的干部坚决一票否决。

严格能力标准。搞好国有企业改革发展，要求领导干部有勇于创新、治企有方、兴企有为的能力，也就是要有搞好国有企业的精气神，善于把握市场经济规律和企业发展规律，懂经营会管理善决策，善于在风险漩涡中捕捉商机，把创新创业同市场需求结合起来，不断提高企业核心竞争力。选配企业领导干部除了必须对党忠诚，还要对拟任人选是否熟悉现代法人治理结构、相关专业能力、沟通协调能力，以及是否具有国际视野、战略思维、专业能力、创新精神和实干作风等进行综合研判，确保知识结构合理、业务能力过硬、作风又严又实、符合履职要求。坚持党管干部、组织选人原则与市场化配置人才机制相结合，坚持受命于危难之际提拔重用于重新崛起辉煌之时的用人导向，注重从市场开拓前沿、重大专项任务、重大改革推进、技术创新前沿选拔干部，及时提拔重用敢于负责、勇于担当、善于作为、业绩突出的党员干部；特别是对在企业改革发展、党的建设中作出突出贡献，以及在完成重大专项和重大改革任务、处置突发事件等工作中表现突出的国有企业领导人员，要及时予以表彰，同时大力宣传优秀国有企业领导人员的先进事迹和突出贡献，在全社会营造尊重企业家价值、鼓励企业家创新、发挥企业家作用的浓厚氛围，激励广大党员干部讲担当、重担当、勇作为、善作为，以鲜明的用人导向激发党员干部干事创业激情，带动干部队伍的活力。

严格廉洁标准。国有企业领导人员掌握着很多国家资源，有的还掌握着国家核心技术，很容易成为“围猎”对象，如果心存杂念就很容易做出损害党和国家以及人民利益的行为。国有企业的企业家是一个特殊群体，不仅要懂经营会管理善决策，而且必须对党绝对忠诚。好干部是选出来的，更是管出来的。培养国有企业领导干部，既要用其所长特别是要用好其在经济方面的才干，以推动企业不断发展壮大，更要严格要求、从严从实管理，防止恃才自傲、迷失自我。选配企业领导干部必须全面落实“凡提四必”，重点审核其廉洁从政情况，包括是否谨慎用权、严守底线、公私分明、诚实守信，以及是否具有良好职业操守和道德品行等，努力画准画像人选。坚持全方位、多角度、近距离了解识别企业领导干部，重点加强日常管理监督，把管思想、管工作、管作风、管纪律统一起来，做到真管真严、敢管敢严、长管长严；加强对企业“三重一大”事项决策执行情况，以及领导干部兼职取酬，出国管理，配偶、子女及其配偶经商办企业等事项的管理，确保国有企业领导干部廉洁自律、干净干事，确保成为国有资产的忠诚卫士。

（二）突出人岗相适、用当其才、用当其时、人尽其才要求做好用人工作

能否把好干部选拔出来是一门大学问，能否将好干部放在能够充分发挥其才华的岗位更是一门大学问。毛泽东同志指出，领导者的责任主要有两条：一是出主意，二是用干部。用干部指的就是人才使用问题。古人谈到用人时也讲到，“用当其才则安，用非其才则怨；用当其时则佳，用失其时则废；异质互补则强，同性相斥则弱”。这就是说要根据岗位需要知事识人、依事择人、择优用人，尤其要对干部的文化、能力、年龄、性格等进行优化配置。综合考虑国有企业的政治属性和经济属性，国有企业党组织要用好干部人才，就必须扎实做好精准定岗、精准考核、强化激励、强化约束工作，努力做到人岗相适、用当其才、用当其时、人尽其才，充分发挥干部人才的最大效能和作用。

扎实做好精准定岗工作。精准定岗就是要彻底扭转当前一些领导干部因人设岗的陋习，根据党员干部职工的文化、能力、年龄、性格等进行优化配置，使干部人才得到信任和重用，避免出现闲人、懒人、庸人。强化精准定岗，明晰企业各层级岗位的职责定位、能力素质标准和目标要求，使党员干部职工谋有方向、聚有标准、赶有目标，确保智者尽其谋、勇者尽其力、能者施其才。坚持人岗相适、依事择人，对党员干部职工的知识结构、专业能力、品行操守等进行综合研判，通过谈心谈话加强双向交流，将党员干部职工放到适合发挥其才智的岗位。坚持每年进行一次干部人才队伍“防伪溯源”，对党员干部职工的专业能力、履职状况、责任担当和奉献精神等进行综合研判，依据研判情况进行岗位动态调整。对于特殊性工作岗位，坚持不拘一格用人才。对于新兴业务和创新创业工作岗位，坚持以市场化为导向，敢于打破身份职级，促进职务能上能下、人员能进能出、收入能增能减，促进党员干部职工快速成长。对于市场化程度较高的竞争性行业工作岗位，积极探索建立职业经理人制度，加大市场化选聘企业高级管理人员的比例，鼓励企业领导班子成员采用职业经理人管理机制，激发干部人才队伍活力。

扎实做好精准考核工作。坚决打破“干和不干一个样、干多干少一个样、干好干坏一个样”的“大锅饭”式管理制度，坚决铲除党员干部职工队伍中的“南郭先生”，让那些撸起袖子加油干的人得到重用，让那些撸起袖子一边看的人失去市场。突出考核的精准性与客观性，采用多维度考核与多层级人员评价相结合的考核方式，努力考真、考准、考实党员干部职工的工作实绩。在宏观层面上，坚持与行业特征、市场环境相吻合；在中观层面上，积极完善一企一策精准考核机制，根据企业经营发展特点建立不同的考核标准；在微观层面上，按照业务目标与工作职责进行细化分解。同时，将党员干部职工的政治素质、政治能力和政治表现纳入年度考核范畴，依据其政治立场、思想品质、职业道德、爱岗敬业、廉洁自律等情况进行综合评估，合理确定占年度业绩考核总分值的比重。实施考核时，企业领导班子成员、中层干部及职工代表都参与评分，依据工作关联度合理确定分值权重，实现对个人价值贡献的精准评估与科学评价，为强化激励和强化约束提供科学依据。

好干部是管出来的，而实事求是、客观公正评价干部的工作实绩，是干部管理工作中的重要一环。在对党员干部职工的业绩考核工作中，必须特别注意杜绝印象分、感情分。目前，一些国有企业在对干部职工的业绩考核中，还不同地存在印象分、感情分问题，有的甚至还很严重，完全凭借自己的印象和好恶随意评分，致使考核结果严重失真。表面看这好像是对党员干部职工的“爱护”，实际上是管理上“宽、松、软”的表现，是对党员干部职工成长进步的漠不关心，不敢正视党员干部职工队伍建设上存在的问题与不足，致使以绩效考核结果为导向的激励与约束机制无法真正触动党员干部职工的思想和灵魂，使党员干部职工看不清工作上的差距与不足，看不清自己的努力方向。从根本上说，这是一些企业党组织和党员干部对党的事业不忠诚、不负责任的表现。必须以对党的事业极端负责的态度，高度重视干部职工的业绩考核工作，实事求是、客观公正地评价每一位党员干部职工的工作实绩，不断健全完善干部队伍能上能下、工资待遇能高能低、职工能进能出的优胜劣汰机制。

扎实做好强化激励工作。根据党员干部职工的工作实绩，以奖惩为

“鞭子”，将考核结果与物质奖励、评先评优、职务升降等紧密结合，最大限度地调动党员干部职工干事创业的积极性主动性。坚持市场化激励导向。按照价值创造与价值回报相匹配原则，建立多层次激励体系。坚持业绩上薪酬上、业绩下薪酬下，将党员干部职工年薪收入与经营业绩紧密挂钩，对超额完成年度利润目标的，可计提超额创利奖励，对有重大突出贡献的给予特别贡献奖，对工作不尽职、执行不到位的严肃问责。鼓励企业建立科学合理的职工股权激励计划，将关键岗位的党员干部职工使用与企业长期发展规划紧密结合。创新人才激励方式，探索建立内部合伙人制度，为专业领域领军人才搭建干事创业平台。尤其是对股份制企业，要努力使广大党员干部职工成为公司的股东、重要人才成为企业的投资者、核心骨干人才成为企业的事业合作伙伴，拓展精神激励作用。加强企业核心文化建设，深化拓展以德才兼备、价值贡献、文化认同、专业能力、服务期限为标准的企业荣誉体系，将年度优秀党组织、优秀共产党员、优秀党务工作者、创新之星、优秀职工、工作能手等列入荣誉体系范畴，满足党员干部职工的对企业的文化认同和精神追求。用好用活企业荣誉体系，对表现优异的党员干部职工给予价值认同和精神肯定，让优秀者得到提拔重用、奋斗者得到物质实惠、奉献者受到精神表彰，最大限度调动广大党员干部职工干事创业积极性，推动党员干部职工队伍在保持稳定中激发活力、在激发活力中提升创造力、在提升创造力中增强发展力，发挥企业荣誉激励的倍增效应。

扎实做好强化约束工作。根据考核结果扎实做好强化约束工作，是引导国有企业党员干部职工提高政治属性的客观需要。必须坚持权力与责任相统一、岗位与职责相匹配，奖勤罚懒、选优汰劣，把干部队伍的政治态度、责任意识、务实作风和精神状态激发出来，把优秀人才选拔出来，让不作为、慢作为、乱作为的人无处藏身，对政治上不合格、工作不在状态、能力素质不适应、履职业绩平庸或者作风形象较差的及时予以调整，促进领导干部正常更替，促进干部职工人岗相适，增强企业党员干部职工队伍的整体活力。强化考核约束，建立完善政治考核、责任考核、纪律考核和作风考核四位一体的约束机制。严格政治考核，始终坚持政治标准，突出以德为先，把政治忠诚、政治定力、政治担当、政治能力、政治自律作为考核重点，实行一票否决制，对政治不合格、道德品质不端的党员干部职工坚决清理出队伍；严格责任考核，对标岗位职责，着力从经营业绩、工作态度、敬业奉献、开拓创新等多个方面综合评价党员干部职工履职尽责情况，特别是对党员领导干部既要察看其经营业绩，也要察看其科学民主依法决策、督促决策部署落实、防范经营风险等情况，对不担当、不作为、不尽责的党员干部职工坚决调整、严肃问责；严格纪律考核，既要察看党员干部职工特别是党员领导干部遵守政治纪律和政治规矩情况，也要察看其履行“两个责任”“一岗双责”情况；严格作风考核，既要察看党员干部职工特别是党员领导干部贯彻落实中央八项规定精神、反“四风”强作风建设情况，也要察看其抓分管领域、单位和部门的作风建设情况等。

建立容错纠错机制。按照习近平同志提出的“三个区分开来”的重要指示精神，认真贯彻落实中共中央办公厅《关于进一步激励广大干部新时代新担当新作为的意见》要求，从目的正当、禁止排除、程序合规、行为合法、结果合理等五个维度明确可以容错的基本条件，科学区分党员干部职工工作中存在的“失误”与“错误”，引导广大党员干部职工争当改革的促进派、实干家，专心致志为党和人民干事创业、建功立业。总之，要从经济和政治两方面科学考真、考准、考实党员干部职工的工作实绩。

（三）突出墩苗壮骨、锻炼成长要求做好管人工作

坚持从严治党、思想建党、制度治党，按照党的政治建设、思想建设、组织建设、作风建设和纪律建设的部署要求，深化学习党章党规和习近平新时代中国特色社会主义思想，以先进性和纯洁性建设为主线，以党的政治建设为统领，以坚定理想信念宗旨为根基，以调动广大党员积极性、主动性、创造性为着力点，从严从实加强企业领导班子建设和党员干部职工的教育管理。严格执行“三会一课”制度，认真组织好企业领导班子民主生活会、基层党组织生活会，着力增强党内政治生活的政治性、时代性、原则性、战斗性，解决随意化、平淡化、娱乐化、庸俗化问题。结

合企业基层工作实际和党员思想实际，做好党员党性分析和民主评议党员工作，使党性分析的过程成为增强党的意识、进行党性锻炼、提高党性修养的过程。

国有企业党组织要适应推动企业不断做强做优做大、建设具有全球竞争力的世界一流企业目标任务对党员干部职工能力素质提出的新要求，严格党员教育管理，严格组织生活，建立健全源头培养、跟踪培养、全程培养的素质培养体系，切实教育引导党员干部职工加强党性修养、筑牢信仰之基，加强政德修养、打牢从政之基，严守纪律规矩、夯实廉政之基，健全基本知识体系、强化能力之基。着力加强思想政治建设，重点加强理论教育、形势教育和革命传统教育，切实树牢“四个意识”、坚定“四个自信”、坚决做到“两个维护”，引导党员干部职工自觉做共产主义远大理想和中国特色社会主义共同理想的坚定信仰者和忠实实践者；着力加强职业修养和道德品行教育，引导党员干部职工践行社会主义核心价值观，牢记党的宗旨，弘扬“为国企服务为荣、为社会奉献为荣”的价值理念，树立良好社会形象；着力加强党性教育和党性锤炼，教育引导党员干部职工坚决把纪律和规矩挺在前面，做到知敬畏、存戒惧、守底线，自觉接受监督，习惯在监督下成长成才、干净干事，始终做到廉洁从政、廉洁从业；着力加强能力建设，引导党员干部职工提升学习能力、政治领导能力、改革创新能力、市场洞察能力、战略决断能力、推动执行能力和风险防控能力。加大企业优秀年轻领导干部队伍建设力度，建立健全培养锻炼、适时使用、定期调整、有进有退的工作机制，努力建设一支来源广泛、数量充足、结构合理、素质优良的国有企业优秀年轻领导人员队伍，为企业发展提供坚实人才保障和智力支持。

与此同时，国有企业党组织要围绕发挥基层党组织的战斗堡垒作用和党员的先锋模范作用，积极探索加强基层党建工作的新思路新举措。围绕发挥基层党组织的战斗堡垒作用，根据企业生产经营和产业发展需要，积极探索开展与企业有协同关系的体制内单位共建优秀党组织活动等结对共建工作，积极借力借智、推动创新发展，实现生产经营的有效对接、资源的优势互补，特别是要积极学习借鉴各自单位开展党建工作的好做法好经验，推动双方党建工作水平的同步提高；围绕发挥党员先锋模范作用，把解决企业改革发展难题作为党组织活动的重点，积极在生产经营项目、科技研发平台、市场开拓前沿和重大专项攻坚等上面建立项目党小组，为那些有潜力、有发展前途的年轻党员干部职工搭建一个发挥先锋模范作用的平台，让这些好苗子在一线岗位锤炼摔打、墩苗壮骨，经风雨、沐骄阳，挺党性、秉原则、守人格，做到平常时候看得出来、关键时候站得出来、危急关头豁得出来，创造有利条件让那些政治素质、实绩、能力都突出的党员干部职工不断脱颖而出。

第四节　掌握运用做好国有企业党建工作的基本工作方法

国有企业虽然是体制内单位，但和地方党委、政府以及高等院校、科研院所等体制内单位不同，国有企业的领导机构既有党组织，又有股东会、董事会、经理层和监事会，并且这些领导机构的职责和发挥作用的渠道、方式不尽相同。怎样解决好国有企业党组织在公司法人治理结构中的法定地位，处理好党组织与股东会、董事会、经理层和监事会的关系，是建设中国特色现代国有企业制度必须面对的一个重大课题。党组织在国有企业中发挥作用，主要是从国有企业的政治属性要求出发，保证监督党的理论和路线方针政策在企业的贯彻执行，保证监督党和国家的决策部署在企业的贯彻落实，同时支持公司治理结构依法行使职权，确保党对国有企业的政治领导、思想领导和组织领导；公司董事会、经理层和监事会作为企业生产经营管理工作运行的权力中心，主要是从国有企业作为市场竞争主体的经济属性要求出发，维护股东的合法权益，保证国有资产保值增值，实现企业经营效益的最大化。只有科学地界定企业党组织和股东会、董事会、经理层、监事会各自的工作职责，把两者功能科学有机地结合起来，才能真正实现国有企业在追求生产经营效益最大化的同时，不至于偏离中国特色社会主义发展方向，确保企业改革发展工作始终沿着正确的方向前进。

国有企业党组织要掌握运用做好企业党建工作的基本工作方法，紧紧围绕坚持加强党的领导和完善公司治理的有机统一，建设中国特色现代国有企业制度，把党的领导融入公司治理各环节，把企业党组织内嵌到公司治理结构之中，明确和落实党组织在公司法人治理结构中的法定地位，做到组织落实、干部到位、职责明确、监督严格；紧紧围绕发挥党对国有企业的政治领导、思想领导和组织领导，理顺企业党组织与股东会、董事会、经理层、监事会的权责关系，明确党组织在决策、执行、监督各环节的权责和工作方式，使党组织发挥作用组织化、制度化、具体化。

一、明晰国有企业党组织的党建工作职责

党的十九大通过的《中国共产党章程》，明确规定了国有企业党组织的基本职责和基本任务。

国有企业党组织的基本职责是：国有企业党委（党组）发挥领导作用，把方向、管大局、保落实，依照规定讨论和决定企业重大事项。国有企业和集体企业中党的基层组织，围绕企业生产经营开展工作。保证监督党和国家的方针、政策在本企业的贯彻执行；支持股东会、董事会、监事会和经理（厂长）依法行使职权；全心全意依靠职工群众，支持职工代表大会开展工作；参与企业重大问题的决策；加强党组织的自身建设，领导思想政治工作、精神文明建设和工会、共青团等群团组织。

国有企业党组织的基本任务是：一是宣传和执行党的路线、方针、政策，宣传和执行党中央、上级组织和本组织的决议，充分发挥党员的先锋模范作用，积极创先争优，团结、组织党内外的干部和群众，努力完成本单位所担负的任务；二是组织党员认真学习马克思列宁主义、毛泽东思想、邓小平理论、“三个代表”重要思想、科学发展观、习近平新时代中国特色社会主义思想，推进“两学一做”学习教育常态化制度化，学习党的路线、方针、政策和决议，学习党的基本知识，学习科学、文化、法律和业务知识；三是对党员进行教育、管理、监督和服务，提高党员素质，

坚定理想信念，增强党性，严格党的组织生活，开展批评和自我批评，维护和执行党的纪律，监督党员切实履行义务，保障党员的权利不受侵犯，加强和改进流动党员管理；四是密切联系群众，经常了解群众对党员、党的工作的批评和意见，维护群众的正当权利和利益，做好群众的思想政治工作；五是充分发挥党员和群众的积极性创造性，发现、培养和推荐他们中间的优秀人才，鼓励和支持他们在改革开放和社会主义现代化建设中贡献自己的聪明才智；六是对要求入党的积极分子进行教育和培养，做好经常性的发展党员工作，重视在生产、工作第一线和青年中发展党员；七是监督党员干部和其他任何工作人员严格遵守国家法律法规，严格遵守国家的财政经济法规和人事制度，不得侵占国家、集体和群众的利益；八是教育党员和群众自觉抵制不良倾向，坚决同各种违纪违法行为作斗争。

国有企业党组织要按照党的十九大《党章》所确定的基本职责和基本任务，认真贯彻落实党中央和上级党委的决策部署，按照集体领导、民主集中、个别酝酿、会议决定的民主集中制原则，科学决策民主决策依法决策，切实发挥好把方向、管大局、保落实作用，扎扎实实抓好企业各项党建工作和生产经营工作任务的落实。

二、明晰国有企业股东会的党建工作职责

国务院办公厅印发的《关于进一步完善国有企业法人治理结构的指导意见》，明确规定了国有企业股东会的基本职责，指出，国有企业股东会是公司的权力机构。股东会主要依据法律法规和公司章程，通过委派或更换董事、监事（不含职工代表），审核批准董事会、监事会年度工作报告，批准公司财务预决算、利润分配方案等方式，对董事会、监事会以及董事、监事的履职情况进行评价和监督。出资人机构根据本级人民政府授权对国家出资企业依法享有股东权利。

国有企业党组织要按照《关于进一步完善国有企业法人治理结构的指导意见》要求，理顺出资人职责，转变监管方式，按照以管资本为主的要求，转变工作职能、改进工作方式，加强公司章程管理，清理有关规章、

规范性文件，研究提出出资人机构审批事项清单，建立对董事会重大决策的合规性审查机制，制定监事会建设、责任追究等具体措施，更好地履职尽责、行使权力。

三、明晰国有企业董事会的党建工作职责

《关于进一步完善国有企业法人治理结构的指导意见》明确规定了国有企业董事会的基本职责，指出，国有企业董事会是公司的决策机构，要对股东会负责，执行股东会决定，依照法定程序和公司章程授权决定公司重大事项，接受股东会、监事会监督，认真履行决策把关、内部管理、防范风险、深化改革等职责。国有独资公司要依法落实和维护董事会行使重大决策、选人用人、薪酬分配等权利，增强董事会的独立性和权威性，落实董事会年度工作报告制度；董事会应与企业党组织充分沟通，有序开展国有独资公司董事会选聘经理层试点，加强对经理层的管理和监督。

国有企业党组织要按照《关于进一步完善国有企业法人治理结构的指导意见》要求，着力加强公司董事会建设，落实董事会职权，优化董事会组成结构，规范董事会议事规则，加强董事队伍建设，督促公司董事会认真贯彻落实上级国资委的决策部署，按照集体审议、独立表决、个人负责的票决制原则，科学决策、审慎决策，切实发挥好管战略、做决策、控风险作用，更好地履行董事会的职责。

四、明晰国有企业经理层的党建工作职责

《关于进一步完善国有企业法人治理结构的指导意见》明确规定了国有企业经理层的基本职责，指出，国有企业经理层是公司的执行机构，依法由董事会聘任或解聘，接受董事会管理和监事会监督。总经理对董事会负责，依法行使管理生产经营、组织实施董事会决议等职权，向董事会报告工作，董事会闭会期间向董事长报告工作。同时，文件还提出，建立规范的经理层授权管理制度，对经理层成员实行与选任方式相匹配、与企业

功能性质相适应、与经营业绩相挂钩的差异化薪酬分配制度，国有独资公司经理层逐步实行任期制和契约化管理。根据企业产权结构、市场化程度等不同情况，有序推进职业经理人制度建设，逐步扩大职业经理人队伍，有序实行市场化薪酬，探索完善中长期激励机制，研究出台相关指导意见。国有独资公司要积极探索推行职业经理人制度，实行内部培养和外部引进相结合，畅通企业经理层成员与职业经理人的身份转换通道。开展出资人机构委派国有独资公司总会计师试点。这是对经理层工作职责提出的要求。

国有企业党组织要按照国务院办公厅《关于进一步完善国有企业法人治理结构的指导意见》文件精神要求，维护落实好公司经营班子的生产经营管理自主权，督促公司经营班子认真贯彻落实董事会的决策部署，按照总经理负责制的原则，讲求管理效率、推进高效执行，切实发挥好拟方案、管经营、抓执行作用，激发经理层活力。

五、明晰国有企业监事会的党建工作职责

《关于进一步完善国有企业法人治理结构的指导意见》明确规定了国有企业监事会的基本职责，指出，国有企业监事会是公司的监督机构，依照有关法律法规和公司章程设立，对董事会、经理层成员的职务行为进行监督。要提高专职监事比例，增强监事会的独立性和权威性。对国有资产监管机构所出资企业依法实行外派监事会制度。外派监事会由政府派出，负责检查企业财务，监督企业重大决策和关键环节以及董事会、经理层履职情况，不参与、不干预企业经营管理活动。

国有企业党组织要按照《关于进一步完善国有企业法人治理结构的指导意见》要求，督促公司监事会代表股东大会执行监督职能，发挥好企业监事会的监督作用，健全以职工代表大会为基本形式的企业民主管理制度，支持和保证职工代表大会依法行使职权，加强职工民主管理与监督，维护职工合法权益；强化责任意识，明确权责边界，完善问责机制，建立与治理主体履职相适应的责任追究制度。

六、科学处理好国有企业党组织与股东会、董事会、经理层、监事会的关系

国有企业党组织如何做到科学处理好与股东会、董事会、经理层、监事会的关系？笔者认为，就是要建立健全权责边界清晰、工作无缝对接的各司其职、各负其责、协调运转、有效制衡的科学民主依法决策执行监督机制，既要充分发挥党组织的把方向、管大局、保落实作用，又要保证股东会依法行使权力，发挥好董事会的管战略、做决策、控风险作用，经营班子的拟方案、管经营、抓执行作用以及监事会对公司业务活动的监督检查作用，绝不能借口加强党的领导把党组织直接作为企业生产经营的决策和指挥中心，努力从“越位”的地方“退位”、让“错位”的地方“正位”、到“缺位”的地方“补位”，做到把关不代替、到位不越位、补台不拆台。重点做到坚持“三个导向”，一是坚持问题导向，紧紧围绕影响企业改革发展大局的热点难点问题来加强和改进党建工作，做到有的放矢、对症下药，努力把党建工作落小落细落实；二是坚持项目导向，紧紧围绕解决“三重一大”事项决策执行落实中存在的突出问题来加强和改进党建工作，建立工作台账，明确重点任务、工作责任人和时间节点，团结带领董事会、经理层、监事会以钉钉子精神，抓好企业改革发展各项决策部署和重点任务的执行监督落实；三是坚持结果导向，紧紧围绕坚持有利于国有资产保值增值、有利于提高国有经济竞争力、有利于放大国有资本功能的方针要求来加强和改进党建工作，坚持用结果说话，努力推动国有企业深化改革、提高经营管理水平、加强国有资产监管，坚定不移把国有企业做强做优做大。

《关于进一步完善国有企业法人治理结构的指导意见》还明确规定了国有企业党组织和董事会、经理层、监事会成员应尽的职责义务，指出，国有企业董事、监事、经理层成员应当遵守法律法规和公司章程，对公司负有忠实义务和勤勉义务。董事应当出席董事会会议，对董事会决议承担责任；董事会决议违反法律法规或公司章程、股东会决议，致使公司遭受严重损失的，应依法追究有关董事责任。经理层成员违反法律法规或公司

章程，致使公司遭受损失的，应依法追究有关经理层成员责任。执行董事和经理层成员未及时向董事会或国有股东报告重大经营问题和经营风险的，应依法追究相关人员责任。企业党组织成员履职过程中有重大失误和失职、渎职行为的，应按照党组织有关规定严格追究责任。

国有企业党组织要按照《关于进一步完善国有企业法人治理结构的指导意见》要求，在发挥好党的领导作用的同时，支持董事会、经理层、监事会履行好各自职责。干事创业总是会有风险的，尤其是面对当前国有企业深化改革的攻坚期和深水区，需要广大党员干部职工特别是领导干部大胆地闯、大胆地试，因此不能期望每一项工作只许成功不容失败，必须给干事创业者以总结经验、重振旗鼓的机会，从而去其忧、励其志、振其神。国有企业党组织要按照“三个区分开来”的要求，建立必要的改革容错纠错机制，对什么能容、什么不能容、怎么容进行具体明确的规定，并细化落实到对每位干部的评价考核、责任追究、组织处理等工作中；按照事实为上、实事求是、依纪依法、容纠并举等原则，结合动机态度、客观条件、程序方法、性质程度、后果影响以及挽回损失等，对干部失误错误进行综合分析、慎重研究；着力鼓励支持勇挑重担、开拓进取、敢闯敢试的干部，严肃查处诬告陷害行为，及时为受到不实反映的干部澄清正名、消除顾虑，努力为担当者担当、为负责者负责、为干事者撑腰，激发国有企业领导干部的干事创业激情。

第五节　强化政治导向的制度机制保障

在党的建设中，制度建设是更带有根本性、全局性、稳定性、长期性的建设。不断提高党的制度建设的科学化水平，对于提高党的执政能力，规范党的执政行为，不断提高党的建设质量，加强党的长期执政能力建设、先进性和纯洁性建设，全面推进党的建设新的伟大工程，具有重大的现实意义和深远的历史意义。新时代要全面加强国有企业党的政治建设，更需要把制度建设贯穿始终，从而为强化政治导向、铸牢国有企业的“根”和“魂”提供坚强的制度机制保障。

国有企业党组织要适应新形势新任务的发展需要，强化问题意识，坚持问题导向，紧紧聚焦一些企业党的领导、党的建设弱化、淡化、虚化、边缘化问题，积极围绕深化国有企业改革发展工作推动落实基层党建“加减乘除”工作方法，强化各级党组织管党治党、从严治党意识，努力通过在公司章程中明确党组织法定地位，增强国有企业党组织管党治党意识，完善国有企业领导体制，落实党建工作“四个同步”“四个对接”，贯彻落实民主集中制操作规程，健全完善党建工作制度机制等工作，充分发挥党的领导作用，做好“加法”建强机制；通过建立经常性督查指导机制，排查整顿软弱涣散党组织和庸懒散奢党员，严肃党内政治生活，处理好影响企业发展的负面问题，做到一个党员一个党员提升、一个阵地一个阵地巩固，做好“减法”补好短板；通过加强正面引导和示范教育，坚持正确的选人用人导向，创新基层党建工作载体和路径方法，激发广大党员干事创业热情等工作，发挥党建工作倍增效应，服务企业改革发展中心工作，做好“乘法”促进发展；通过落实党建“一岗双责”和党风廉政建设“两个责任”，坚持底线思维强化红线意识，加强党性修养强化廉政教育，加强党员干部监督管理，坚决查处违纪违法案件和严肃处置不合格党员等工作，把管党治党责任落到实处，做好“除法”去除痼疾。同时，通过做好建立政治建设专项督导制度和党建工作存在问题整改督导制度，健全完善党建工作考核评价指标体系和落实党建工作主体责任问责制度等工作，为强化政治导向、铸牢国有企业的“根”和“魂”提供强有力的制度机制保障。

一、明确党组织法定地位，强化党的领导作用，做好“加法”建强机制

切实增强各级党组织管党治党意识。坚持把深入学习贯彻习近平新时代中国特色社会主义思想、党的十九大精神作为基层党组织和广大党员

干部职工学习的重要内容，切实用习近平新时代中国特色社会主义思想武装头脑、指导实践、推动工作，做到真学真懂真信真用，内化于心、外化于行。各级党组织必须统一思想，充分认识坚持党的领导、加强党的建设，是国有企业的“根”和“魂”，是国有企业的独特政治优势，只能加强，不能削弱。无论企业领导体制、经营机制、产权结构和治理结构如何变化，都要毫不动摇地坚持党对国有企业的领导，旗帜鲜明地加强国有企业党的领导、党的建设。必须结合伟大斗争、伟大事业、伟大梦想的实践扎实推进党的建设新的伟大工程，结合健全完善中国特色现代国有企业制度坚持党的领导、加强党的建设，确保发挥好国有企业党的领导作用、基层党组织的战斗堡垒作用、共产党员的先锋模范作用。

明确党组织法定地位。把加强党的领导和完善公司治理结合起来，充分发挥党的领导作用。积极稳妥推进党的领导、党的建设进公司章程修订工作，把党组织的职责权限、机构设置、运行机制、基础保障写入章程，科学有序、实事求是地明确党组织在公司法人治理结构中的法定地位，做到组织落实、干部到位、职责明确、监督严格，确保党组织作用在决策层、执行层、监督层都能得到有效发挥。对混合所有制企业特别是股东方有民营企业背景的企业，在明确党组织在公司法人治理结构中的法定地位的同时，在党组织的职责权限、机构设置、运行机制、基础保障上不搞一刀切，以保持企业的灵活性。

完善企业领导体制。明确党组织书记和董事长“一肩挑”、党组织研究讨论作为企业决策重大事项的前置程序，把党的领导融入公司治理各环节、内嵌到公司治理结构之中，确保党组织在重大决策和重要干部任免上说得上话、做得了主、拍得了板。坚持和完善双向进入、交叉任职的国有企业领导体制，符合条件的企业党组织班子成员可以和企业董事会、监事会、经理层成员适度交叉任职。规模大、人数多、党建任务重且党组织书记同时兼任企业其他主要领导职务的，可以配备一名专职专责抓党建工作的党组织副书记，分管党务、人事、群团等工作，协助党组织书记抓好党建工作，履行好党建工作直接责任人的职责。落实好企业党组织班子成员的党内职责分工，压实党建工作主体责任，更好地履行“一岗双责”，形成抓好企业党建工作的共识和合力。

落实党建工作“四个同步”。着力从基本组织、基本队伍、基本制度严起，在打牢基础、补齐短板上下功夫，着力提升基层党组织的组织力。按照“四个同步”部署要求，规范党组织的设置、工作机构和人员配置，实施基层党组织工作全覆盖，构建严密科学的党建工作网络，确保国有资产投到哪里，党组织就延伸到哪里，健全的组织生活和党组织的作用就发挥到哪里，党的理论和路线方针政策就贯彻落实到哪里。按照企业党员数量的1%—2%比例配备党务工作者，确保党建工作有人落实。将党组织工作经费纳入年度总体预算，为党组织开展活动提供便利条件。把建立党的组织、开展党的工作，作为推进混合所有制改革的重要前提，根据不同类型混合所有制企业特点，探索党组织的设置方式和党员教育管理方法。

贯彻落实民主集中制操作规程。遵循“先党内、后提交”的原则，明确党组织研究讨论是董事会、经理层决策重大问题的前置程序，凡属企业重大决策、重要人事任免、重大项目安排和大额度资金运作等“三重一大”事项，必须经党组织研究讨论后，再由董事会或经理层作出决定，不得以党政联席会议等形式代替党委会作出决策。健全完善党委会、董事会、经营班子会议事规则等制度机制，明确党组织参与重大决策的基本原则、基本程序和具体内容。广东省国资委印发的《省属企业议事决策贯彻落实民主集中制操作规程（试行）》，对广东省属国有企业党组织抓好“三重一大”事项决策落实做出了明确规定：原则上，对企业发展具有长期性、全局性、方向性影响的重大战略性决策事项，企业党组织进行政治把关和方向把关，并行使决定权、监督权；对重大投资项目、大额资金使用等企业日常重大经营管理事项，企业党组织前置研究，行使建议权、否决权和监督权；对企业重要经营管理人事任免决策事项，重点落实党组织的政治方向把关和用人导向把控，行使建议权、否决权。建立企业重大决策沟通机制，加强党组织与董事会、经理层、监事会之间的沟通，支持股东会、董事会、经理层、监事会依法行使职权，带头组织落实企业重大决策部署。各级党组织既要充分发挥好把方向、管大局、保落实作用，又要防止借口加强党的领导，简单地把党组织直接作为企业生产经营的决策和指挥中心的做法，保证党的领导既不缺位，也不越位。

切实加强制度建设。健全完善各项制度，着力用制度治党、管权、管人、管事，不留“暗门”、不开“天窗”，真正让铁规发力、让禁令生威。按照中央和上级党委的统一部署，着力从全面推进党的政治建设、思想建设、组织建设、作风建设、纪律建设等方面，对照梳理本企业党的建设制度情况，主动对接，查缺补漏，建立台账，落实责任，并结合新形势新任务要求和企业改革发展工作实际，认真做好制度机制的废、改、立工作。鼓励基层党组织创新创造，及时总结推广经实践检验确实行之有效的做法，并以制度形式固化下来、长期坚持下去。强化制度刚性执行，着力解决有规不依、有章不循等问题，防止出现“破窗效应”，坚决维护制度的严肃性和权威性。

二、排查整顿软弱涣散党组织，处理影响企业发展的负面问题，做好“减法”补好短板

排查整顿软弱涣散党组织，确保基层党组织作用有效发挥。围绕发挥基层党组织的战斗堡垒作用，学习借鉴中共广东省委办公厅《关于印发〈广东省加强党的基层组织建设三年行动计划（2018—2020年）〉的通知》文件精神，研究制定加强企业党的基层组织建设行动计划，以“规范化建设”为主题，重点加强基层党组织规范化制度建设，优化基层党组织设置，加强党员评星定级管理，着力解决基层党组织设置不规范、党员教育管理不规范、基层党建标准不规范等突出问题；以“组织力提升”为主题，重点构建党组织对基层党组织全面领导的体制机制，健全抓基层党建工作机制，着力解决基层党组织领导体制不健全、党组织带头人队伍建设滞后等突出问题；以“基层党建全面进步全面过硬”为主题，全面完成软弱涣散基层党组织整顿工作，认真开展基层党组织达标创优评定，完善各级党组织书记抓基层党建述职评议考核工作，总结推广先进典型经验，树立基层党建工作品牌，着力解决先进典型示范作用不明显、党建工作质量整体

不高等突出问题。坚持从严抓落实，一年一个台阶，力争通过2至3年努力，推动党在基层的组织覆盖和工作覆盖面更加有效，党组织的领导核心作用更加坚强，政治引领更加突出，体制机制更加科学，基层党建工作与生产经营工作深度融合，党支部建设更加规范，党组织书记队伍建设更加系统，党员教育管理更加精准，党员先锋模范作用发挥更加充分，基层党组织保障更加有力，党在基层的执政根基更加牢固。树立大抓基层的鲜明导向，认真组织企业党组织书记抓基层党建工作述职评议考核，切实抓好严肃党内政治生活、党员教育管理、开展“三会一课”、任期届满党组织换届选举等工作。围绕优化提升基层党组织的组织力，每年组织开展排查整顿软弱涣散党组织活动，按基层党组织数量的5%比例确定工作对象，重点排查整顿存在带头人作用不明显、经营管理混乱、党建工作不认真开展、不按时执行上级党组织决策部署、党组织无地位、党员无活动、党员身份识别度低、发挥作用不明显，组织活动简单化、形式化、行政化，党建工作与生产经营工作严重脱节等问题的软弱涣散党组织，做到一个阵地一个阵地健全、一个阵地一个阵地巩固。部署实施基层党组织“领头雁”工程，坚决撤换调整政治上不合格、经济上不廉洁、能力上不胜任、工作上不尽职的基层党组织书记，同时开放视野，按照标准和条件，重点从优秀经营管理骨干党员和生产经营一线、急难险重岗位、市场开拓前沿、技术创新前沿的优秀党员中选拔基层党组织书记，建立基层党组织书记后备队伍。

排查处置庸懒散奢党员，保障党员队伍的纯洁性和先进性。着力排查和解决一些党员理想信念模糊动摇、党的意识淡化、宗旨观念淡薄、精神不振、不讲纪律、不守规矩、道德行为不端等问题，把解决党员存在问题与处置不合格党员相结合，与教育引导广大党员严守“六项纪律”、切实树牢“四个意识”、坚定“四个自信”、坚决做到“两个维护”、弘扬讲责任勇担当甘奉献精神相结合，做到一个党员一个党员提升，一个党员一个党员优化。

严肃党内政治生活。切实在增强政治性、原则性、时代性、战斗性上下功夫，着力解决党内政治生活随意化、平淡化，甚至娱乐化、庸俗化等问题。突出党性锻炼和思想交流，全面落实“三会一课”制度，定期组织党员开展理论学习、交流讨论、主题党日、志愿服务等工作，确保学习有内容、活动有主题、效果有保障。部署实施党员先锋模范工程，制定实施各行业和领域基层党员评星定级量化管理办法，全面推行窗口单位和生产经营一线党员在岗佩徽挂牌，组织党员开展亮身份、挑重担、比境界、作表率活动，更好地发挥先锋模范作用。突出政治标准和政治要求，严格党员发展程序，坚持向企业生产、经营、科研一线和优秀青年骨干倾斜。严格党员教育管理，保证组织生活质量，教育引导党员自觉主动开展谈心谈话、民主评议党员、批评和自我批评等严肃的党内政治生活。严肃党员处置纪律，稳妥有序做好不合格党员组织处置工作，真正做到入口严、管理严、处置严。健全流动党员教育管理制度，确保“口袋”党员找到组织归宿、“隐形”党员纳入组织管理，夯实基层党建工作基础。

三、发挥党建工作倍增效应，服务企业改革发展中心工作，做好“乘法”促进发展

通过深入开展“不忘初心、牢记使命”主题教育，推进“两学一做”学习教育常态化制度化，围绕培育建设“有一种为国家为人民真诚奉献的精神、一个坚强有力的领导班子、一支勇于攻坚克难的高素质干部队伍、一支充分组织起来的职工队伍”的目标任务，努力实现国有企业政治优势和市场化机制优势的有机结合。强化“党的一切工作到支部”导向，深入开展基层党组织达标创优活动，组织开展争创“四强”党组织和争做“四优”共产党员活动，在各所属企业每家建设 1 至 2 个示范党支部，并以此为标杆推动基层党支部建设的规范化、标准化，健全党员立足岗位创先争优长效机制。大力弘扬讲责任、勇担当、甘奉献的企业价值观，让讲责任、勇担当、甘奉献的人受重用，让责任意识淡薄、不愿不敢担当、过于计较得失的人没有市场。大力加强职业道德建设，教育引导广大党员干部职工树立“为国企服务为荣、为国企奉献为荣”的价值理念，不断增强服务企业、

奉献社会的责任感和荣誉感。

坚持正确的选人用人导向。始终把选好人、用好人、管好人，作为国有企业党建工作的关键环节来抓。坚持党管干部、党管人才与市场化选人用人机制相结合，坚持德才兼备以德为先的标准，坚持受命于危难之际、提拔重用于崛起辉煌之时的选人用人导向，坚持德才兼备、以德为先、任人唯贤，坚持事业为上、依事择人、人岗相适，注重从急难险重岗位和生产经营一线、市场开拓前沿、技术创新前沿选拔干部，着力把好确定标准、规范程序、参与考察、推荐人选等关口，严把政治关和廉洁关，把思想政治素质、实绩、能力都突出的党员干部职工选拔到领导岗位，努力培养造就大批“对党忠诚、勇于创新、治企有方、兴企有为、清正廉洁”的国有企业领导人员和“境界高、作风硬、能力强”的经营管理人才队伍。加强对企业领导班子建设情况的研判，每年定期组织开展企业领导班子“防伪溯源”综合研判工作，选好配强各级领导班子，优化知识能力结构和岗位分工，做到各负其责、各司其职、团结协作、开拓进取。突出五湖四海、赛马不相马，建立内部竞争机制，探索建立职业经理人管理模式，促进干部能上能下、人员能进能出、收入能增能减。扎实做好精准定岗、精准考核和强化激励、强化约束工作，营造拴心留人的创业兴业环境，把党员干部职工的干事创业激情充分激发出来，确保选准人才、用好人才、留住人才。坚持人才培育先于产业发展的思路，制定实施干部人才队伍培养建设规划，加强干部人才团队建设，大力吸引外来优秀人才，壮大干部人才后备库，为企业持续健康发展提供强大的干部人才支撑和智力支持。

创新基层党建工作载体。强化问题意识，坚持问题导向，把解决企业改革发展中的热点难点问题作为基层党组织活动的重点，推动基层党建工作与生产经营工作深度融合、同步开展，通过设立党员责任区、党员先锋岗、党员示范岗、党员突击队、项目党小组等有效载体，推动党建工作重心向生产经营一线聚焦、力量向生产经营一线下沉。围绕发挥党员先锋模范作用，大力开展在生产经营项目上建立项目党小组工作，把发展潜力大的年轻优秀党员放到一线摸爬滚打、锤炼摔打，并按照党的政治建设、思想建设、组织建设、作风建设和纪律建设的要求严格管理、严格约束，促进党员干部职工墩苗壮骨、锻炼成长，培育善于攻坚克难、敢打硬仗的品格，把党员先锋模范作用体现在企业攻坚克难过程中，落实在推动改革创新发展上。围绕发挥基层党组织的战斗堡垒作用，紧密企业生产经营和产业发展需要，积极探索开展与企业有协同关系的体制内相关单位基层党组织开展共建“优秀党组织”活动，明确活动目标、内容、重点和时间安排，扎实有序推进，相互学习、取长补短，实现生产经营的有效对接、资源的优势互补和党建工作水平的同步提高。以提升组织力为重点，突出政治功能，打造一批党建“书记项目”特色品牌，充分发挥“书记项目”的示范引领作用，创新基层党建工作活力，把基层党组织建设成为宣传党的主张、贯彻党的决定、领导基层治理、团结动员群众、推动改革发展的坚强战斗堡垒。严格实行党员领导干部密切联系基层、服务基层制度，主动了解掌握党员和职工群众对企业改革发展的意见建议，努力为职工群众办实事、做好事、解难事，不断增强党组织的感召力和影响力。大力推进党员素质提升工程，着力提升学习能力、政治领导能力、改革创新能力、市场洞察能力、战略决断能力、狠抓落实能力、群众工作能力和风险防控能力，努力建设一支高素质专业化干部人才队伍。完善党内民主和激励关怀帮扶制度，在政治上爱护、思想上关心、工作上支持、生活上帮助党员，增强基层党组织凝聚力。

激发广大党员干事创业热情。大力倡导“为国企服务为荣、为社会奉献为荣”的价值理念，克服金钱、利益至上的短视行为，努力把做强做优做大国有企业作为党员干部职工的人生事业追求。把加强思想政治工作作为国有企业党组织的一项经常性、基础性工作来抓，使之与生产经营管理、人力资源开发、企业精神培育、企业文化建设等结合起来，与解决党员干部职工的思想、工作、生活实际问题结合起来，引导广大党员干部职工始终做到心中有党、心有国企，始终做到讲责任、勇担当、甘奉献，始终以创业姿态、创业精神推动事业发展。深化拓展企业荣誉体系建设，积极探索形成劳动、资本、管理、技术等要素按贡献分配，生产经营一线、急难险重岗位、市场开拓前沿和技术创新前沿为重，短期激励与长期激励互为补充，物质奖励与精神鼓励相得益彰，强激励与严约束紧密结合，收入与贡献相匹配的激励约束机制，营造想干事、肯干事、能干事、干成事的工作氛围。着力培育崇尚荣誉、尊重劳模、创先争优、追求卓越的企业文化，激发广大党员以更强的党性、更高的境界、更硬的作风在各自的岗位上攻坚克难、创新进取、建功立业。

加强对群团工作的领导。深刻理解企业群团工作面临的新形势新任务新要求，紧紧围绕保持和增强群团工作的政治性、先进性、群众性，坚持党建引领带动群团工作、坚持主业引领做实群团工作、坚持法治引领推进群团工作、坚持改革引领创新群团工作，发挥工青妇、关工委等群团组织在企业文化建设中的生力军作用和参与平安和谐企业建设的参谋助手作用。围绕发挥好党联系职工群众的桥梁纽带作用，积极组织开展劳动技能竞赛、创建劳模和工匠人才创新工作室、安全生产党员示范岗（责任区）、维护职工群众合法权益、信访维稳、扶贫开发等工作，多做得人心、暖人心、稳人心的事情，凝聚起推动企业做强做优做大的强大正能量，为促进企业深化改革、转型升级和创新发展提供有力的保障。

四、落实“一岗双责”和“两个责任”，坚定不移正风肃纪，做好“除法”去除痼疾

坚持底线思维强化红线意识，坚决把管党治党责任落到实处。国有企业党组织要坚持党要管党、全面从严治党，切实担负起执行和维护政治纪律和政治规矩的责任，按照新时代党的建设总要求，准确把握全面从严治党的战略部署，围绕抓好政治引领、企业领导人员队伍建设和管理、基层党组织建设、职工群众思想政治工作等企业党建工作重点任务，党组织书记要切实履行第一责任人的责任；专职党组织副书记要切实履行党建直接责任人的责任；纪委书记要认真履行监督执纪问责的职责；其他党员领导人员要“一岗双责”，积极推动党建工作落实，形成抓党建工作的共识和合力。全面落实党风廉政建设主体责任清单，明确党组织书记、董事长是

党风廉政建设第一责任人，纪委书记是履行监督责任第一责任人，明确党组织其他成员的职责任务，严格对党组织书记履行第一责任人职责情况、纪委书记履行监督职责情况的监督考核，对主体责任监督责任不落实、党风廉政建设问题突出的，要严肃追究党组织、纪委班子及主要负责人的责任。对贯彻党的方针政策打折扣、执行党纪党规不力、违规选人用人、基层党组织软弱涣散等情形，按照监督执纪“四种形态”要求进行分类处理。认真践行“三严三实”，巩固拓展落实中央八项规定精神成果，继续整治“四风”问题，坚决反对特权思想和特权现象，增强防控经营风险和廉洁风险的能力。

加强党性修养，强化廉政教育。国有企业各级党组织要组织广大党员干部职工认真学习《中国共产党章程》和《中国共产党廉洁自律准则》《中国共产党员纪律处分条例》《中国共产党问责条例》《关于新形势下党内政治生活的若干准则》，以及《中国共产党党内监督条例》等党内法规，真正把党章党规的权威性、严肃性在全体党员中牢固树立起来，严守党的“六项纪律”，全面净化党内政治生态。认真组织好领导班子民主生活会和党支部组织生活会，领导班子成员要带头到所在党支部参加双重生活会，带头讲党课，带头纠正和解决自身存在的问题。基层党组织要把“三会一课”、组织生活会、党员活动日、党性分析、民主评议党员等制度坚持好，让广大党员接受严格的党内生活历练。加强纪律教育，强化纪律执行，让党员、干部知敬畏、存戒惧、守底线，习惯在受监督和约束的环境中工作生活。增强党员教育管理的针对性和实效性，积极探索不合格党员退出机制，严肃处置不合格党员，形成有效震慑。

切实加强党员干部监督管理，坚决查处违纪违法案件。加强对企业领导人员的党性教育、宗旨教育、警示教育，严明政治纪律和政治规矩，引导企业领导人员不断提高思想政治素质，增强党性修养，从思想深处拧紧螺丝。深化大监督体制工作，结合企业面临的经营环境及风险，严格执行公司生产经营风险防控制度，突出监督重点，强化对关键岗位、重要人员特别是一把手的监督管理，完善“三重一大”事项决策执行监督机制，突出工程招投标、改制重组、产权变更和交易以及选人用人等方面的监督，确保国有资产安全和党员干部职工廉洁安全。

强化监督执纪问责。坚持无禁区、全覆盖、零容忍，坚持重遏制、强高压、长震慑，加大整治职工群众身边腐败问题力度，做到有贪必肃有腐必反、查处贪腐绝不手软，强化不敢腐的震慑，扎牢不能腐的笼子，增强不想腐的自觉。正确把握运用“四种形态”和落实“三个区分开来”，建立健全激励机制和容错纠错机制，严肃查处诬告陷害行为，切实为敢于担当勇于担责的党员干部撑腰鼓劲，引导党员干部争当改革的促进派、实干家，专心致志为党和人民干事创业、建功立业。积极倡导廉洁从政、廉洁用权、廉洁修身、廉洁齐家，形成干事兴业、干净干事的和谐氛围。

五、健全完善党建工作考核评价指标体系和主体责任问责制度

用好考核“指挥棒”，让党建工作严起来、实起来、硬起来，切实发挥党建工作考核导向作用，不断提升考核评价工作的科学性、针对性、真准性和实效性。抓严抓实企业党组织书记抓基层党建述职评议考核和党建暨党风廉政建设工作考核，强化考核联动协调机制，并与企业领导班子综合考评、经营业绩考核、重点任务完成情况考核衔接起来，与企业领导人员任免、薪酬、奖惩挂钩。

研究制定企业党组织政治建设考核办法和基层党支部书记管理考核办法，全面推行党支部书记年度述职考核。强化考核评价成果运用，对年度党建工作考核结果为优秀的，进行通报表扬；结果为良好的，进行勉励，并指出不足；结果为基本合格的，指出不足，限期整改；结果为不合格的，予以通报批评，限期整改，并对党组织书记进行诫勉谈话。通过强化考核，推动各级党组织不断强化政治导向、铸牢国有企业的“根”和“魂”工作的思想意识，进一步增强党组织书记落实管党治党责任，确保企业党建工作有人抓、抓到位，不断提高企业党建工作科学化、制度化、规范化水平。

第六节　推动党建工作与生产经营工作深度融合

国有企业具有天然的经济属性和鲜明的政治属性，坚持党的领导、加强党的建设是国有企业的“根”和“魂”，是国有企业的独特优势。必须把坚持党的领导、加强党的建设这一独特的政治优势与市场机制优势有机结合起来，推动党建工作和生产经营工作深度融合，建设中国特色现代国有企业制度，才能科学有效地推动国有企业不断做强做优做大。但过去一个时期以来，一些国有企业党组织和领导干部特别是主要领导干部，没有深刻理解和把握加强企业党建工作和促进生产经营工作的内在规律，找不准党建工作与生产经营工作深度融合的着力点、发力点，致使党建工作与生产经营工作割裂开来甚至对立起来，成为“两张皮”，最终导致企业党组织软弱无力。习近平同志在全国国有企业党的建设工作会议上明确指出，“要推动党建工作与生产经营深度融合，把党建工作成效转化为企业发展优势”。国有企业改革发展的实践充分证明，坚持把加强党的领导、党的建设与企业改革发展和生产经营工作深度融合，创造性地解决企业发展中出现的新情况新问题，不断提高国有企业党建工作质量水平，是焕发党建工作生机与活力，推动党组织的独特优势转化为推动企业发展强大动力的重要举措。

新形势新任务对国有企业党建工作提出了新的更高的标准和要求。国有企业党组织必须坚持党建工作服务生产经营不偏离，把提高企业效益、增强企业竞争实力、实现国有资产保值增值作为国有企业党组织工作的出发点和落脚点，把强化内部管理、完成经营目标、提高质量效益、锻炼干部队伍作为党建工作活动的实践载体和具体抓手，围绕形成正确的发展战略、科学的管理体系、有竞争力的技术和产品、凝聚吸引人的企业文化，坚定不移地做好思想政治引领、目标任务引领、经营管理引领、激励约束引领等“四个引领”工作，始终铭记实现国有资产保值增值、做强做优做大国有资本这一责任，服务改革发展和生产经营这一中心，突出凝心聚力、共谋发展这一主线，紧扣不断满足职工群众美好生活需要这一目标，推动党建工作与生产经营工作深度融合、共融发展，切实把党组织的独特政治优势转化为推动企业发展的强大动力，以企业改革发展和生产经营成果检验党组织的工作成效和战斗力。

一、扎实做好思想政治引领工作，用理想使命吸引人

思想政治工作是中国共产党的优良传统，是中国共产党取得伟大胜利的“传家宝”。在中国革命、建设和改革开放的不同历史时期，党的思想政治工作始终与时代同步伐、与人民共命运，为推动党和国家事业发展提供了坚强的思想政治保证，在建设中国特色社会主义伟大事业进程中发挥了不可替代的重要作用。思想政治工作是中国共产党凝聚人心、调动各方面积极因素的重要手段之一，是做好经济社会发展、改革发展稳定等各项工作的“生命线”。只有与时俱进地做好思想政治工作，才能保证党的理论和路线方针政策贯彻落实到各项工作和人民群众中去，才能及时排除和战胜各种错误思想的干扰，才能巩固和发展全党全国各族人民共同奋斗的思想政治基础，从而为做好经济社会发展工作和其他各方面工作提供强大的动力和保证。面对纷繁复杂的国际国内形势，面对新一轮国企改革带来的新机遇和新挑战，国有企业党组织要充分发挥思想政治工作在推动改革发展中的引领作用，坚持上连“天线”、下接“地气”，因地制宜、因势利导，切实使党员干部职工正确认识当前面临的新形势新目标新任务，自觉认清自己身上肩负的重要责任和神圣使命，做到不忘初心、牢记使命、永远奋斗；切实把党员干部职工的思想认识统一到企业改革发展大局上来，真正与企业改革发展工作同频共振、同心而行、同向发力，从而实现抓好党建谋划发展、抓实党建促进发展、抓细党建加快发展，推动企业改革发展各项工作迈上新台阶。

国有企业党组织要切实把党员干部职工的思想统一到党的理论和路线方针政策上来。深入学习贯彻习近平新时代中国特色社会主义思想和党的十九大精神，以及习近平同志关于国有企业党建工作和深化国企改革发展

工作的重要论述，推动习近平新时代中国特色社会主义思想入脑入心，融入血脉、融入灵魂、融入工作，始终保持统一的思想、坚定的意志、强大的战斗力，不断增强做强做优做大国有企业的信心和动力。加强对党员干部职工的思想政治引领，组织大家认真学习贯彻党的理论和路线方针政策，引导广大党员干部不断增强对党的基本理论、基本路线、基本方略的政治认同、思想认同和情感认同，自觉担负起团结带领职工群众坚定不移听党话、跟党走的政治责任。党的领导、党的建设是深化国有企业改革发展的政治保障，决定着国有企业改革发展的正确方向。尤其是在当前，改革越向纵深推进，情况越是复杂，越要加强党对国有企业的领导，实现党的领导、党的建设与改革发展工作同频共振。切实教育引导广大党员干部职工牢记党的宗旨、树立以人民为中心的发展思想，挺起共产党人的精神脊梁，自觉做共产主义远大理想和中国特色社会主义共同理想的坚定信仰者和忠实实践者，保证党的理论和路线方针政策，以及党和国家的重大决策部署在企业坚决贯彻执行、落地生根，不断筑牢发展根基、厚实发展优势。

国有企业党组织要切实把党员干部职工的思想统一到服务党和国家发展战略大局上来。党的十九大指明了中国特色社会主义进入新时代这一历史方位，擘画了从现在到本世纪中叶中国社会主义现代化建设的宏伟蓝图。新时代赋予新使命，新征程呼唤新作为，新目标激发新担当。国有企业党员干部是新时代党在经济领域的执政骨干和中坚力量。国有企业党组织要教育引导党员干部职工深刻认识新时代的深刻内涵和重大意义，准确把握新起点、新使命、新征程，自觉找准人生定位、工作目标、工作重点和努力方向，积极投身于建设新时代中国特色社会主义伟大事业的生动实践，紧紧聚焦企业所处的行业和领域，紧紧围绕岗位本职工作，努力在贯彻新发展理念、深化供给侧结构性改革、加快建设创新型国家、实施乡村振兴战略、实施区域协调发展战略、加快完善社会主义市场经济体制、推动形成全面开放新格局、建设现代化经济体系，特别是在打好防范化解重大风险、精准脱贫、污染防治三大攻坚战中找准目标任务、工作重点和努力方向，主动作为、奋发有为；特别是要教育引导党员干部职工树立正确的政绩观，坚持以人民为中心的发展思想，坚持创新、协调、绿色、开放、共享的发展理念，坚持创新驱动、转型升级、提质增效，正确处理当前利益与长远发展的关系，勇担当善作为，勤奋敬业、真抓实干，以本职岗位新业绩新作为，坚决贯彻落实党中央和上级党委的决策部署，在全面建设社会主义现代化国家新征程中建功立业。

国有企业党组织要切实把党员干部职工的思想统一到实现中华民族伟大复兴的中国梦上来。中国梦的本质内涵是实现中华民族伟大复兴，实现国家富强、民族复兴、人民幸福。中国梦是国家的梦，民族的梦，人民的梦，更是国有企业广大党员干部职工的梦。国有企业是中国特色社会主义的重要物质基础和政治基础，国有企业做强做优做大了，实现中国梦就有了坚实的物质基础和政治基础。国有企业广大党员干部职工要切实增强责任感、使命感、荣誉感，按照中央和上级党委的决策部署，深入推进企业改革，破除体制机制弊端，一以贯之地坚持党对国有企业的领导这一重大政治原则，一以贯之地坚持建立现代企业制度这一国有企业改革的方向，推动企业不断做强做优做大，为推动中国经济实现中高速增长和迈向中高端水平，为国家实现高质量发展和建设现代化经济体系，为坚持和完善中国基本经济制度、坚定不移走中国特色社会主义道路、实现中华民族伟大复兴中国梦，做出国有企业新的更大的贡献。

二、扎实做好目标任务引领工作，用事业平台凝聚人

目标引领未来，目标昭示未来，目标就是凝聚力量开创美好未来的动员令。人无目标轻飘飘，就会缺乏追求，失去未来；企业没有目标，就会失去发展的方向和前行的动力，难以行稳致远。正确的发展战略和科学的发展目标，对引领企业未来发展至关重要，对凝聚党员干部职工的智慧力量至关重要。国有企业党组织要根据企业所处的行业和领域，根据服务国家和地方经济社会发展战略大局要求，根据企业的功能定位，研究制定符合企业实际的正确发展战略和科学发展目标，规划企业未来发展的宏伟蓝图，确保企业改革发展的正确方向，确保企业未来发展前景明，能够凝

聚人、引领人；同时，根据企业长远发展战略规划制定阶段性发展目标任务、工作重点、思路举措和时间进度，使广大党员干部职工对企业未来发展工作做到底数清、情况明、信心足、动力强，紧密团结在企业党组织的旗帜下，切实把思想认识统一到企业的决策部署上来，把积极性、主动性和创造性引导到做好生产经营中心工作上来，把智慧和力量凝聚到爱岗敬业、攻坚克难、开拓创新、争创一流上来，强化主体责任，主动作为、高效履职，始终以创业姿态、创业精神推动事业发展。

国有企业党组织要切实把党员干部职工的思想凝聚到企业的功能定位上来。国有企业主要集中在关系国家安全、国民经济命脉、国计民生的重要行业和关键领域，国有企业的功能定位必须服从和服务于国家发展战略目标，这是党和人民事业的发展需要，这是国家发展战略大局的需要。国有企业的功能定位决定了企业的发展战略，决定了产业发展方向。《中共中央国务院关于深化国有企业改革的指导意见》指出，根据国有资本的战略定位和发展目标，结合不同国有企业在经济社会发展中的作用、现状和发展需要，国有企业主要划分为商业类和公益类两大类。其中，商业类国有企业主要是按照市场化要求实行商业化运作，以增强国有经济活力、放大国有资本功能、实现国有资产保值增值为主要目标，依法独立自主开展生产经营活动，实现优胜劣汰、有序进退。特别是国有资本投资公司和国有资本运营公司这两类商业类国有企业，是在国家授权范围内履行国有资本出资人职责的国有独资公司，是国有资本市场化运作的专业平台，目的是要促进国有资本合理流动，优化国有资本投向，提高国有资本配置和运营效率。其中，国有资本投资公司主要以服务国家战略、优化国有资本布局、提升产业竞争力为目标，以对战略性核心业务控股为主线，通过开展投资融资、产业培育和资本运作等，着力提升国有资本的控制力和影响力；国有资本运营公司则主要以提升国有资本运营效率、提高国有资本回报为目标，以财务性持股为主线，通过股权运作、基金投资、培育孵化、价值管理、有序进退等方式，实现国有资本合理流动和保值增值。因此，国有资本投资公司和运营公司这两类商业类国有企业，处于市场竞争的前沿，是真正自主经营的企业，更需要激发和释放企业的活力。公益类国有企业，主要是以保障民生、服务社会、提供公共产品和服务为主要目标，引入市场机制，提高公共服务效率和能力。由此可以看出，商业类和公益类国有企业对党员干部职工的能力素质和职业操守提出了不同要求。商业类国有企业是充分竞争型企业，收入会高会低，因此需要具有良好的责任担当精神、改革创新精神、开拓进取精神和市场竞争精神等；公益类国有企业是服务型企业，收入相对稳定，因此需要有良好的爱国爱企精神、爱岗敬业精神、开拓创新精神和无私奉献精神等。国有企业党组织应根据企业的功能定位，有针对性地做好党员干部职工的思想、学习、工作引领工作，使其人生规划和努力方向与企业的改革发展目标方向相向而行、同心而进、相得益彰。

国有企业党组织要切实把党员干部职工的思想凝聚到企业的产业发展战略目标任务上来。无论是商业类还是公益类国有企业，其产业发展战略方向和目标任务，都是要做强做优做大国有企业、培育具有全球竞争力的世界一流企业，这是党和人民事业发展的需要。国有企业党组织应依据企业的功能定位，依据服务国家和地方经济社会发展战略大局的需要，科学合理地制定企业的产业发展战略目标，着力谋划好主业，紧紧聚焦主业，以咬定青山不放松的韧劲切实做强做优做大主业，以产业发展的战略目标吸引人，以聚焦主业的定力凝聚人，以做强做优做大主业的信心引领人，把广大党员干部职工的智慧和力量凝聚到实现企业的产业发展战略目标任务上来，努力推动企业生产经营管理工作同市场经济的深度融合，促进国有企业经济效益和社会效益的有机统一。

国有企业党组织要切实把党员干部职工的力量凝聚到完成重大任务上来。做强做优做大国有企业、培育具有全球竞争力的世界一流企业，绝非一日之功，也不可能一蹴而就，需要企业党组织的精心谋划，需要党员干部职工的艰苦努力。国有企业党组织应根据企业发展的战略目标，科学合理地制定阶段性发展目标任务，明确任务书、路线图、时间表，提出推动各项工作贯彻落实的工作方案，使党员干部职工行有方向、干有重点、赶有目标。广大党员干部职工应自觉把企业的发展战略和目标任务当成自己的干事创业的努力方向和重要工作，善于在发展大局中找准位置、在质量效率上下足功夫、在工作成果上体现实效、在实干苦干中推动工作，积极围绕企业确定的目标任务和工作重点，敢闯敢试、敢为人先，勇于变革、开拓进取，一个项目一个项目攻坚，一项任务一项任务完成，一个目标一个目标实现，以所在岗位的担当作为持续推进企业产品创新、技术创新、商业模式创新、管理创新、制度创新和文化创新，推动企业高质量发展，不断提高企业的核心竞争力，努力在攻坚克难中增长才干，在完成任务中积累信心，在实现目标中完善自我，最终达到实现自身人生价值与推动企业发展壮大的有机统一、知行合一。

三、扎实做好经营管理引领工作，用企业文化塑造人

生产经营管理是企业的中心工作，是实现企业产业发展战略目标任务，发展壮大企业的产业主业，夯实巩固企业的功能定位，涵养和培育企业文化的基础性和战略性工作。企业生产经营管理特别是专业化、特色化、精细化管理是一门科学，只有建立健全科学有效的生产经营管理制度机制，专业化、特色化、精细化管理才能精准到位，产品质量效益和品牌信誉才能有序可控，企业持续健康发展才有保证。专业化、特色化和品牌优势是企业的生存法则，只有做精做专产品，走专业化、特色品牌发展之路，厚实企业综合实力和竞争优势，才能不断巩固原有市场，开拓抢占新兴市场。培育有市场竞争力的高质量产品，是做好企业生产经营管理工作的本职要求。国有企业党组织应通过健全完善生产经营管理制度机制，推动专业化、特色化、实施精细化管理，保证企业生产经营科学有序进行；通过谋划专业发展规划布局，落实专业发展目标，加强专业人才培育和专业技术投入等工作，做精做细做专产品，培育特色品牌，涵养培育精益求精、追求卓越的企业文化。

围绕实施精细化管理，推动企业生产经营管理工作持续健康发展，国有企业党组织应坚持问题导向，梳理完善相关生产经营管理制度机制，把党的领导纳入企业生产经营管理制度体系，把党建工作要求融入到企业生产经营管理的方方面面。坚持将党建工作与生产经营管理指标目标值同步

分解，同步配备资源，找准短板弱项，强化弱项指标管理，解决生产经营实际问题。围绕破解生产经营管理重点难点问题，切实把党支部建立在车间、班组、重大项目、研发平台等上面，发挥好把方向、管大局、保落实作用，将党组织的创造力、凝聚力、战斗力转化为企业发展活力和竞争实力。围绕提高生产经营管理的质量效益，以党员先锋岗、党员突击队、项目党小组、劳动技能竞赛等为载体开展丰富多彩的主题实践活动，调动党员干部职工干事创业、创新进取、争创一流的积极性和主动性，更好地发挥好先锋模范作用。围绕建立顺畅规范的生产经营管理秩序，推进廉政风险防控体系建设，把党风廉政建设融入生产经营管理各个环节，做到生产经营管理工作推进到哪里，监督制约就跟进到哪里，坚决杜绝“跑冒滴漏”、利益输送、侵吞国有资产等行为。加强党组织监管职能，细化防控措施、强化考评问责，积极稳妥规避各类风险，大力提升生产经营管理风险防控水平。

围绕走专业化、特色品牌发展之路，厚实企业竞争优势，着力涵养和培育企业文化。国有企业党组织应牢牢把握调动党员干部职工积极性、主动性、创造性这一核心，把加强党建工作与培育企业文化有机结合起来，着力打造“以卓越文化为引领，以信息化为支撑，以一体化、科学化、精细化为主要内容”的特色生产经营管理模式。其中，卓越文化是特色生产经营管理模式之魂，是企业党员干部职工的精神家园，是加强和改进企业党建工作的平台和载体；信息化是生产经营管理手段，是连接党员干部职工、机器设备和制度机制的桥梁和纽带；一体化是特色生产经营管理模式的基本要求，是企业管理体制机制和制度规章等要求的集合体；科学化是特色生产经营管理模式的本质要求，是企业生产经营管理理念、运行机制、基础工作等方面要求有序实施的具体化；精细化是特色生产经营管理模式的核心要求，是卓越文化在生产经营管理工作中的具体化。通过打造符合企业实际的特色生产经营管理模式，让党员干部职工始终充满危机意识、责任意识、质量意识和创新意识，使精益求精、创新进取、追求卓越、争创一流成为党员干部职工的工作品质和价值追求，努力建设知识型、技能型、创新型劳动者大军，不断提升产品技术含量和质量品质，推动企业软实力与硬实力实现双提升、双飞跃。

四、扎实做好激励约束引领工作，用正确价值引导人

现代企业的竞争，本质上是人才的竞争。人才是一种特殊的经济资源，是生产过程中最能动的生产要素。推动企业做强做优做大，既取决于企业是否有正确的发展战略、科学的管理体系、有竞争力的技术和产品，更取决于企业干部职工的道德修养，取决于企业干部职工的精气神。“得人才者昌，失人才者败”，这一社会发展规律对企业发展的兴衰成败同样适用。建设一支高素质专业化干部队伍，是推动国有企业发展壮大的必然要求，是推动国有企业持续健康发展的原动力。国有企业党组织应该把培养高素质专业化干部队伍作为首要任务，大力加强职业道德建设，扎实做好强化激励、强化约束工作，让讲责任、勇担当、甘奉献的人受重用，让责任意识淡薄、不愿不敢担当、过于计较得失的人没有市场，切实用正确价值观吸引人、激励人、凝聚人、引导人，不断增强党员干部职工爱国爱企、爱岗敬业，服务企业、奉献社会的责任感、荣誉感和自豪感。

忠诚度是职业道德建设的重要内容，也是衡量职工道德修养、品行操守的重要标准。一个忠诚但能力不强的职工对企业发展可能不会起到多少作用，而一个有能力但不忠诚的职工对企业的发展则可能造成很大伤害，譬如在生产经营管理工作中搞“跑冒滴漏”、利益输送、有意错失商机、甚至泄露商业机密等。国有企业肩负着经营管理国有资产、实现保值增值的重要责任，加强党员干部职工的职业道德建设，培育一支忠诚、干净、担当的高素质专业化干部队伍，是党组织责无旁贷、义不容辞的责任。国有企业党组织应通过世情国情党情和企情教育、企业社会责任宣讲、关爱帮扶行动等行之有效的思想政治工作，培养打造信念坚定、爱国爱企、爱岗敬业、担当奉献的职工队伍；通过持续开展各类劳动竞赛和评先树模活动，弘扬劳模精神、劳动精神和工匠精神，发挥党员示范岗、党员先锋岗、党员责任区、党员传帮带等的示范引领任用，引导职工群众做知识型、学习型、技能型、创新型职工，形成比、学、赶、帮、超的浓厚

氛围，激励广大党员干部职工立足岗位建功、争创一流业绩；通过纪律约束、行为规范和严管厚爱，引导党员干部职工严格遵守党章党规党纪，自觉践行“三严三实”，认真贯彻落实中央八项规定精神，做到谨慎用权、公私分明，诚实守信、依法经营，严守底线、廉洁，培养打造纪律严明、品行高尚、作风过硬的职工队伍，为企业发展壮大提供坚实的人才支撑和智力保证。

发挥党建经营同频共振的考核评价激励作用。市场化是国有企业的另一大优势。发挥好市场化优势的关键在于做好精准考核、精准激励工作。必须用好考核评价指挥棒，建立健全党建经营同频共振的考核评价机制，科学设置综合考评指标，把生产经营指标、内部管理指标等纳入考核评价体系，合理增加分值权重，切实以企业的生产经营管理水平、质量效益和盈利能力等检验党建工作成效。加强考评结果运用，扎实做好强化激励强化约束工作。把业绩考核同干部职工的选拔任用、薪酬激励、评先选优、管理监督、培养锻炼和退出等紧密挂钩，把正向激励与问责惩戒结合起来，严格兑现奖惩，做到赏罚分明，引导优秀党员干部职工不断创造卓越业绩，激励后进党员干部职工奋力追赶先进目标，严肃问责不担当、不作为、慢作为的党员干部职工，坚决查处侵吞国有资产、搞利益输送等违法违纪行为。通过建立职务能上能下、职工能进能出、薪酬能高能低的科学有效的激励约束机制，把严明党的政治纪律、政治规矩与强化从严治企结合起来，营造风清气正的干事创业环境，为企业持续健康发展保驾护航。

推动党建工作与生产经营工作深度融合，是一项长期的系统工程。国有企业党组织需要有咬定青山不放松的精神，努力建立与企业战略目标相一致、与企业发展模式相匹配、与经营管理机制相协调、与职工群众成长进步相适应的党建工作体系，更好地服务企业改革发展、服务职工群众，充分发挥党建工作的保驾护航作用，不断推动企业持续健康发展。

第三章

围绕强化政治导向锻造党的坚强组织体系

党政军民学，东西南北中，党是领导一切的。加强新时代党的政治建设，关键在于坚持党的领导、加强党的建设。离开了党的领导，党的政治建设就成了无源之水、无本之木。必须从织密建强党的组织体系抓起，以提升组织力为重点，突出政治功能，着力加强国有企业党组织和党员干部队伍建设，充分发挥党的领导作用、基层党组织的战斗堡垒作用、共产党员的先锋模范作用和广大党务工作者的示范引领、率先垂范作用，推动形成强大的组织力，为强化政治导向、铸牢国有企业的“根”和“魂”提供坚强的组织保证。

第一节　发挥党的领导作用

党的十九大通过的《中国共产党章程》明确规定：“国有企业党委（党组）发挥领导核心作用，把方向、管大局、保落实，依照规定讨论和决定企业重大事项。”这为新时代国有企业党组织确立领导地位，发挥领导作用指明了方向、提供了根本遵循。国有企业党组织如何发挥党的领导作用？习近平同志指出，国有企业党组织发挥领导核心和政治核心作用，归结到一点，就是把方向、管大局、保落实。把方向，就是要在思想上政治上行动上同党中央保持高度一致，坚决贯彻党的理论和路线方针政策，确保国有企业坚持改革发展正确方向。管大局，就是要坚持在大局下行动，议大事、抓重点，加强集体领导、推进科学决策，推动企业全面履行经济责任、政治责任、社会责任。保落实，就是要管干部聚人才、建班子带队伍、抓基层打基础，领导群众组织并发挥其作用，凝心聚力完成企业中心工作，把党中央精神和上级部署不折不扣落到实处。国有企业党组织要按照习近平同志的重要指示精神，着力健全完善党组织“把方向”的工作机制，着力提升党组织“管大局”的能力水平，着力传承创新党组织“保落实”的方法载体，在加强国有企业的政治领导、思想领导、组织领导各项工作中更好地发挥把方向、管大局、保落实作用，努力当好促进企业改革发展工作的“思想稳定器”、完善公司治理结构的“动力助推器”、推动企业做强做优做大的“坚强护航者”，不断增强党组织的政治领导力、思想引领力、群众组织力、社会号召力。

一、健全完善党组织领导体制和工作制度机制

中国的国有企业是中国共产党领导的企业，是全体中国人民出资的企业，必须毫不动摇地加强党的领导，切实维护国家和人民的利益。国有企业党组织必须旗帜鲜明地将党组织的职责权限、机构设置、运行机制、基础保障写入公司章程，明确党组织要把方向、管大局、保落实，强化党的领导作用。认真按照中共中央、国务院《关于深化国有企业改革的指导意见》部署要求，健全完善“双向进入、交叉任职”领导体制，全面推行党组织书记、董事长由一人担任，明确党员领导班子成员的党内分工，压实党建工作主体责任。强化企业党组织发挥领导作用机制，明确在决策、执行、监督各环节的权责和领导方式。健全完善党组织会、董事会、经营班子议事规则等制度机制，明确党组织参与重大决策的基本原则、基本程序和具体内容，明确党组织研究讨论是董事会、经理层决策重大问题的前置程序，重大经营管理事项必须经党组织研究讨论后，再由董事会或经理层作出决定。坚持和落实党的建设和国有企业改革同步谋划、党的组织及工

作机构同步设置、党组织负责人及党务工作人员同步配备、党建工作同步开展，实现体制对接、机制对接、制度对接、工作对接，确保党的领导、党的建设在深化国有企业改革中始终得到体现和加强。

国有企业党组织要按照党的十九大通过的《中国共产党章程》要求，在公司治理结构中发挥好把方向、管大局、保落实作用，企业董事会、经理层、监事会要自觉维护企业党组织领导；同时，企业党组织要尊重董事会、经理层、监事会的工作，支持和监督董事会、经理层、监事会依法履行责任。重点是要按照两个“一以贯之”要求，把握好党的领导和公司治理的关系，着力在融入上下功夫，在结合上花力气。切实落实国有企业党组织在重大决策中的决定权、把关权、监督权，把党的领导组织化、制度化、具体化，确保党的意图贯穿企业改革发展和生产经营全过程。决定权，即涉及落实党中央大政方针、企业重要人事任免等重大决策，党委（党组）研究决定，董事会、经理层按程序办理；把关权，即对企业经营管理重大事项，党委（党组）研究讨论后，按照法定程序提交董事会审议决定，党组织重点把好政治关、政策关、程序关；监督权，即企业重大决策等违反党和国家法律法规政策，侵犯公众和职工利益时，党委（党组）要提出明确意见，得不到纠正的，要向上级报告①。

国有企业党组织要发挥好领导作用，必须在把方向、管大局、保落实的前提下，围绕企业生产经营开展工作，重点按照国有企业党组织的基本职责要求，一是扎实发挥好保证监督作用，着力保证监督党的路线方针政策在企业不折不扣地贯彻执行，保证监督党和国家的决策部署在企业不折不扣地坚决落实；二是扎实发挥好支持作用，既要支持股东会、董事会、经理层和监事会依法行使职权，又要全心全意依靠职工群众、支持职工代表大会开展工作；三是扎实发挥好参与作用，积极参与企业重大决策部署特别是“三重一大”事项的决策执行监督落实；四是扎实发挥好领导作用，加强企业党组织自身建设，领导思想政治工作、精神文明建设和工会、共青团等群团组织工作，推动党建工作与生产经营工作的深度融合。

---

① 郝鹏：《新时代国有企业党的建设的根本指南》，《光明日报》2018 年 9 月 28 日。

二、深化落实党建工作责任制

实行党建工作责任制，是落实党要管党、全面从严治党责任，推动党的领导、党的建设各项工作任务落实的重要保证。国有企业党组织书记要强化“抓好党建是天职、不抓党建是失职、抓不好党建是不称职”的意识，突出“抓改革、强党建、促发展”的导向，沉下心来抓主业，压实责任强主业。各级党组织要把党建工作列入企业重要议事日程，切实做到与改革发展、生产经营、项目管理等工作同部署、同落实、同检查、同考核。坚持每年初制订下发企业党建工作要点，明确年度重点工作任务，建立工作台账，明确时间节点和工作进度，明确工作责任人，压实工作责任，做到各司其职，各尽其责。坚持每季度召开党建工作会议，重大工作部署召开专题工作会议，研究分析党建工作进展情况、存在问题和下一步努力方向，做到底数清、情况明、措施实，努力解决存在问题、理清思路举措、推动工作落实。坚持每年底对基层党组织开展党的建设暨党风廉政建设工作情况进行督导检查、考核评比，摸清情况，奖勤罚懒，激励先进、鞭策后进。建立健全党组织成员抓基层党组织工作联系点制度，健全完善党组织理论学习中心组学习与自学相结合制度和党组织成员讲党课制度等，切实把党建工作任务紧紧抓在手上、扛在肩上。党组织书记要切实履行第一责任人职责，专职副书记要切实履行直接责任人职责，其他党组织成员要切实履行“一岗双责”，同时扎实推进年度“书记项目”的落实，努力做到具体而不是抽象地、认真而不是敷衍地把每个领域、每个环节的党建工作抓紧抓实抓好抓出成效，着力形成一级抓一级、一级带一级、层层抓落实的党建工作新格局。

三、高质量做好企业党组织党代会换届工作

中国共产党全国代表大会是党的发展进程中的标志性事件，是党的历史的重要节点，承载着举旗定向、谋篇布局、凝聚力量的重大使命，在推进马克思主义中国化、总结历史经验、制定党的行动纲领和大政方针、选

举中央领导机构和加强党的自身建设等方面，具有里程碑的意义[①]。国有企业党代会虽然没有中国共产党全国代表大会那样具有全国代表性，但同样是国有企业广大党员政治生活中的一件大事、一大盛事。开好国有企业党代会，对规划企业未来发展方向、明确目标任务、确定工作重点、厘清思路举措、凝聚信心力量，对于进一步扩大落实党内民主，提升党代表履职意识，加强制度和队伍建设等都具有重要的现实意义。开好国有企业党代会，目的是要选出一个好班子、形成一个好报告、彰显一种正能量，为企业未来一个时期发展举旗定向、谋篇布局、凝聚力量。但现在有不少国有企业党组织单纯地把企业党代会当成是党组织换届选举工作，党代会报告就党建论党建，甚至变成为企业党务工作报告，对企业未来改革发展工作避重就轻，甚至闭口不谈，从不涉及。国有企业党组织要发挥好把方向、管大局、保落实作用，但如果党代会报告不对企业未来的改革发展工作做出规划、明确目标、确定重点、提出要求，就无法做到先党内、后提交，就无法使党组织意志成为股东会、董事会、经理层、监事会的决策遵循，就无法把准方向、管好大局、保障落实，党的领导、党的建设就无法成为企业的“根”和“魂”。

国有企业党组织要深刻认识开好党代会的重大意义，增强责任感和使命感，科学规范组织召开企业党代会的内容和程序、标准和要求，按照选出一个好班子、形成一个好报告、彰显一种正能量要求认真组织开好企业党代会，不断提高党代会质量水平，确保企业未来的改革发展和党的建设规划得到全体党员的充分认同和高度支持，确保党组织意志成为股东会、董事会、经理层、监事会的决策遵循。重点做好形成一个高质量的好报告工作。党代会报告是指导企业未来几年甚至更长时间改革发展工作的纲领性文件。做好企业党代会报告起草工作，必须提高政治站位、站稳政治立场，将深入学习贯彻马克思主义中国化最新成果贯穿报告起草始终，确保报告全面深入贯彻落实党的最新理论创新成果以及党中央的最新会议和文

① 李颖：《它往往成为革命和建设的历史转折点——从 109 个历史细节解读党代会的重要作用》，《北京日报》2017 年 9 月 11 日。

件精神，确保在思想上政治上行动上同党中央保持高度一致，确保维护党中央权威和集中统一领导。突出企业特色，把中央和上级党委的要求与企业实际结合起来，围绕国家和地方发展战略目标的新任务新要求，围绕企业的功能定位，全面谋划未来一个时期企业改革发展工作，进一步谋实主业、聚焦主业、做强主业，更好地服务国家和地方经济社会发展战略大局。坚持以人民为中心的发展思想，顺应职工群众对美好生活的向往，深入开展大学习、深调研、真落实活动，广开言路，充分听取党员干部职工的意见建议，使报告充分体现发展惠民这一出发点和落脚点。集中各界智慧，广泛征求企业党员干部职工、企业各部门、业务往来密切的兄弟企业和所在地党委、政府相关部门等的意见建议，共同为拟好党代会报告献计谋策。形成了一个高质量的党代会报告，选出了一个坚强有力的领导班子，就做好了举旗定向、谋篇布局、凝心聚力工作，就能有效彰显企业的社会正能量，激发广大党员干部职工在新时代干出新气象、实现新作为、作出新贡献。

四、加强对党建工作责任考核

有部署、有落实、有检查、有考核，是抓好工作落实的重要工作方法。特别是考核评价是根“指挥棒”，对提高工作质量水平具有重要的导向作用。考核评价的激励约束导向，直接影响着干部努力的方向。只有把各级党组织和领导班子成员抓党建工作的成效考真、考实、考准，才能做好强化激励、强化约束工作，才能有效奖勤罚懒，起到应有的激励约束效果。

必须用好考核评价这根指挥棒，依据年度重点工作任务、党建工作发展规划落实、日常党建工作质量水平、党员干部职工对党建工作的满意度等党建工作责任制考核的内容，研究制定并不断完善企业党的建设暨党风廉政建设考核办法和考核评价指标体系，明确考核对象、考核内容、分值比重、实施方式、组织领导和结果运用等内容，细化量化考核指标，增强考核评价的针对性和可操作性，提高考核评价工作的实效。科学合理设置党建工作成绩在企业党组织及领导班子成员年度综合考评中所占的比重，切实绷紧党建工作这根弦。强化考核评价结果综合运用，把党建工作考核同企业领导班子综合考评、经营业绩衔接起来，同企业领导人员任免、薪酬、奖惩挂起钩来，让重党建善经营的领导干部受到激励，让重业务轻党建的领导干部失去市场，让不重党建不善经营的领导干部受到惩处。围绕推动党建工作与生产经营工作的深度融合，明确规定除因客观经济形势等重大影响之外，企业年度生产经营业绩考核不及格的，党建工作即使做得再好，年度党建工作考核也不能评为良好及以上等级。明确实施“一票否决”制度，即年度党建工作考核仅为合格的，即使生产经营业绩再好，领导班子及其成员的综合考评都不能评为优秀以上；如果年度党建工作考核不及格的，即使生产经营业绩再好，领导班子及其成员的综合考评都不及格，都要受到惩处，凸显党建主业责任和国有企业政治属性的本质要求。

第二节 发挥基层党组织战斗堡垒作用

党的基层组织是党执政大厦的地基，是党全部工作和战斗力的基础，是落实党的路线方针政策和各项工作任务的战斗堡垒。基础不牢，地动山摇。基层党组织建设，事关党执政的基石。必须聚焦深入学习贯彻习近平新时代中国特色社会主义思想特别是习近平同志关于党的建设和组织工作重要思想，聚焦深入学习贯彻新时代党的组织路线，把加强基层党组织建设、提升基层党组织的政治功能和组织力，作为新时代加强国有企业党的政治建设重中之重的工作来抓紧抓实抓好。国有企业党组织要适应新形势新任务发展需要，切实增强改革创新意识，不断创新工作理念、工作机制、工作方法和活动方式，增强基层党组织的生机和活力，充分发挥基层党组织推动发展、服务群众、凝聚人心、促进和谐的作用，充分发挥党支部教育党员、管理党员、监督党员和组织群众、宣传群众、凝聚群众、服务群众的作用，努力把基层党组织建设成为宣传党的主张、贯彻党的决定、领导基层治理、团结动员群众、推动改革发展的坚强战斗堡垒。

一、实施基层党组织工作全覆盖

围绕提升组织力，突出政治功能，以加强组织体系建设为重点，以坚持党的领导、创新组织体系、凝聚党员群众、促进发展稳定为工作标准，以加强基本组织、基本制度、基本队伍、基本活动和基本保障建设为主要内容，全面加强国有企业基层党组织建设，不断增强各级基层党组织的政治领导力、组织覆盖力、群众凝聚力、发展推动力和自我革新力。结合企业改革重组，根据企业改革发展、机构调整、人员变化等实际，根据企业产权关系、组织结构、经营模式、用工方式等变化，动态调整基层党组织的设置、工作机构和人员配置，实施党的组织和工作全覆盖，构建严密党建网络，确保国有资产投在哪里，党组织就延伸到哪里，党的理论和路线方针政策就贯彻落实到哪里，不断增强基层党组织的政治领导力、思想引领力、群众组织力、社会号召力。坚持党对基层工作的全面领导，扎实推动所属企业公司章程修订工作，将党的领导融入公司基层治理各环节，确保党组织与公司治理结构共同依法履行职权。全面规范基层党组织建设，严格贯彻落实“四个同步、四个对接”要求，做到党的建设和国有企业改革同步谋划、党的组织及工作机构同步设置、党组织负责人及党务工作人员同步配备、党的工作同步开展，实现体制对接、机制对接、制度对接和工作对接。结合企业生产经营管理工作实际和党员分布实际，创新党支部设置形式，因地制宜科学合理地成立党支部、联合党支部、流动党支部，推动党的组织和党的工作全覆盖。狠抓基本组织、基本队伍、基本活动、基本制度、基本保障建设，推动资源、服务、管理重心向基层下移、力量向基层下沉，确保基层党组织有人干事、有权管事、有钱办事、有场所议事，更好地为职工群众提供精准有效的服务管理。

二、推动基层党组织全面进步、全面过硬

围绕发挥基层党组织的领导核心作用，牢固树立大抓基层的鲜明导向，推动基层党组织全面进步、全面过硬。以提升政治功能和组织力为重点，构建党组织对基层党组织全面领导的体制机制，健全抓基层党建工作机制，着力解决基层党组织领导体制不健全、党组织带头人队伍建设滞后等突出问题。大力实施标准化制度化建设工程，开展达标创优活动，高标准高质量地推进组织设置、班子建设、党员教育管理、组织生活、运作机制、工作保障等各项工作。

突出政治功能，着力强化基层党组织在基层治理中的地位，加强基层党组织的工作覆盖，解决好基层党组织领导作用发挥不明显，党建工作和生产经营工作深度融合不够的问题。大力排查整顿软弱涣散基层党组织，每年按照不低于10%的比例确定重点整顿对象，推进基层党组织达标创优，着力提升凝聚力战斗力，解决好基层党组织战斗堡垒作用和党员先锋模范作用发挥不够的问题。大力实施“领头雁”工程，突出抓好书记队伍建设，组织开展基层党组织书记任职培训和年度轮训，提高履职尽责能力；坚持把生产经营一线、吃劲岗位和市场开拓前沿、技术创新前沿中最优秀的党员干部选拔到书记岗位，把基层党组织带头人选好用好，把领导班子建强。着力健全规范企业党支部工作，督促企业党支部认真贯彻落实《中国共产党支部工作条例（试行）》精神，坚持把党的政治建设摆在首位，旗帜鲜明讲政治，始终保持先进性和纯洁性，坚决维护党中央权威和集中统一领导；坚持践行党的宗旨和群众路线，组织引领党员、群众听党话、跟党走，成为党员、群众的主心骨；坚持民主集中制，发扬党内民主，尊重党员主体地位，严肃党的纪律，提高解决自身问题的能力，增强生机活力；坚持围绕中心、服务大局，充分发挥积极性主动性创造性，确保党的路线方针政策和决策部署贯彻落实。企业党支部要认真贯彻落实上级党组织的决策部署，保证监督党和国家方针政策在企业的贯彻执行，积极围绕生产经营这一中心任务开展工作，按照党章规定参与企业重大问题的决策，努力服务改革发展、凝聚职工群众、建设企业文化，创造一流业

绩。深入开展党员发展工作排查整改，着力规范党员发展流程，提高党员发展质量。结合国有企业深化改革和企业整合重组实际，在党员、职工数量多、营收规模大的二级企业（处级）设立专职党委副书记，设立专门的党建、人事工作部门，更有力有效推进基层党建工作落实。定期对基层党组织加强党的政治建设情况开展专题督导研判，推动全面从严治党向纵深发展、向基层延伸，把基层党组织建设得更加坚强有力。

三、扎实开展共建优秀党组织活动

积极研究探索加强基层党建工作的新思路新举措。围绕发挥基层党组织的战斗堡垒作用，根据企业改革发展、生产经营和产业发展需要，着眼提高企业党建工作质量水平，积极探索与企业有协同关系的体制内单位开展“共建优秀党组织”活动。要求共建双方应本着“资源共享、优势互补、互惠合作、共同提高”的原则，发挥各自优势，坚持以“创先争优齐努力、结对共建同提高”为主题，以携手“共建优秀党组织”为载体，以“党建基础、人才培养、业务交流、经验分享”为抓手，相互学习、取长补短、共同提高，积极探索加强党建工作的新思路、新途径、新方法，为企业党建工作注入新的活力，不断激发广大党员干部职工参与共建活动的积极性和主动性，全面加强基层党组织的政治建设、思想建设、组织建设、作风建设和纪律建设。共建双方应结合实际制订年度工作计划，建立经常性联系机制，搞好信息交流，建立互访机制，定期或不定期开展交流活动，原则上每季度至少开展一次交流研讨活动。建立共建活动工作台账，明确目标任务、工作重点、时间进度和工作责任人，确保共建活动抓细抓实抓好。坚持互相学习、相互促进、共同进步、共赢发展，坚持用质量和结果说话，坚持用党建工作、人才培养、创新发展、生产经营等新成果检验“共建优秀党组织”工作的成效，实现生产经营的有效对接、资源的优势互补和党建工作质量水平的同步提高，努力把“共建优秀党组织”载体打造成为凝聚创新发展合力的重要平台、互利合作共赢发展的重要平台、吸引优秀人才集聚的重要平台、展示党建创新成果的重要平台。

四、加强对企业领导班子建设情况“防伪溯源”综合研判

国有企业党组织要围绕建强基层党组织领导班子，积极探索建立企业领导班子建设情况“防伪溯源”综合研判制度机制。坚持每年至少进行一次企业领导班子建设情况“防伪溯源”综合研判，明确“政治素质、经营业绩、团结协作、作风形象、党建工作”等内容，重点聚焦政治素质，严把政治关口，仔细甄别党员领导干部的政治觉悟、政治素养和政治表现，培养选拔在党言党、在党忧党、在党爱党、在党护党的领导干部。

一是聚焦政治素质标准，细看党员领导干部的世界观、人生观、价值观和权力观、地位观、利益观是否正确，是否切实树牢“四个意识”、坚定“四个自信”、坚决做到“两个维护”，确保信得过、靠得住、顶得上，确保对党绝对忠诚。二是聚焦经营业绩标准，细看党员领导干部的改革创新、攻坚克难、驾驭风险、化解矛盾、狠抓落实等工作本领，确保做到勇于创新、治企有方、兴企有为。三是聚焦团结协作标准，细看党员领导干部是否做到出于公心、大局为重，各司其职、各尽其责，相互支持、相互体谅，求同存异、相互补台，心往一处想、劲往一处使，确保领导班子的整体合力不断增强。四是聚焦作风形象标准，细看党员领导干部是否自觉遵章守纪、自觉接受监督，时时处处以党员标准、干部身份从严从实要求自己，以谨慎之心对待权力、以淡泊之心对待名利、以警惕之心对待诱惑，确保老老实实做人、干干净净做事、清清白白做官，真正让权力在阳光下运行。五是聚焦党建工作标准，细看党员领导干部履行“两个责任”和“一岗双责”，抓好分管领域党建工作任务落实，贯彻执行民主集中制，积极参与“三重一大”事项决策并坚决贯彻落实，带头参加“三会一课”并按要求上党课等方面工作情况，确保真正将党建工作责任抓在手上、压在肩上、落到实处。

通过领导班子建设情况“防伪溯源”综合研判，对领导干部德能勤绩廉情况进行把脉会诊、望闻问切，找准存在问题的“病灶”，画准领导干部画像。切实将研判结果作为选准用好干部的重要依据，对存在问题较多、群众意见较多的企业领导人员，进行提醒谈话甚至诫勉谈话；对履职

尽责不力的企业领导人员进行降职处理，打通“能上能下”渠道。注重树榜样立标杆，用好党内表彰和荣誉激励制度，对研判结果良好以上的企业党组织和党员领导干部，作为标准高、经验实、成绩好的国有企业“红旗党组织”和“党的好干部”予以培育和选拔，大力宣传优秀企业领导干部的先进事迹和突出贡献，通过一个个典型示范带动、一个个“亮灯”工程，形成国有企业基层党组织建设的“美丽风景线”。

五、推动全面从严治党向基层延伸、向基层聚力

着眼于建强基层党组织，强化问题意识，坚持问题导向，围绕企业基层党组织建设中存在的党组织弱化、支部书记软化、党员意识淡化、制度落实虚化等问题，以及全面从严治党上紧下松、上热下冷，呈现主体责任压力传导层层递减、层层弱化等问题，探索建立督导、整改、考核、问责相结合的制度机制，层层传导压力、层层压实责任，推动全面从严治党向基层延伸、向基层聚力。

建立政治建设专项督导制度。定期对属下企业基层党组织政治建设情况进行专题研判、把脉会诊，全面了解基层党组织运行情况，进一步强化政治功能和服务功能，增强提升基层党组织组织力工作的前瞻性和针对性。坚持每年对属下企业党组织的政治理论学习，贯彻落实中央和上级党委的重大决策部署，贯彻落实公司党委的重大决策部署，落实“四同步、四对接”，落实公司党委年度党建重点工作任务，落实“三重一大”事项特别是选人用人情况的决策贯彻执行，严肃党内政治生活开展“三会一课”情况，强化监督执纪问责，推进党风廉政建设等党建工作情况进行专题督导检查。通过走访调查、个别谈话、查看资料和民主测评等方式，收集基本信息，了解党组织开展思想政治学习、加强理论武装、提高政治素养、站稳政治立场、提高政治站位等方面情况；了解企业发展思路是否清晰、党组织设置是否科学、组织制度建设是否健全完善、各类人才发挥作用等方面情况；了解党组织班子结构、运行状况、服务群众和工作实绩、发展党员、贯彻执行民主集中制等方面情况；了解党组织书记执行上级决策部

署、“领头雁”作用发挥、工作能力和工作方式、在群众中的领导力和感召力，以及工作作风、廉洁自律、是否胜任现职等方面情况；了解党员队伍结构、党员身份意识、发挥先锋模范作用等方面情况，努力摸准基层党组织加强党的政治建设的基本情况。

建立党建工作存在问题整改落实制度。依据政治建设专项督导工作中发现的问题，建立工作台账，明确整改工作目标任务、工作重点、工作责任人和时间进度，形成责任清单、任务清单、问题清单。加大对存在问题整改工作的督促检查力度，坚持“逐月逐季问效、逐项逐事问责”，通过文件函询、随机抽查、帮助整改等方式，看问题解决没有、现状改变没有、工作提升没有，推动目标管理、过程管理和结果管理相结合，努力一件事情一件事情去督导，一项工作一项工作去调度，一个问题一个问题去化解，一个短板一个短板去补齐，确保整改工作顺利推进。

建立党建工作考核评价制度。发挥考核评价指挥棒作用，每年对企业党组织的党建工作情况进行考核评价，特别是针对党的政治建设专项督导工作中发现问题整改落实情况进行综合评议，为做好强化激励强化约束，加强和改进基层党建工作提供现实依据，指明改进和努力方向。

建立落实党建工作主体责任问责制度。强化考核评价成果运用，对工作推进有力、成效明显且无突出问题的，帮助进一步理清工作思路，提出合理化工作建议，并纳入各类评先选优范围，大张旗鼓宣传、旗帜鲜明表彰；对存在一些问题但又达不到问责程度的，采取谈话提醒和教育批评以及整合资源力量等方式进行指导帮扶，帮助解决问题、改进工作。对群众反映强烈、存在严重突出问题的，一律纳入软弱涣散基层党组织范畴进行整顿，并严格按照《中国共产党问责条例》要求，对思想不重视、工作不得力的，严肃通报批评、责令限期整改；对不认真履行职责，责任范围内党建工作存在严重问题、造成严重后果的，该诫勉的要进行诫勉，该组织调整的要及时调整，该纪律处分的要严肃处分；对涉嫌违法违纪问题的，将有关线索移交纪检监察机关进一步调查处理。

第三节　发挥党员先锋模范作用

党员是党的肌体的细胞。党的先进性和纯洁性是全体党员先进性和纯洁性的集中体现，党的坚强领导作用要靠各级基层党组织的战斗堡垒作用和全体党员的先锋模范作用来体现。发挥先锋模范作用是共产党员的职责，一个合格的共产党员不仅要在学习上起先锋模范作用，更重要的是要在各项工作中起先锋模范作用。一名党员就是一面旗帜，每一个党员有力量党组织就有强大的力量。中国共产党要推动中国特色社会主义伟大事业稳健前行，实现中华民族伟大复兴的中国梦，就必须让党的肌体中的每一个细胞活起来、动起来，主体作用充分发挥出来，让每一个党员都有力量，让每一名党员都成为一面旗帜。国有企业党组织必须把发挥党员先锋模范作用，作为提升党组织政治功能和组织力的基础性工作来抓，着力以增强党性提高素质为重点，加强和改进党员队伍教育管理，创新党员发挥作用的渠道途径，健全完善党员立足岗位创先争优的长效机制，推动广大党员更好地发挥先锋模范作用。

一、增强新形势下党员教育的针对性实效性

理论上的清醒才能有政治上的清醒，理论上的自觉才能有行动上的自觉。建设忠诚、干净、担当的高素质专业化干部队伍更需要理论上的清醒，更需要用先进理论武装党员干部职工的头脑。国有企业党组织要适应新形势新任务发展需要，适应党员干部职工学历层次、知识水平越来越高，社会阅历、实践经验越来越丰富，以及维护合法权益、实现自身发展愿望越来越强烈等新情况新变化，创新党员教育培训的理念方式、思路举措和方法手段，不断增强针对性实效性，坚定不移地用党的理论创新成果武装广大党员干部职工头脑。

着力加强理论教育。针对当前一些党员干部职工存在的政治信念动

摇、政治方向模糊、政治立场不稳、纪律规矩松弛等问题，国有企业党组织要切实把坚定理想信念作为加强党的思想政治建设的首要任务，坚持不懈用马克思主义中国化最新成果、党章党规党纪、党内政治文化等先进理论和路线方针政策，教育引导广大党员干部职工牢记党的宗旨，挺起共产党人的精神脊梁，解决好世界观、人生观、价值观这个“总开关”问题，自觉做共产主义远大理想和中国特色社会主义共同理想的坚定信仰者和忠实实践者。按照中央的统一部署，深入开展“不忘初心、牢记使命”主题教育，推进“两学一做”学习教育常态化制度化，用党的创新理论武装头脑，引导激励广大党员干部职工更加自觉地为实现新时代党的历史使命而不懈奋斗。

着力加强革命传统教育。针对当前一些党员干部职工存在的党性修养不足、宗旨意识淡薄和群众观念不强等问题，国有企业党组织要大力加强革命传统、党史国史、改革开放史和企业改革发展史等的学习，教育引导广大党员干部职工继承和弘扬民族英雄、革命先烈和劳动模范、大国工匠的国家兴亡匹夫有责的爱国精神、排除万难争取胜利的奋斗精神、严守纪律自我牺牲的献身精神、艰苦奋斗奋发图强的创业精神和鞠躬尽瘁死而后已的高尚品德，不断提高心中有党、心有国企的思想认识，爱国爱企、爱岗敬业的行动自觉，以及讲责任、勇担当、甘奉献的精神境界。

着力加强基层培养锻炼。针对当前企业年轻党员干部职工普遍存在的经历相对简单、多岗位锻炼不足、基层经验缺乏等问题，国有企业党组织要积极组织实施基层培养锻炼工程，建立源头培养、跟踪培养、全程培养一体化的素质培养体系，引导党员干部职工在生产经营一线、吃劲岗位、市场开拓前沿和边远艰苦环境中经历风雨、墩苗壮骨，提高本领、增长才干，不断茁壮成长。

着力增强教育的针对性实效性。针对当前党员教育普遍存在的教育培训资源不足、内容紧贴实际不够、方法手段单一等问题，国有企业党组织要整合企业党员教育培训资源，丰富基层党建教育工作载体。创新党员教育方式，针对党员教育上存在的共性和个性问题，着力在教育内容上紧贴党员干部职工的愿望和诉求，紧贴企业发展中存在的问题和困难，特别是针对如何降本增效、推动企业持续健康发展等方面设定教育培训内容，做到贴紧实际、务求实效，凸显针对性和实效性；着力在教育形式上充分利用新技术、新手段、各种鲜活的教育工作载体和教育形式开展党员教育培训，做到主题鲜明、形式多样、生动活泼；着力在教育方法上积极利用各种先进方式，推进理论创新、制度创新、方法创新，将传统的教育模式改为提出问题上党课、举办座谈会、我为企业改革发展献良策等形式，切实增强教育的吸引力和感染力，满足党员干部职工的个性化学习需求，做到灵活多变、形式多样、实效性强，形成主题突出、层次清晰、特色鲜明的教育格局。进一步健全完善党员学习教育培训检查督导制度，通过经常检查指导以及考核评价等手段，促进政治理论学习的制度化、规范化、常态化。

二、组织党员亮身份、挑重担、比境界、作表率

探索实施党员分类教育管理，搭建党员发挥作用的平台，拓宽党员发挥作用的路径。根据企业产业发展类型分类制定先进党员的具体标准，把合格党员的标尺立起来，使每个党员有“尺”可量、有“据”可评。

国有企业党组织要结合企业生产经营管理工作实际，积极组织开展“亮身份、挑重担、比境界、作表率”活动，通过建立党员示范岗、党员责任区、党员突击队、项目党小组等平台，让广大党员充分展示自己、锻炼自己、提高自己、完善自己，做到平常时候看得出来、关键时刻站得出来、危急关头豁得出来，用实际行动彰显先进、优秀。建立党员承诺践诺机制，结合自身工作实际和岗位工作特点，针对党员义务、工作目标、岗位职责、重点工作任务和作风建设等进行公开承诺践诺，主动接受职工群众监督。建立党员素质提升机制，通过开展理论学习知识竞赛、劳动技能竞赛、创建劳模和工匠人才创新工作室等活动，结合专题培训、征集合理化意见建议等为载体，增强比、学、赶、帮、超的竞争意识，激发干事创业激情，推动党员在技能和素质上实现双提升。建立选树典型机制，着力

挖掘、选树、宣传不同行业、不同领域、不同层次的先进典型，营造后进学先进、中间赶先进、先进更先进的良好氛围，确保先进典型的示范引领作用具有现实借鉴意义。建立业绩提升机制，明确承担的工作目标任务，完善工作考评机制，强化激励强化约束，推动各项工作任务落到实处并取得新成效、实现新突破，为党员发挥先锋模范作用指明行动方向。通过组织开展“亮身份、挑重担、比境界、作表率”活动，大力发现、表彰和选拔敢于负责、善于作为、勇于创新、实绩突出、清正廉洁的优秀党员干部职工，切实把勇担当善作为的优秀党员干部职工用起来、顶到“吃劲岗位”上。深入开展党员干部职工不作为、不尽责问题专项整治，及时调整处理不担当不作为的党员干部职工，努力在企业上下形成鼓励担当作为、崇尚真干实干的良好风尚。

三、着力提高发展党员工作质量

坚持把提高发展党员工作质量，作为加强国有企业党的政治建设、建强领导班子和干部人才队伍的战略性、基础性工程来抓，严格贯彻落实《中国共产党发展党员工作细则》，按照“控制总量、优化结构、提高质量、发挥作用”总要求，突出政治标准，强化基层党组织的领导把关作用，重点把好能力关、入口关、程序关、制度关等“四个关口”，推动发展党员工作的科学化、规范化和制度化。

严把“能力关”。重视在生产经营一线、“吃劲岗位”、市场开拓前沿、技术创新前沿和青年职工中发展党员，特别是要加强对技术能手、青年专家等优秀人才的培养，及时将表现突出、群众公认的优秀员工吸收到党组织中来，引导入党积极分子以优秀党员为榜样，持续在深化改革、攻坚克难、技术创新、驾驭风险、狠抓落实等方面发挥示范引领作用，深化提高入党积极分子的政治站位和政治素养，全面提升综合素质和先锋模范引领能力。

严把“入口关”。始终把政治标准放在首位，切实把好入党第一关，认真执行发展党员工作预审制和公示制，重点加强对入党积极分子和培养对象的政治、思想动态审查，端正入党动机，扣好党员身份的第一粒“扣子”，对政治不强、动机不纯、群众不认可的坚决不予发展、一律挡在门外，把从严要求、严守标准落实到党员发展工作的各个环节中去。

严把“程序关”。严格发展党员程序，通过查看相关材料是否齐全、规范，尤其是对政审材料、党员大会原始记录、支部大会参加人数、测评结果、公示情况等进行重点审查，从严从实把好从组织谈话到思想教育、从一言一行到一举一动、从党员评议到群众意见、从政审材料到发展公示的每一个环节，防止和克服发展党员工作中的随意性和片面性，坚决杜绝走过场、赶时间，确保发展党员工作公开透明、规范开展，确保发展党员工作的质量。

严把“制度关”。不断健全完善发展党员培养制度、预审制度、公示制度、检查指导制度和责任追究制度，通过明确界定党支部、入党介绍人、入党谈话人和培养联系人的职责任务，在制度关口拉起一条红线，确保发展党员工作做到政治过硬、程序规范、有序开展。定期开展发展党员工作专项检查，强化对基层党组织发展党员工作的组织领导和责任追究，对不坚持标准、不履行程序、弄虚作假，甚至搞“近亲繁殖”“人情党员”“带病入党”等违规违纪问题，发现一起查处一起，切实维护发展党员工作的严肃性，不断提高发展党员工作的质量水平。

四、开展严格党性锤炼

坚强的党性不会天然形成，必须在严格的组织生活和长期的实践锤炼中养成。国有企业党员干部职工致力于生产经营工作，受市场经济环境浸染影响大，习惯于从经济效益角度看问题、做工作、虑得失，更需从严格的党性锤炼中坚强党性。必须坚持党要管党、全面从严治党，坚持抓思想从严、管党从严、执纪从严、治吏从严、作风从严、反腐从严，严肃党内政治生活，全面净化党内政治生态，做到真管真严、敢管敢严、长管长严，不断提高党员干部职工的政治素质和政治素养。

对党忠诚、个人干净、敢于担当，是党员干部安身立命、为官用权的根本遵循，是党性锤炼的核心内容。国有企业广大党员干部职工必须永葆对党忠诚的政治品格，始终忠诚党章党规、忠诚党的宗旨、忠诚于党组织，牢记自己的第一身份是共产党员、第一职责是为党工作，自觉强化忠诚信仰、忠诚核心、忠诚组织的意识，自觉接受组织安排和纪律约束，自觉维护党的团结统一；时刻摆正个人在组织中的位置，始终将自己置身于组织之中，不要游离于组织之外甚至凌驾组织之上；正确处理好个人与集体的关系，不要将个人的失责失误归咎于集体，不要把集体成绩归功于个人功劳，甚至搞个人英雄主义。坚守个人干净的为官底线，牢固树立权为民赋、权为民用的马克思主义权力观，坚持在法律约束下用权、在制度笼子里用权，坚持自重自省自警自励，坚持慎初慎独慎微慎友，始终做到为民务实清廉，严防公器私用、利益输送、为己牟利，严防被利益集团“围猎”，坚决守住不发生重大经营风险的底线。强化敢于负责、勇于担当精神，坚持党的原则第一、党的事业第一、人民利益第一，自觉到生产经营一线、市场开拓前沿和吃劲岗位等淬火锤炼、墩苗壮骨，自觉在企业劳动技能竞赛、安全生产党员示范岗（责任区）、项目党小组、创建劳模和工匠人才创新工作室等重要工作中挑重担、打头阵、攻难关、涉险滩，培育善于开拓创新、勇于攻坚克难、敢打“硬仗”的思想品格，用行动诠释忠诚、用担当彰显信仰。

五、大力在生产经营一线上建立项目党小组

党员仅有发挥先锋模范作用的热情是不够的，还必须在具体的工作实践中奋斗出来、彰显出来。国有企业分处不同的行业和领域，党员分布在研发中心、车间班组、经营网点、工程项目、服务窗口等不同工作平台和岗位，发挥作用的渠道很多，路径也非常丰富。重要的是要把分布于不同平台和岗位的党员有效组织起来，建立项目党小组，更好地加强党员队伍建设，发挥党员先锋模范作用。

国有企业党组织要围绕发挥党员先锋模范作用，把解决企业改革发展热点难点问题作为党组织活动的重点，大力开展建立项目党小组工作，把

年轻优秀党员选送到生产经营一线、吃劲岗位、市场开拓前沿和技术创新前沿等岗位摔打锤炼，把党员、技术骨干、优秀团干和优秀职工等凝聚起来、组织起来，形成项目攻坚小组，让党旗在一线飘起来、让党员身份在一线亮起来、让党组织的战斗堡垒作用在一线展现出来，不断提升广大党员在解决企业生产经营管理重点难点问题上的思想引领、表率带动、团结协作的骨干力量作用，不断提升基层党组织在推进改革发展工作中的凝聚人心、推动发展、促进和谐的中流砥柱作用。坚持从严教育、从严管理，教育引导党员干部职工切实增强服务企业、服务职工、服务发展理念，防止居功自傲、自我膨胀，自觉做到讲政治、知敬畏、明底线、守规矩，不断墩苗壮骨、茁壮成长。国有企业党组织要努力为思想政治素质、工作实绩和能力水平突出的党员创造脱颖而出的机会，以鲜明的先进性和纯洁性凝聚引领职工群众。

首先，需要指出的是，项目党小组与党支部是有明显区别的。对于党员和职工群众人数较少且业务平台比较单一的二、三级企业等来讲，从某种程度上说企业党支部也可以视作为项目党小组；但对于党员和职工群众人数较多且业务平台较多的二、三级企业等而言，项目党小组就是企业党支部的“突击队”“尖刀班”“爆破组”等，是党支部发挥党员先锋模范作用的最直接、最具体的组织力量。因此，切不可随意把企业党支部等同于项目党小组，或者把项目党小组等同于企业党支部。其次，需要强调的是，项目党小组主要是围绕生产经营管理工作中的攻坚克难、开拓创新等重要工作的需要机动设立的，脱离生产经营管理工作实际设立的项目党小组并不具有多大实际意义；项目党小组随着重大攻坚克难、开拓创新等工作的开展而设立，也将随着问题的解决而完成应有的使命，并不一定要长期维持下去；项目党小组可以由一、二位党员牵头，带动身边的优秀团员和优秀职工群众加入就可以组成，并不一定需要3位以上（但也可以有3位及以上的党员同时参加）的党员才可以设立；项目党小组并不是党支部，不具备党支部的基本职责职能。最后，还需要指明的是，对于改革发展和生产经营管理工作比较稳定和发展良好的企业而言，干部职工队伍相对稳定，项目党小组的重要作用可能不会那样明显和突出；但当企业改革发展和生产经营管理工作出现重大波动甚至陷入困境时，党员自觉坚守阵地、攻坚克难、开拓进取，就能够对职工群众起到重要的示范引领和凝心聚力作用，项目党小组的重要意义就会迅速凸显出来。

国有企业党组织要充分认识推进项目党小组建设，对发挥党员先锋模范作用和基层党组织战斗堡垒作用的重大现实意义，高度重视项目党小组建设工作，并使之与开展党员示范区、党员先锋岗、安全生产党员责任区(示范岗)、劳动技能竞赛、创建劳模和工匠人才创新工作室、党员争先创优等工作科学有机结合起来，努力把项目党小组建设成为年轻党员墩苗壮骨的重要阵地、带动引领职工群众干事创业的重要阵地、培育建设后备骨干干部人才队伍的重要阵地、破解影响企业改革发展重点难点问题的重要阵地，在助推企业开拓创新、攻坚克难、优化管理、发展壮大的同时，培养建设一支高素质专业化的干部人才队伍，为推动企业做强做优做大提供源源不断的人才保障和智力支持。

六、健全完善党内激励关怀帮扶制度

发挥党员先锋模范作用，既要提高发展党员工作质量、增强党员教育培训的针对性实效性，提升党员的能力素质；又要建立项目党小组，组织开展亮身份、挑重担、比境界、作表率活动等，搭建党员发挥作用的平台；还要健全完善党内激励关怀帮扶制度，着力在政治上爱护、思想上关心、工作上支持、生活上帮助党员，增强基层党组织的创造力、凝聚力、战斗力。做好党内激励关怀帮扶工作，对于企业加强党的建设、推进党内民主、促进党内和谐，对于坚持以人民为中心的发展思想、落实党员主体地位、发挥党员先锋模范作用具有重要的现实意义。

当前，一些国有企业基层党组织对建立健全党内激励关怀帮扶机制的重要性认识还不够到位，存在对党员政治关怀不够全面、激励方法不够多、帮扶形式比较单一等问题，使一些党员感受不到党组织的温暖，无法有效激发党内活力、营造党内和谐氛围。必须着眼企业长远发展需要，建立健全党内激励关怀帮扶机制。国有企业党组织要围绕更好地发挥党员先锋模范作用，大力弘扬劳模精神、劳动精神和工匠精神，并通过建立健全责任激励机制、典型激励机制、物质激励机制和政治激励机制等，健全完善党内激励机制，不断增强党员干部职工的责任感、使命感、荣誉感，营造劳动光荣的社会风尚和精益求精的敬业风气；围绕发扬党内民主、促进党内和谐，通过建立健全谈心谈话制度、走访慰问制度和生活关怀机制、政治关怀机制等，健全完善党内关怀机制，充分尊重党员的主体地位，维护党员的民主权利，让广大党员始终处在党组织的关爱之中，不断增强党员的归属感、光荣感、责任感、自豪感；围绕纾解困难党员的工作生活困难，通过探索建立“党内关爱资金”、党员结对帮扶机制和党员分类帮扶机制等，健全完善党内帮扶机制，重点帮扶因病致贫党员、因工致残党员、贫困党员、下岗失业党员等，使困难党员坚定信心、走出困境，不断增强发展的能力和本领，不断增强党组织的吸引力和感召力，夯实党的组织基础。

七、强化管理、严肃处置不合格党员

党员是保持党的先进性、纯洁性的基础。党员是否合格，党员素质高低，党员质量如何，不仅直接影响党在人民群众中的形象和威信，更直接涉及党的性质、执政地位和领导作用。中国共产党历来高度重视党员队伍建设，在长期的革命、建设和改革开放进程中，始终把发挥党员先锋模范作用看作是克服艰难险阻、夺取革命、建设和改革开放胜利的重要条件。但是，随着改革开放和社会主义市场经济的深入发展，一些腐朽没落的思想观念、商品交换原则逐渐向党内侵蚀，使得一些党员干部理想信念动摇，组织纪律涣散，甚至思想蜕变、腐化堕落，严重侵蚀着党的健康肌体，严重影响着党员队伍的生机和活力。如果让这些不合格党员长期滞留在党内，势必影响党员队伍质量，影响党群关系以及党在人民心目中的公信度和威信。正是基于对这一问题的清醒认识，中共中央政治局在2013年1月专门召开会议，明确提出要强化党员管理，建立规模适度的党员队伍，及时处置不合格党员。这种严把“入口”、疏通“出口”的管理方法，是以习近平同志为核心的党中央在新时期坚持党要管党、全面从严治党的又一重大战略举措，对提高党组织自我净化、自我完善、自我革新、自我提高能力，保持党员队伍的先进性和纯洁性，增强党的创造力、凝聚力、战斗力具有重要意义。

国有企业党组织要坚持全面从严治党方针，严格履行党要管党职责，对丧失共产主义信念，革命意志衰退、不履行党员义务、长期不参加党的组织生活、不交纳党费、不做党组织所分配的工作、不起党员作用的不合格党员，积极探索完善退出机制，严肃处置不合格党员，形成有效震慑。实事求是是中国共产党的思想路线的核心，是马克思主义中国化理论成果的精髓，在处置不合格党员过程中，必须严格把握实事求是的原则，坚持把《中国共产党章程》规定作为衡量党员和处置不合格党员的根本标准，坚持不设定指标、不确定比例、不搞末位淘汰，做到事实清楚、理由充分、处理恰当、程序规范、手续完备，确保党员处置工作经得起历史和人民的检验。实行民主公开是中国共产党坚定不移走群众路线的具体体现，在处置不合格党员过程中，必须严格把握民主公开的原则，坚持党内评议与群众评议相结合，自觉接受党内外监督，切实提高民主评议和组织处置不合格党员的公信度和满意度，特别是要做好与被处置党员的谈心谈话工作，允许党员申辩，充分尊重广大党员的民主权利。切实加强对不合格党员的教育管理。处置不合格党员不是最终目的，教育转化才是最终目的。在处置不合格党员过程中，必须严格把握教育为主的原则，立足教育转化，努力将处置不合格党员与加强党员经常性教育管理结合起来，积极做好不合格党员的限期改正和教育转化工作。与此同时，还要积极稳妥地做好因政治思想素质等不合格而被劝退、除名党员的思想稳定工作。

在做好上述各项工作的同时，国有企业党组织还要按照党章规定的党员义务和基层党组织的基本任务，逐项逐条进行对照检查，对一些违反党章的行为，哪怕是轻度违章的行为都要严肃查处，切实消除一些党员的侥幸心理，使企业党组织和广大党员自觉遵守党章，切实维护党章的尊严和地位。

第四节　发挥党务工作者的示范引领作用

党务工作人员是党的工作的规划者、组织者和实施者，是开展党建工作、发挥政治核心作用的中坚力量。大力加强党务工作者队伍建设，提高党务工作者队伍的整体素质，是加强党的长期执政能力建设、先进性和纯洁性建设，做好党的政治建设工作和党建工作的基础性战略性前瞻性工作。

不可否认，过去一个时期以来，一些国有企业在党务工作者队伍建设方面普遍存在一些问题，主要有：一是一些企业党组织对全面从严治党标准越来越高、要求越来越严缺乏应有的清醒认识，还存在重业务轻党建的思想误区，对党务工作者队伍建设重视不够，没有真正做到配齐配优配强，在一定程度上制约了企业党组织作用能力的发挥；二是党务工作者队伍整体素质有待提高，无论是政治素养，还是能力素质和工作作风都与工作要求存在不少差距；三是党务工作者队伍管理和保障机制还不够健全完善，经费投入不足，致使党务工作人员很难认真履行工作职责，导致企业党建工作越来越弱化；等等。推进党的建设新的伟大工程，加强国有企业党的政治建设，归根到底要靠队伍、靠人才，归根到底是要建设一支政治素质过硬、本领高强党务工作者队伍。国有企业要担负起巩固中国共产党执政的重要物质基础和政治基础的光荣职责和神圣使命，就要坚定不移做好强化政治导向、铸牢国有企业的“根”和“魂”工作，不断提高广大党员干部职工的政治素养、政治站位、政治能力，使广大党员干部职工始终听党话、跟党走，而这一切都离不开广大党务工作者的精心耕耘和辛勤工作。必须把加强党务工作者队伍建设，作为强化政治导向、铸牢国有企业的“根”和“魂”的基础性战略性前瞻性工程抓紧抓好抓实，努力打造一支数量相对稳定、政治理论素养较高、综合素质较高、年龄结构比较合理、党务工作和群众工作经验比较丰富的复合型党务工作者队伍，更好地在强化政治导向工作中发挥示范引领、率先垂范作用。这既是新时期加强国有企业党务工作者队伍建设的基本任务，也是加强和改进新时代国有企业党的政治建设的迫切需要。

一、健全完善党建工作机构

国有企业党组织要把健全完善党建工作机构作为加强国有企业党的政治建设的重要工作来抓，认真贯彻落实《中共中央国务院关于深化国有企业改革的指导意见》文件精神，按照“四同步、四对接”要求，科学设置党的组织及工作机构，按照企业党员总数的1%—2%比例配备专职党务工作者；认真贯彻落实中共中央组织部、国家财政部、国务院国资委党委、国家税务总局《关于国有企业党组织工作经费问题的通知》文件精神，落实国有企业党建工作经费，按照企业上年度职工工资总额1%的比例安排，纳入企业管理费用税前列支，并纳入企业年度预算。国有企业中党群工作部门和人力资源工作部门都是党建工作机构，有条件的企业要推行基层党群工作部门和人力资源工作部门一个部门抓，分属两个部门的要由一个领导管，也就是由专职专责抓党建工作的专职党委副书记管，确保党组织有机构管事、有人干事、有经费办事，以利于聚精会神抓好党建工作落实。

基层党组织建设是国有企业党建工作的基础所在，重点所在，难点所在。事实也证明，目前在一级国有企业的总部一级，党建工作基本上是比较扎实的，党员干部职工队伍的战斗力也是比较强的，企业党的领导、党的建设弱化、虚化、淡化、边缘化问题主要出现在公司属下的一些企业上，并且随着管理链条的延伸呈现逐层弱化的现象。国有企业党组织要把加强基层党组织建设作为加强党的政治建设的重要工作来抓，坚持从基本的东西抓起，从基本组织、基本制度、基本队伍、基本活动和基本保障严起，着力加强下级企业、控股企业、上市公司、参股企业和混合所有制企业、投资项目等国有企业各个层面的基层党组织建设，构建严密党建工作网络，确保哪里有党员，哪里就有党的组织；哪里有党的组织，哪里就有健全的组织生活和党的组织作用的充分发挥，坚决消除党建工作盲区。科学设置党建工作机构，选优配强党务工作人员，积极探索在营收规模较大、党员人数较多的二、三级企业设立专职党组织副书记，专职专责抓党建。坚持党组织工作经费向企业生产经营一线倾斜，重视关心关爱基层，定期下拨基层党组织工作经费，保证党组织活动需要，以利于基层党组织在教育管理监督党员、组织宣传服务职工群众、促进生产经营中充分发挥战斗堡垒作用。

二、提高党务工作者的综合素质

党务工作是政治性、政策性和专业性很强的工作，党务工作者的素质和能力如何，直接影响着企业党建工作的质量水平。国有企业既需要精通各方面生产经营管理业务的“专才”，又需要通晓宏观经济政策和党务工作知识的“通才”。国有企业党务工作者是复合型干部，既要精通党建工作知识，又要熟悉生产经营管理知识，还要有善于做职工群众思想政治工作的本领，是货真价实的“通才”“全才”。必须适应新形势新任务发展需要，与时俱进地提高党务工作者的综合素质，特别是要增强党务工作者的学习能力、政治领导能力、改革创新能力、法治思维能力、群众工作能力、推动执行能力和风险防控能力，更好地适应岗位工作的需要。

国有企业党组织要结合企业改革发展中心工作和基本履职内容，针对企业发展中出现的新情况新问题，积极实施党务工作者培训工程，制定党务工作者培训规划，丰富培训内容，改进培训方式，完善师资队伍和教材体系，切实提高党务工作者培训质量。制订切实可行的教育培训制度和年度教育培训计划，采取选送党校学习、集中培训和个人自学相结合等多种方式，组织党务工作者系统学习党的理论和路线方针政策，提高运用理论研究、分析和解决实际问题的能力。把加强理论教育培训与解决企业改革发展实际问题结合起来，既善于用权威的声音来解答党务工作者在实际工作中遇到的问题和困惑，又有利于党务工作者在学习交流中积极探索新的思路、新的举措，提高思想政治素质和专业知识水平，提高党务工作者的组织协调能力、领导能力和决策水平。定期组织开展党建工作经验交流会、党建理论研讨会等活动，让党务工作者互相学习、互相促进、共同提高。广大党务工作者要加强自身学习，制定学习计划，完成学习任务，定期检查学习成果，不断完善自我、提升自我。着眼培养复合型党务工作者，有计划、有步骤、有目的地加强党务工作者的多岗位锻炼，使其在不同岗位上经受锻炼、增长才干，成为既熟悉党务工作又熟悉生产经营工作的复合型人才，努力培养造就一支党性强、作风实、有知识、有能力、勤奋敬业的党务工作者队伍。

国有企业广大党务工作者要率先垂范、廉洁勤政、甘于奉献、不谋私利，用自己的模范行动带领人、引导人，用自己的人格力量感动人、凝聚人，增强思想政治工作的感召力。着力健全完善并严格执行党组织会议事规则，不断提高党组织会议的制度化、规范化、科学化水平，提高会议质量和议事决策水平，更好地助力党组织把方向、管大局、保落实作用和能力的发挥。严格按照党组织领导班子成员党内分工，督促协助各位领导班子成员抓好分管领域的党建工作，促进“一岗双责”和“两个责任”落到实处，更好地助推党组织形成抓党建工作的共识和合力。

三、优化党务工作者队伍结构

加强党务工作者队伍建设，关键是要优化队伍机构，在专业知识结构、年龄结构、智能气质结构等方面进行合理搭配。严把党务工作者入口关，突出政治标准，突出政治能力，把党务工作经历作为选拔党务工作者的必要条件，保证党务工作岗位源头优质、输出优秀，真正把政治素质好、熟悉生产经营管理、作风正派、在职工群众中有威信的党员干部职工选拔到党建工作岗位上来。围绕有利于党务工作者队伍年龄梯次结构的形成，推进党务工作者的年轻化、知识化和专业化，打造一支懂业务、精党务的骨干队伍，建立健全党务工作者选拔任用机制，以公开、竞争、择优为导向，着力从基层党员中选拔政治素质好、业务能力强的优秀青年人才充实到党务工作岗位，着力吸引和选拔政治素质好、知识层次高、懂经营、会管理、善做群众思想政治工作的中青年干部和优秀高校毕业生到党务工作岗位工作，加强培训锻炼，加强多岗位锻炼，促其早日成材。注重加强党务工作者的知识水平和业务能力培训，把党务工作岗位作为企业复合型人才培养基地，把一些技术、业务骨干放到党务工作岗位进行锻炼。用好用活共建优秀党组织和项目党小组平台，努力通过能力认同、实绩认同、企业文化认同，将其打造成为培养吸收各类人才特别是党务工作者队伍的重要平台。

着眼加强党务工作者后备人才库建设，建立健全企业党务工作者人才信息库，制定入选标准，规范岗位资格条件，建立工作管理制度，从选配、培训、考核、交流等各个环节入手，有计划地做好教育培训、实践锻炼、跟踪指导、综合评价等工作，努力建设一支政治坚定、结构合理、精干高效、充满活力的专兼职党务工作者队伍，为建强企业党务工作者队伍提供源源不断的人才支撑。严格实行持证上岗制度，每年对党务工作者进行专业知识测试，成绩良好以上的才有资格上岗工作，成绩及格的要自我警醒、自我加压、自我提高、自我完善，成绩不及格的一律调整转岗，绝不允许把党建工作部门当成素质、能力、作风一般的党员干部职工的“退休中转站”和“干部安置所”。

四、引导和激励党务干部强化使命担当

党建工作主要依靠党务工作者和全体党员来实现。党务工作的本质，是通过服务党组织中心工作大局，不断提高党的执政能力和领导水平，巩固党的领导地位。党务工作的姓“党”的特质，既是对党务工作者的身份定位，又是工作定性，更是职责使命所在。国有企业广大党务工作者必须时刻将“党”字刻在骨子里、融入血脉中，着力提升理论素养、增强思想定力，提高政治站位、站稳政治立场，始终做到在党爱党、在党言党、在党忧党、在党护党，始终把抓好企业党建工作作为第一政绩、最大政绩，时刻保持干事创业、担当作为的热情和活力，尽职尽责地做好凝聚党员干部职工思想、夯实基层堡垒、赢得群众拥护、推进企业改革发展各项工作，推动党的领导能力更强、执政地位更加牢固。党的十九大对加强新时

代党的建设工作做出了全面部署，提出了更高要求，广大党务工作者必须强化使命担当，不断提高自身素质，才能不断创新党建工作思路举措，才能有效推动党的各项决策部署的贯彻落实，在企业结出丰硕成果。

国有企业党组织应围绕建设一支高素质专业化的党务工作者队伍，建立健全考核评价体系，按照岗位职责要求进行日常考核，把促进党建工作与改革发展工作深度融合的新成效，作为评价党务工作者工作成效的重要标准。坚持每年度开展考核，结合庆祝“七一”建党纪念活动，组织开展评选表彰先进党组织、先进党支部、优秀共产党员活动，特别是评选表彰优秀党务工作者活动，激励广大党务工作者积极努力工作。把党务工作者的业绩考核纳入企业生产经营管理人员业绩考核评价体系，确保与企业内部同一层级的生产经营管理人员共同考核、同等待遇、奖惩一样。建立健全国有企业党务工作者工作责任制，科学制定企业党建工作的目标任务，明确工作标准和要求，明确工作重点和内容，明确相应的奖惩办法，做到责任到人，落实到位，以激发广大党务工作者的干事兴业激情，调动工作积极性、主动性和创造性。健全完善党务工作者保障机制，落实企业党务工作经费保障，合理安排党务工作的活动内容、时间和参加人员，为党务工作者的成长成才搭建平台。扎实开展“争创先进党建工作部门、争当优秀党务工作者”活动，引导和激励广大党务工作者强化使命担当，坚持务实为要，努力真抓实干，紧紧围绕抓好党建工作抓实抓细党务工作，积极破解党建工作重点难点问题，在新时代新征程中干出新气象、实现新作为、作出新贡献，努力建设对党绝对忠诚、能力素质过硬、作风形象良好的党建工作部门和党性强、作风实、有知识、有能力、勤奋敬业的党务工作者队伍。

五、切实关心爱护党务干部

国有企业党务工作者队伍是企业党建工作的中坚骨干力量。长期以来，国有企业广大党务干部恪尽职守、勤奋工作、任劳任怨、创新进取，为加强企业党建工作、推动企业做强做优做大作出了重要贡献。国有企业广大党务工作者在长期的工作实践中，锻炼积累了较好的工作经验和较强的工作本领，在协助党组织防止和纠正党的领导、党的建设弱化、虚化、淡化、边缘化工作过程中提高了政治理论素养，在推动党建工作与企业改革发展工作深度融合过程中丰富了生产经营管理业务知识，在做好职工群众的思想政治工作过程中提高了做群众工作的能力本领，是推动企业发展壮大的重要复合型人才。实践证明，这是一支政治过硬、本领较强的富有战斗力的讲责任、勇担当、甘奉献的党员干部队伍。

国有企业党组织必须牢固树立党务工作者是企业重要人才的理念，理直气壮地将广大党务工作者纳入企业领导干部后备人才库，着力从政治上、工作上、生活上关心爱护党务工作者，不仅要在工资奖金、职务晋升、职称评定等方面享受优惠待遇，还要确保他们开展工作过程中所必需的物质条件和活动经费，同时为他们开辟畅通的职业上升通道，使广大党务工作者兴业有机会、干事有舞台、发展有空间，努力营造有利于党务工作者队伍安心工作、奋发有为、创新进取的良好工作氛围。高度重视并切实做好党务工作者的交流轮岗工作，健全完善党务工作者和生产经营管理人员双向交流机制，使企业党务工作岗位成为提高素质、丰富阅历、施展才华、培养人才的重要岗位，真正把党务工作岗位打造成为培育企业复合型人才的重要平台，始终保持党务工作者队伍旺盛的生机与活力，为扎实做好新时代国有企业党的政治建设工作，进而提高党建工作质量水平提供坚强的组织保证和人才支撑。

第四章

积极探索加强国有企业党的政治建设的思路举措

党的十九大报告明确提出了坚持以党的政治建设为统领，全面推进党的政治建设、思想建设、组织建设、作风建设、纪律建设，把制度建设贯穿其中的“政治建党”要求。加强新时代国有企业党的政治建设，必须按照新时代党的建设总要求，遵循政治建党的制度设计，用强有力的党的政治建设，统领党的思想建设、组织建设、作风建设、纪律建设和制度建设，确保加强国有企业党的政治建设工作始终沿着党指引的正确方向前进。与此同时，国有企业党组织要紧密结合国有企业兼具的政治属性和经济属性这一“双重属性”，紧密结合国有企业的生产经营管理工作实际和党员干部职工思想工作生活实际，围绕提高基层党组织的政治功能和组织力，围绕提高党员干部职工的政治素质和政治能力，积极从加强和改进党的思想建设、组织建设、作风建设、纪律建设等方面，探索完善加强新时代国有企业党的政治建设的方法路径和思路举措，特别是要注重加强和改进混合所有制企业党的政治建设，教育引导广大党员干部职工始终做到心中有党、心有国企，做讲责任、勇担当、甘奉献的国企人，确保党的政治建设工作在国有企业落地生根、结出丰硕成果。本章主要从加强党的思想建设、作风建设、纪律建设等方面，探索完善加强新时代国有企业党的政治建设的思路举措。

第一节　严肃党内政治生活

严肃党内政治生活是马克思主义政党的本质要求，是中国共产党区别于其他政党的鲜明标志，也是中国共产党的优良传统和政治优势。开展严肃认真的党内政治生活，对于增强党员党性观念、严肃党纪、整饬党风、惩治腐败、解决党内矛盾和正确处理党内斗争，对于增强党内政治生活的政治性、时代性、原则性、战斗性，对于增强党自我净化、自我完善、自我革新、自我提高能力，对于提高党的领导水平和执政水平、增强拒腐防变和抵御风险能力，对于维护党中央权威和集中统一领导、保证党的团结统一、保持党的先进性和纯洁性，努力在全党形成又有集中又有民主、又有纪律又有自由、又有统一意志又有个人心情舒畅生动活泼的政治局面，具有重大的现实意义和深远的历史意义。

不可否认，过去一个时期，一些国有企业党组织和党员领导干部对党建工作确实存在思想上认识不到位的问题，只抓业务不抓党建，对党内政治生活重视不够，党的领导弱化、党的建设缺失、管党治党宽松软，存在缺位与缺失、失真与应付、偏离与脱节的现象，党的观念淡漠、组织涣散、纪律松弛问题突出，致使贯彻执行党的方针政策不坚决、不全面、不到位，管党治党不够担当，最终导致党的领导、党的建设出现弱化、淡化、虚化、边缘化问题。党的十八届六中全会在总结中国共产党开展党内政治生活的历史经验、分析存在的突出问题的基础上，制定了《关于新形势下党内政治生活的若干准则》，为新形势下加强和规范党内政治生活提供了根本遵循。国有企业党组织要按照中共中央《关于新形势下党内政治生活的若干准则》的总体要求和十二项工作内容，逐一对照检查落实，坚持以解决突出问题为突破口，紧紧抓住过去一个时期党内政治生活不严肃不健康这个总根源，严肃党内政治生活，着力强化教育引导，增强严肃党内政治生活的主动性自觉性；着力严格制度程序，增强严肃党内政治生活的制度性规范性；着力创新内容方式，增强严肃党内政治生活的针对性实效性；着力完善考核监督，增强严肃党内政治生活的刚性约束和保障性，不断增强党内政治生活的政治性、时代性、原则性、战斗性，确保企业党组织充分履行职能，保证广大党员干部职工更好发挥先锋模范作用，保证党员领导干部始终做到对党忠诚、勇于创新、治企有方、兴企有为、清正廉洁。

一、把经常性政治学习教育摆在突出位置

适应新时代新形势新任务发展需要，围绕增强党内政治生活的政治性、时代性、原则性、战斗性，把组织党员干部职工开展经常性政治学习教育摆在突出位置。“三会一课”制度是中国共产党在总结自身建设的历史经验基础上建立的有效组织生活制度，是党的组织生活最基本的制度。坚持“三会一课”制度，有利于提高党员的思想政治水平，提振党员干事创业的精神状态；有利于加强党员的党员意识、党性观念和优良作风教育，自觉在各项工作中发挥先锋模范作用；有利于发扬党内民主，不断总结经验，纠正工作不足，使党员更好地接受批评和监督，促进党组织不断增强凝聚力、战斗力和领导力、号召力。国有企业党组织必须严格按照“三会一课”制度要求，坚持每季度召开一次党员大会、每月召开一次支部委员会、每月召开一次党小组会、每季度为基层党员上一次党课，坚持党员领导干部每年至少为基层党员讲一次党课，并将这种好做法以制度的形式固定下来，长期坚持下去。

围绕提高“三会一课”质量水平，企业党组织要制定好年度“三会一课”工作计划，建立健全工作台账，对党员干部特别是党员领导干部参加“三会一课”情况进行登记、提出明确要求。紧贴企业改革发展实际、紧贴职工思想实际，突出党性锻炼、突出思想交流，切实抓住企业改革发展工作和党员思想上存在的突出问题，精心研究和准备“三会一课”主题、内容，采取喜闻乐见、易于接受的方式，灵活多样地组织开展好“三会一课”，力争每次活动都能够触动大家的思想和心灵，并解决一至两个主要问题，做到有的放矢，增强“三会一课”的针对性和实效性。积极落实谈

心谈话、民主评议党员和主题党日等制度，坚持和完善重温入党誓词、党员过“政治生日”等政治仪式，使党内生活庄重、严肃、规范。理想信念宗旨是指引共产党人前进的火炬和灯塔。国有企业党组织要把坚定广大党员干部职工的理想信念作为“三会一课”的首要任务，教育引导广大党员干部职工坚定马克思主义的信仰，坚定共产主义远大理想和中国特色社会主义共同理想，把人民群众对美好生活的向往作为自己的奋斗目标，切实拧紧理想信念宗旨“总开关”，永葆共产党人政治本色。党员领导干部要积极参加所在党组织的“三会一课”各项活动，带头深入了解基层党组织建设情况，带头宣讲中央和上级党组织的重大决策部署，带头遵守各项制度规定，带头开展批评和自我批评，带头讨论支部会议议题、落实支部决议，以积极主动、严肃认真的态度，推动提升所属党组织“三会一课”质量水平。

围绕深入推进贯彻执行“三会一课”制度工作的落实，国有企业党组织要加强督促检查工作，每半年各党支部要将“三会一课”制度落实情况上报企业党组织，并将每名党员特别是党员领导干部参加“三会一课”的情况在所属党组织中进行公示；每年底要对党员特别是党员领导干部参加“三会一课”情况进行一次自查，上报工作总结。将企业党组织贯彻落实“三会一课”制度情况，作为衡量党组织书记抓党建工作成效的重要标准，纳入抓党建联述联评联考的重要内容，列入党员“双评议”、表彰惩处的重要依据。对不严格执行“三会一课”制度的企业党组织要进行通报批评；对“三会一课”工作中存在表面化、形式化、娱乐化，甚至庸俗化问题的，要对党组织主要负责人进行诫勉；对无故不参加组织生活的党员和党员领导干部要进行批评教育，对年内多次不参加组织生活的，要依据党章和党内有关规定进行严肃处理，坚决维护党内组织生活制度的严肃性。

二、健全完善党内民主制度

党内民主是党的生命，是党内政治生活积极健康的重要基础。党内民主既是党内政治生活的重要组成部分，又是健全党内政治生活的必备条件和重要途径。党的十八届六中全会审议通过的《关于新形势下党内政治生活的若干准则》明确指出，要坚持和完善党内民主各项制度，提高党内民主质量，党内决策、执行、监督等工作必须执行党章党规确定的民主原则和程序，任何党组织和个人都不得压制党内民主、破坏党内民主。这为新形势下优化党内政治生态、开展严肃认真的党内政治生活提供了科学指引。国有企业党组织要认真学习贯彻中共中央《关于新形势下党内政治生活的若干准则》文件精神，不断健全完善党内民主各项制度，坚持问政于民、问需于民、问计于民，坚持尊重和保障党员民主权利，坚持健全完善党内民主制度，不断提高党内民主质量。

坚持问政于民、问需于民、问计于民。人民群众是真正的英雄，是历史的创造者。实践证明，基层和职工群众中蕴藏着极大的改革动力和创新智慧。职工群众的意愿和诉求是什么、客观实际又怎样，只有到职工群众中去、到基层中去、到实践中去，问政于民、问需于民、问计于民，才能做出符合基层实际和职工群众愿望的正确决策。必须健全完善党内重大决策论证评估和征求意见制度，坚定不移走群众路线，企业党组织在形成重大决策和处理重大问题时，要深入基层调查研究，采取多种方式征求党员干部职工的意见建议，特别是善意的批评意见建议；在党的上级组织作出同下级党组织有关的重要决定时，还要积极听取下级党组织的意见建议，努力在民主讨论中求得方案、达成共识，以减少和避免重大决策失误，有效防控风险，更好地凝聚职工群众的智慧力量。

坚持尊重和保障党员民主权利。党员是企业改革发展和生产经营工作的中坚力量，没有广大党员在党内事务中参与、管理和监督作用的充分发挥，没有广大党员积极性、主动性、创造性的充分发挥，党内政治生活就不可能保持积极健康，企业改革发展事业就不可能顺利推进。必须尊重党员主体地位，保障全体党员平等享有党章规定的党员权利、履行党章规定的党员义务。国有企业党组织要按照中共中央《关于新形势下党内政治生活的若干准则》要求，积极拓宽畅通党内下情上传渠道，使基层党员和下级党组织的意见建议，能够及时、准确、顺畅地反映到上级党组织中来，并得到及时负责、积极稳妥的处理；健全完善党务公开制度，认真落实党员干部职工对重大事情、重要文件、重大决定、重大决策的知情权、参与权、选举权和监督权，调动党员干部职工干事创业的积极性、主动性、创造性；畅通党员干部职工参与讨论党内事务的途径，拓宽表达意见的渠道，营造畅所欲言、平等讨论的民主氛围，鼓励党员干部职工讲真话、讲实话、讲心里话，对侵犯党员民主权利的行为要进行批评教育、严肃处理。

坚持健全完善党内民主制度。党内民主包括民主选举、民主决策、民主管理、民主监督等活动，党内民主制度就是规范这些活动的制度体系。健全党内民主制度，是依规治党的必然要求，对于发扬党内民主、健全党内政治生活十分重要。必须以保障党员民主权利为基础，以完善党的代表大会制度和党的委员会制度为重点，从改革体制机制入手，建立健全充分反映党员和党组织意愿的党内民主制度。国有企业党组织要按照中共中央《关于新形势下党内政治生活的若干准则》要求，加强对企业选举工作特别是党组织换届选举工作的领导，规范和完善党内选举制度，健全和完善民主推荐与组织提名相结合的候选人提名方式，完善候选人介绍方式，使党员或党员代表对候选人的德能勤绩廉情况特别是政治素质情况有切实的了解，确保党员干部职工依照规定自主行使选举权，坚决反对和防止侵犯党员选举权和被选举权的现象，坚决防止和查处拉票贿选等行为；健全完善企业党的代表大会制度，按照上级党组织的批复要求及时召开党的代表大会，积极探索实行代表提案制，健全代表参与重大决策、参加重要干部推荐和民主评议、列席党组织有关会议、联系党员群众等制度，更好地发挥党的代表大会制度在健全党内政治生活中的重要作用，不断增强基层党组织的创造力、凝聚力、战斗力。企业领导班子在企业党的代表大会闭会期间是企业党组织的领导机关，执行上级党组织的指示和同级党代表大会的决议，必须扎实做好健全党内情况通报制度、情况反映制度，畅通党员表达意见、要求撤换不称职基层党组织领导班子成员的渠道，按期进行党的基层委员会、总支部和支部委员会换届等重要工作，更好地凝心聚力推动企业的改革发展和生产经营工作，发挥好企业党组织的领导作用。

三、开展积极健康的思想斗争

始终坚持开展积极健康的思想斗争，是中国共产党成长壮大的优秀政治基因，是永葆党的先进性、纯洁性的利器。通过经常性的党内思想交流互动，使广大党员的灵魂在亮相中净化、思想在碰撞中纯洁，党的肌体才能更加生机勃勃、充满活力。面对一些党员干部职工存在的精神懈怠危险、能力不足危险、脱离群众危险、消极腐败危险，面对一些党员干部职工存在的思想不纯、组织不纯、作风不纯，以及责任、担当、奉献意识不强等影响党的先进性、弱化党的纯洁性问题，必须开展积极健康的思想斗争，着力增强党的先进性和纯洁性，更好地发挥党员先锋模范作用，更好地发挥基层党组织的战斗堡垒作用，推动企业不断做强做优做大。

国有企业党组织要切实用好批评和自我批评的武器，在企业领导班子民主生活会和基层组织生活会上开展严肃认真的思想斗争，开展坦诚相见的谈心活动，让广大党员干部特别是党员领导干部自觉把党性修养正一正、把党员义务理一理、把党纪国法紧一紧，对作风之弊、行为之垢来一次大排查、大检修、大扫除，敢于揭短亮丑、动真碰硬，使大家的灵魂受到触动、思想得到提高，真正达到“团结——批评——团结”的目的。紧密结合企业改革发展实际、岗位工作实际和党员思想实际开展党员党性分析、民主评议党员，深入剖析和改进思想、工作、作风上存在的问题与不足，让广大党员干部职工特别是党员领导干部接受严格的党内政治生活历练，始终做到对党忠诚老实、光明磊落，堂堂正正做人、勤勤恳恳干事、干干净净为官，如实向党组织反映和报告情况，坚决反对搞两面派、做“两面人”，坚决反对弄虚作假、虚报浮夸，坚决反对隐瞒实情、报喜不报忧，努力使党性分析的过程成为增进党的意识、进行党性锻炼、提高党性修养的过程。

四、发展积极健康的党内政治文化

党内政治文化建设是党的深层次基础性建设，只有大力发展积极健康的党内政治文化，才能不断培厚良好政治生态的土壤。必须把发展积极健康的党内政治文化作为党的政治建设的价值导向和内在精神，教育引导广大党员干部职工弘扬以忠诚老实、公道正派、实事求是、清正廉洁为主要内容的共产党人价值观，坚决抵制和反对各种腐朽、庸俗文化特别是商品交换原则的侵蚀，坚决防止和反对个人主义、分散主义、自由主义、本位主义、好人主义、宗派主义和圈子文化、码头文化、关系学、厚黑学、官场术、潜规则等，始终做到明是非、辨真伪，养正气、祛邪气，管思想、固根本，永葆共产党人的政治本色。

切实把加强思想政治建设坚定理想信念作为加强党内政治文化建设的首要内容，教育引导党员干部认真学习习近平新时代中国特色社会主义思想，严格执行党的路线方针政策，增强遵守纪律规矩的政治观念和政治意识，坚持以人民为中心的发展思想，牢记党的根本宗旨，永保拳拳赤子之心，当好人民公仆；把学习党章党规作为加强党内政治文化建设的基本措施，坚持民主集中制原则和其他政治规范，尊重党员主体地位，保障党员民主权利，营造党内生动活泼的政治局面；把正确选人用人作为加强党内政治文化建设的导向标杆，坚持德才兼备、以德为先、任人唯贤，坚持事业为上、知事识人、依事择人，坚持组织认可、出资人认可、市场认可和职工群众认可，坚持严管和厚爱相结合、激励和约束相并重，为党内政治文化注入新鲜血液，巩固党内政治文化的主体队伍；把健全组织生活作为加强党内政治文化建设的重要载体，坚持党的组织生活各项制度，创新方式方法，增强党的组织生活的活力；把开展批评和自我批评作为加强党内政治文化建设的重要手段，坚持自我解剖、认真整改、从谏如流、敢于直言，讲党性不讲私情，讲真理不讲面子；把加强监督作为加强党内政治文化建设的重要保障，完善权力制约和监督机制，确保权力正确运行，形成有权必有责、用权必担责、滥权必追责的制度安排；把家庭文化建设作为加强党内政治文化建设的重要辅助，充分发挥家庭成员在党员领导干部廉洁自律方面的知情优势、亲情优势、心理优势，筑牢在党为公、廉洁自律、拒腐防变的第一道堤坝。

第二节　坚持和完善民主集中制

民主集中制是中国共产党的根本组织制度和领导制度，是党在长期革命、建设和改革实践中始终坚持的根本组织原则，是党的群众路线在党的生活中的运用，是党内政治生活正常开展的重要制度保障，也是马克思主义政党区别于其他政党的重要标志。民主集中制是中国共产党最大的制度优势，认真贯彻执行民主集中制是严肃党内政治生活的根本要求。中国共产党的发展壮大历史反复证明，什么时候民主集中制坚持得好，党内民主发扬得好，党内政治生活就积极健康、充满活力，党的事业就兴旺发达；什么时候民主集中制受到破坏，党内民主受到削弱，党内矛盾和问题就滋长蔓延，党的风气就会受到损害，党的事业就会遭受挫折。始终坚持和健全完善民主集中制，是保证党的团结统一的重要法宝，是保证党不断夺取胜利的宝贵基因。面对新形势新任务新要求，中国共产党要团结带领人民进行伟大斗争、推进伟大事业、实现伟大梦想，就必须毫不动摇坚持和完善党的领导，毫不动摇把党建设得更加坚强有力；就必须严肃党内政治生活，增强党内政治生活的政治性、时代性、原则性、战斗性，营造风清气正的良好政治生态，努力在全党形成又有集中又有民主的政治局面；就必须牢牢坚持民主集中制这个最大制度优势，确保党始终保持旺盛的创造力、凝聚力、战斗力，确保党始终成为中国特色社会主义事业的坚强领导核心。

坚持民主集中制，必须坚持民主与集中的辩证统一。民主与集中之间紧密联系、高度依存，两者互为条件、相辅相成、缺一不可，不能强调一个而否定另一个。民主集中制中的民主，就是要使全体党员的意愿、主张，能够充分地表达和发挥；民主集中制中的集中，就是要凝聚全体党员的意志和智慧，保证全党步调一致、行动一致。离开民主讲集中，集中便成了无源之水、无本之木；离开集中搞民主，就是极端民主化和无政府状态，就会导致什么事情也干不成。只有按照民主集中制的要求，把充分发扬党内民主和正确行使权力有机结合起来，就可以在最大限度地激发全体党员创造活力的同时，更好地统一全体党员的思想和行动，有效防止和克服议而不决、决而不行的分散主义。必须把民主和集中有机统一起来，真正把民主集中制的优势变成党组织的政治优势、组织优势、制度优势、工作优势。党的十八届六中全会通过的《关于新形势下党内政治生活的若干准则》明确指出：“坚持集体领导制度，实行集体领导和个人分工负责相结合，是民主集中制的重要组成部分，必须始终坚持，任何组织和个人在任何情况下都不允许以任何理由违反这项制度。”国有企业党组织要认真学习贯彻落实党的十八届六中全会精神，紧紧围绕在贯彻执行民主集中制上存在的有的民主不够、个人集权，少数领导干部特别是主要领导干部搞家长制、个人说了算，唯我独尊、包揽一切；有的集中不够、领导班子成员各自为政、各行其是，有令不行、有禁不止，上有政策、下有对策，导致党组织的凝聚力被削弱、创造力被虚化、战斗力被瓦解等问题，着力健全完善贯彻落实民主集中制各项制度，规范决策程序，形成科学民主依法决策的长效机制。与此同时，还要加强政治理论和专业知识学习，提高议事决策能力；坚持集体领导、民主集中、个别酝酿、会议决定原则，善于运用民主的办法汇集意见、科学决策，善于通过协商的方式增进共识、凝聚力量，不断提高议事决策和推动决策贯彻落实的质量水平，更好地发挥把方向、管大局、保落实作用。

一、着力贯彻落实民主集中制各项制度

健全完善各项工作制度是维护和贯彻民主集中制的治本之策。邓小平同志指出：“制度好可以使坏人无法任意横行，制度不好可以使好人无法充分做好事，甚至会走向反面。”必须以制度建设为根本，坚持用制度管权、管事、管人，建立健全贯彻落实民主集中制的各项制度。民主集中制的制度主要包括党的代表大会制度、党的委员会制度、党内选举制度、党的集体领导制度、党内监督制度、党的组织生活制度、党员权利保障制度和党的协商制度等各项制度。健全和落实民主集中制的各项制度，需要结

合新形势新任务新要求，加强民主集中制教育培训，提高广大党员干部特别是领导干部贯彻落实民主集中制的政治素养，按照民主集中制办事，把民主集中制的各项制度要求落实到党内政治生活和具体工作中去。

国有企业党组织要认真贯彻落实党章和民主集中制的要求，进一步健全完善企业党的代表大会制度、党委会工作制度、党内选举制度、党的集体领导制度、党内监督制度、党的组织生活制度、党员权利保障制度和党的协商制度等相关制度，进一步健全完善集体领导和个人分工负责相结合的制度，进一步规范企业党组织会议议事规则和领导班子民主决策程序，进一步健全完善“三重一大”事项决策执行制度机制等，让党组织制度建设具有完备性、可操作性、层次性，使贯彻落实民主集中制始终做到有章可循。坚决按照民主集中制的规定要求，严肃党内政治生活，正确处理好党内关系，强化党内监督，严格执行集体领导和个人分工负责相结合制度，防止个人专断和各自为政，真正把民主集中制贯彻落实到各项重大事项的科学民主依法决策中去，贯彻落实到全面从严治党的各个环节中去。形势和任务在不断发展变化，民主集中制的各项制度必然会随着实践的不断发展而有所调整改变，对于适应形势和任务发展要求的正确方面，要积极贯彻执行和落实；对于不能适应形势和任务发展要求的不足方面，要积极主动地进行改进调整改进、优化完善；此外，还要结合企业改革发展工作中遇到的新情况新问题，制定新的制度机制，不断推动贯彻落实民主集中制制度的创新发展。

二、提高决策科学化民主化法制化水平

贯彻落实好民主集中制，很重要的一点就是要加强政治理论和专业知识学习，提高领导班子议事决策的能力，提高决策的科学化民主化法制化水平。提高决策的法制化水平，就是要依法依规决策，做到法无授权不可为、法无禁止皆可为、法定职责必须为，确保决策于法有据、决策行为依法进行、决策违法依法追究责任。提高决策的民主化水平，就是要坚持以人民为中心的发展思想，建立社情民意反映制度、重大事项社会公示和听

证制度，充分征求和尊重职工群众的意见建议，使决策能够充分反映广大职工群众的愿望诉求，得到职工群众的拥护支持并贯彻落实到实际工作中去。提高决策的科学化水平，就是要提高决策者也就是领导班子的理论素养和专业知识水平，使决策尽可能符合客观规律、符合工作实际，特别是对一些专业性比较强的重大事项，还要通过建立专家咨询制度尽可能多地听取专家学者的意见建议，并依据议事规则和程序做出决策，最大程度地保证决策的科学合理性。

必须下大力提高领导班子的依法决策水平。国有企业党组织要着眼于提高法律素养，弘扬法治精神，组织企业领导班子成员认真学习宪法和法律方面的有关知识，引导大家牢固树立宪法和法律至上的观念、法大于权的观念、依法决策依法行政依法管理依法办事的观念和权力必须受到法律制约的观念，真正把法治内化于心、外化于行；引导领导班子成员依照相关法律和规章制度规定谋事、思事、行事，特别是在研究制定相关制度规定等文件文本时，一定要符合党的纪律规矩，符合国家和企业所在地方的法律法规和相关制度规定要求，确保决策于法有据、决策行为依法进行，始终做到严格依法办事、正确行使权力，不断提高为官境界，努力成为社会主义法治的忠实崇尚者、自觉遵守者和坚定捍卫者。

必须下大力提高领导班子的民主决策水平。国有企业的重大决策事关职工群众的切身利益，事关国有资产的保值增值，事关国有资本的做强做优做大。在实际工作中，为什么一些决策得不到职工群众的理解和支持？根本原因就在于决策之前没有深入基层调查研究，没有掌握基层的真情实况，没有充分听取职工群众的意见建议，导致决策未能充分反映职工群众的愿望和诉求，有些甚至与职工群众的意愿和诉求背道而驰。国有企业领导班子成员必须始终坚持以人民为中心的发展思想，坚持正确的政绩观、科学的发展观、牢固的群众观，做到胸怀职工、执政为民；牢固树立调查研究是谋事之道、成事之基的意识，把决策前的调查研究纳入决策程序，坚持做到先调研后决策、不调研不决策、调研不深入不决策。建立调研工作联席会议制度，统一思想、整合力量，共同搞好调查研究；对于重大决策事项，领导班子主要负责同志要带头深入一线调查研究。通过深入细致的调查研究，广泛听取民声、积极汇聚民意，努力把广大党员干部职工的真实意见掌握全、掌握准；与此同时，还要善于正确集中，把不同意见统一起来，把各种分散意见中的真知灼见提炼概括出来，把符合企业改革发展工作规律、符合广大职工群众根本利益的正确意见集中起来，形成科学合理的决策意见，确保决策符合基层工作实际，符合职工群众的愿望和诉求。

必须下大力提高领导班子的科学决策水平。现在，确实有一些企业领导班子成员由于受理论素养、政策水平、专业能力等的制约，视野较窄、站位不高、看得不远，看问题只看现象看不到本质，抓主意只顾细枝末节抓不到根本环节，无法科学预见形势发展的未来走势、蕴藏其中的机遇和挑战、推动事物发展的有利因素和不利因素，直接影响了决策的科学性。必须加强学习，把不断提升领导干部的理论思维能力和政策水平，作为提高科学决策水平的强有力武器。国有企业党组织要强化管班子、管干部功能，围绕提高领导班子成员的政治领导能力、改革创新能力、市场洞察能力、战略决断能力、推动执行能力和风险防控能力等，组织领导干部深化贯彻落实民主集中制各项制度的学习教育，完善和落实党组织工作有关规定，狠抓组织生活制度规范落实；认真学习党的理论和路线方针政策、社会主义市场经济理论和现代企业制度等方面知识，努力提高理论修养，掌握科学的方法论，不断提高科学预测能力；认真学习经济、文化、社会、哲学、历史和信息技术等方面的知识，特别是要认真学习市场经济和现代企业管理、公司治理等方面的知识，提升国际视野、战略思维和专业能力，不断提高经营管理能力。与此同时，要高度重视决策研究和咨询机构的工作，建立健全领导、专家和职工群众相结合的决策机制，充分发挥智库的作用，对专业性比较强的事务、对情况比较复杂的事务，积极邀请各方面专家和有水平的研究咨询机构进行研究、论证，提高决策的科学化水平。在此基础上，严格按照领导班子议事规则和议事程序办事，最大程度地保证决策的科学合理性，坚决防止和纠正重形式轻内容、重过程轻结果、重印象轻实质的形式主义行为。

三、坚持集体领导、民主集中、个别酝酿、会议决定原则

坚持集体领导和个人分工负责相结合，是民主集中制在领导工作中的具体体现。对于什么问题需要进行集体领导，党的十八届六中全会通过的《关于新形势下党内政治生活的若干准则》指出，各级党委（党组）要善于观大势、抓大事、管全局，这就明确了集体领导的内容主要是对重大问题进行决策。一般来说，党组织所要研究的重大问题，是指对全局有着重要作用和重大意义的问题，是事关全局性、整体性、战略性的问题。中共中央《关于新形势下党内政治生活的若干准则》文件进一步明确指出，地方和单位中的重大决策事项、重要干部任免、重大项目安排和大额度资金使用等“三重一大”事项，都属于重大问题，必须经集体讨论作出决定；同时还明确要求，凡属重大问题的决策，必须坚持集体领导、民主集中、个别酝酿、会议决定的原则，广泛听取各方面的意见建议，完善科学决策、民主决策、依法决策机制。

国有企业党组织要按照中共中央《关于新形势下党内政治生活的若干准则》文件精神的要求，坚持集体领导制度，凡属重大问题特别是“三重一大”事项，都要按照集体领导、民主集中、个别酝酿、会议决定的原则，由领导班子集体讨论、按照少数服从多数原则作出决定，绝不允许用其他形式取代党组织的领导。认真贯彻落实党组织会议议事规则和决策程序，坚决反对和防止独断专行或各自为政，坚决反对和防止议而不决、决而不行、行而不实，坚决反对和防止以党组织集体决策名义集体违规。坚持民主基础上的集中和集中指导下的民主相结合，把充分发扬党内民主和正确实行集中有机结合起来，坚决做到决策前多听各种声音、决策中善听不同声音、决策后保持一个声音，保证科学民主依法决策，保证决策的坚决贯彻执行落实。

坚决做到决策前多听各种声音。围绕做好科学民主依法决策工作，建立决策前征求意见建议制度，明确哪些决策属于征求意见建议的范围，明确征求意见建议的方式和操作程序，强化征求意见建议的结果运用，切实把统一意志和集思广益有机结合起来，充分发扬民主，不断提高决策的科

学化民主化法制化水平。国有企业领导班子成员特别是“一把手”要坚持目标导向和问题导向相结合，既要善于从重大项目的总体布局上谋划推进工作的思路举措，做好顶层设计；又要善于围绕推动重大项目落实中可能存在的问题和短板，深入生产经营一线、深入职工群众，广泛听取职工群众对相关工作的意见建议，特别是善意的批评意见建议，及时找准推进工作落实中可能存在的困难，找准可能出现的工作短板，找准问题症结；特别是在做出同下级党组织有关的重要决策前，要注意听取下级党组织的意见建议，增强决策的针对性、实效性，努力谋实工作思路举措。

坚决做到决策中善听不同声音。企业领导班子成员必须增强全局观念和责任意识，在研究讨论工作时充分发表意见，坚决反对和纠正当面不说、背后乱说，会上不说、会后乱说，当面一套、背后一套等错误言行。企业党组织主要负责同志要带头发扬民主，善于集中智慧，敢于担当负责，支持班子成员在职责范围内独立负责开展工作，在研究讨论问题时自觉把自己当成班子中的平等一员，充分发扬民主，严格按程序决策、按规矩办事，注意听取不同意见，正确对待少数人意见，不搞一言堂、个人说了算甚至家长制。班子成员要自觉以大局为重，时刻提醒自己是领导集体中的一员，必须秉承对党和人民事业高度负责的态度，在集体决策时充分发表意见，勇于建诤言，敢于提出独立意见，努力为集体决策贡献智慧力量；特别是对自己分管领域的工作，更要准确吃透上情、全面摸准下情，提出针对性和操作性强的意见建议供集体决策时参考；绝不能人云亦云、随声附和，趋炎附势、看他人脸色行事，更不能事不关己、高高挂起，局限于分管领域想问题、发表意见。

坚决做到决策后保持一个声音。决策的目的是为了执行，不执行的决策没有任何意义，也没有任何价值。必须严明党的组织原则和党内政治生活准则，严明党的政治纪律与政治规矩。领导班子成员在集体讨论时可以畅所欲言，一旦决策形成后不管自己的意见是否被采纳，都必须自觉服从集体决定、坚决贯彻执行，以雷厉风行的作风驰而不息抓落实，不得挑肥拣瘦、只做自己想做的事，更不得违背集体决定自作主张、自行其是，甚至把分管工作、分管领域当作“私人领地”。集体有权威，个人有分量。

在决策贯彻执行中如果确实有不同意见，可以保留或者向上一级党组织提出，但在上级或本级党组织改变决定之前，除执行决定会立即引起严重后果等紧急情况外，必须无条件执行党组织已经作出的决定，以共同维护坚持党性原则基础上的团结，努力形成相互补台、好戏连台的浓厚氛围，真正把民主集中制贯彻到党的工作的全过程和各方面。

四、形成科学民主依法决策的长效机制

坚持和完善民主集中制，提高议事决策质量水平，很重要的就是要坚定不移贯彻落实党的群众路线，坚持决策的制定、执行和成效由人民群众来检验和完善；就是要将贯彻落实民主集中制过程中的好经验好做法用制度机制固化下来，形成科学决策、民主决策、依法决策的长效机制。必须牢记以人民为中心的发展思想，把实现好、维护好、发展好最广大人民群众的根本利益作为决策的出发点和落脚点，把人民群众是否赞成、是否满意、是否受益作为检验决策是否正确的根本标准。

国有企业党组织要坚定不移走群众路线，推行决策公开制度，自觉接受职工群众的监督。对事关职工群众切身利益的重要决策事项，除涉及国家秘密及企业商业机密事项外，应及时通过会议、文件和企业网上工作平台等形式，根据有关要求在一定范围内公布，广泛征求职工群众的意见建议，增强决策的透明度，扩大群众的参与度，以更好地凝聚职工群众共识、集中职工群众智慧、团结职工群众力量，确保决策的制定、执行和成效由职工群众来检验和完善。实行决策责任追究制度，按照“谁决策、谁负责”的原则，建立健全决策后评价制度和决策责任追究制度，做到权利和责任相统一，形成决策失误的容错纠错改正机制。加强对决策资料的归档管理，增强决策的可追溯性。加强对决策执行情况的监督检查，把落实“三重一大”事项决策制度列入领导干部特别是“一把手”党风廉政建设和述职述廉的重要内容，依照制度对决策失误的责任人进行严肃追究，并及时对决策的不足之处进行修正、补充和完善，努力把决策失误造成的损失降到最低限度。加强对贯彻执行民主集中制情况的监督检查，形成贯彻

执行民主集中制情况的考核评价体系，有效保障民主集中制各项制度的贯彻落实。认真总结决策及贯彻执行中的好经验好做法，并以制度机制方式固定下来，形成贯彻执行民主集中制的长效机制，切实增强企业党组织的生机与活力。

第三节　夯实企业文化内核

一年企业靠产品，十年企业靠品牌，百年企业靠文化。企业文化是企业的灵魂，是企业发展的软实力和核心竞争力所在，也是推动企业发展壮大更基本、更深沉、更持久的力量。价值观是文化最深层的内核，价值观自信是文化自信最本质的体现。企业的命运最终是由企业的价值观也就是企业文化所决定的。一个企业能否长久生存，正确的发展战略、科学的管理体系、有竞争力的技术和产品很重要，但最重要的是要有正确的企业价值观，也就是要有能够凝聚人、塑造人、引导人的优秀企业文化。国有企业文化是指在社会主义核心价值观指导下，在推动企业做强做优做大过程中，经过企业党组织的长期倡导和全体党员干部职工的积极认同、实践与创新，所形成积淀起来的管理思想、管理方式、管理理论、群体意识，以及与之相适应的思维方式和行为规范的总和。相对于企业的技术产品和物质财富而言，企业的精神财富也就是企业文化更为宝贵、更富特质，包括技术、产品和管理方式这些企业外在的东西都是可以创造出来的，而企业的内生动力、潜意识动力和对企业的认同感、荣誉感、归属感等，是广大职工群众在推动企业发展壮大过程中的生产、经营、管理等思想、理念、行为和价值追求的共同积淀和遵守，绝不是简简单单就可以做出来的，这正是那些优秀企业坚不可摧的根本原因。

企业文化具有鲜明的企业个性和时代特色，是企业的灵魂，是企业的软实力和核心竞争力所在，是企业发展的原动力。优秀的企业文化集中体现了企业的基本宗旨、经营哲学和行为准则，具有强大的凝心聚力作用和激励约束功能，并对企业生产经营管理起到优化作用。尤其在全球经济一体化时代，文化力量已经成为同资本力量同等重要，甚至比资本力量更为重要的企业发展推动力。因此，培育高素质专业化的干部人才队伍，培养担当建设具有全球竞争力的世界一流企业宏伟目标的新时代劳动者，建设优秀的企业文化，已经成为现代企业谋求提高核心竞争力和可持续发展的根本途径。国有企业要不断做强做优做大、建设具有全球竞争力的世界一流企业，必须加强以社会主义核心价值观为内核的企业价值观建设，努力夯实企业文化内核，构筑企业精神、企业价值、企业力量，不断增强对企业的政治自信、制度自信、管理自信、技术自信、品牌自信和市场自信，凝聚发展的精神动力，以优秀的国有企业文化立起新时代中国企业文化道德高地。

一、教育引导党员干部职工树立正确价值取向

人是企业管理的主体，企业是靠人干出来的。建设什么样的企业，实现什么样的目标，人是决定性因素。企业核心价值观建设，归根到底是人的思想建设、灵魂建设，聚焦的是培养造就具有正确世界观、人生观、价值观的社会主义建设者。企业的生产经营，包括生产资料的使用、产品设计等工作，需要靠人去落实；企业的质量效益，包括专业化、专门化、精细化管理和技术创新等工作，需要人去执行；企业的发展壮大，包括改革发展、品牌塑造、兼并重组、资本运作等工作，需要人去谋划。注重对人的培养，注意引导企业职工群众树立共同的价值观念，从而形成向心力朝着共同的奋斗目标前进，是所有优秀企业发展壮大的成功基因。松下幸之助有一句名言：松下公司是制造人才的地方，兼而制造电器产品。事实雄辩地证明，人才是第一资源，是事业发展进步之本，如果不注重培养人才，不注重加强人才队伍建设，就不可能有成功的事业。

国有企业肩负着实现国有资产保值增值、做强做优做大国有资本、建设具有全球竞争力的世界一流企业，巩固党执政的物质基础和政治基础的重任，党员干部职工的能力素质作风如何，直接关系着企业发展的兴衰成

败。党的十九大报告明确提出了建设高素质专业化干部队伍要求。对国有企业党员干部特别是领导干部而言，高素质就是要政治素质过硬，就是要做到对党忠诚、干净干事、勇于担当；专业化就是要本领高强，就是要做到勇于创新、治企有方、兴企有为。国有企业党组织要认真贯彻落实党中央的决策部署，教育引导党员干部职工牢记国有企业姓党姓国的政治属性，自觉提高政治站位、站稳政治立场，自觉端正世界观、人生观、价值观和权力观、地位观、利益观，牢固树立正确的价值取向，正确地对待国家、对待企业、对待人生。突出服务国家和地方经济社会发展战略大局的功能定位，大力倡导“为国企服务为荣、为社会奉献为荣”的价值取向，大力培育“讲责任、勇担当、甘奉献”的价值理念，强化提升“爱岗敬业、甘于奉献，勇于负责、敢于担当，刻苦学习、积极进取，艰苦奋斗、自强不息”精神，铸造心中有党、心有国企的独特精神标识，着力打造“有自信、尊道德、讲奉献、重实干、求进取”的新时代国有企业建设者，努力实现从“经济人”“社会人”向忠诚干净担当的高素质专业化干部职工转变。

二、着力提升干部队伍精气神

人性是党性的基础，党性是人性的升华。毛泽东同志指出，人活着，总是要有一点精神的。每一个人特别是共产党员所需要的这种精神，既是品格修养、胸怀境界，也是思想信仰、人生态度，更是纪律意识、规矩意识。每一个人特别是共产党员只要有了这种精神，就可以使道德情操得以完善、精神境界得到升华、政治素养不断增强，就是一名合格的人、优秀的人，就是一名合格的共产党员，并淬火成钢最终成为优秀的共产党员。精神是人最宝贵的财富，伟大的精神成就伟大的业绩。党的十八大以来，特别是全国国有企业党的建设工作会议以来，通过加强和改进党的领导、党的建设，党对国有企业的领导进一步加强，广大党员干部职工的精神面貌、企业的精神面貌都发生了明显的好转，有力增强了国有企业改革发展的活力和动力。但面对新形势新任务新要求，国有企业干部职工队伍总体上还存在政治还不够过硬、本领还不够高强的情况，离建设高素质专业化干部队伍和建设具有全球竞争力的世界一流企业目标要求还有不少差距。国有企业党组织要以树立“为国企服务为荣、为社会奉献为荣”为价值取向，以培育“有自信、尊道德、讲奉献、重实干、求进取”的新时代国有企业建设者为目标，严把政治立场、政治站位和纪律意识、规矩意识，着力提振党员干部职工的精气神，努力在新时代干出新气象、实现新作为、作出新贡献。

坚持政治引领，突出政治标准，加强政治素质和政治能力建设，教育引导广大党员干部职工不断强化政治责任，保持政治定力，把准政治方向，提高政治能力。强化政治理论学习，坚持用习近平新时代中国特色社会主义思想武装头脑、凝心聚魂，引导党员干部职工切实树牢“四个意识”，坚定“四个自信”，坚决做到“两个维护”，不断提高政治素质。突出党性教育党性锤炼，利用红色教育资源举办党性教育专题培训班，让党员干部职工接受红色教育，传承红色基因。探索创新“党性教育 +”模式，采取军事训练、拓展训练等形式，磨练党员干部职工意志，锤炼提升党性。把锤炼党性、建强团队、促进发展作为强化提升作风的重要抓手抓紧抓实，扎实推进“两学一做”学习教育常态化制度化，深化拓展“不忘初心、牢记使命”主题教育，积极开展“亮身份、挑重担、比境界、作表率”劳动技能竞赛活动，教育引导党员干部职工坚定政治信仰，始终做到不忘初心、牢记使命、永远奋斗。坚持树标杆学榜样，大力弘扬劳模精神、劳动精神和工匠精神，积极组织开展学先进、创一流活动，引导党员干部职工主动找差距、补短板、促提升，善于发现典型、培育典型、宣传典型，自觉向先进典型看齐，营造对标先进、见贤思齐、诚实劳动、勤勉工作、积极向上、争创一流的浓厚氛围。坚持严管厚爱相结合、激励约束相并重，坚持依规依纪依法，多渠道全方位加强党员干部职工的监督管理，坚持抓早抓小，注重“咬耳扯袖、红脸出汗”，认真查找思想深处的问题，不断补钙壮骨、固本培元。深化工作实绩跟踪纪实，紧盯重点人、重点事、重点岗位，紧盯不担当、不作为、不主动、不落实等问题，对党员干部职工的苗头性倾向性问题及时批评教育，并将讲责任、勇担当、甘奉献情况列入考核评价、选拔任用、奖励惩处的重要依据。强化激励强化约束，让那些吃苦的人吃香、实干的人实惠、有为的人有位，让那些不愿吃苦、不尚实干、不肯作为的人失去市场，让广大党员干部职工专心谋事、用心做事，在干事创业中求进步、求发展，在做好工作中有盼头、有劲头，确保严守底线、不碰红线，确保干净干事、风清气正。

三、弘扬劳模精神、劳动精神和工匠精神

党的十九大报告提出，要“建设知识型、技能型、创新型劳动者大军，弘扬劳模精神和工匠精神，营造劳动光荣的社会风尚和精益求精的敬业风气”。这对于国有企业党员干部职工汇聚正能量建功新时代，创建具有全球竞争力的世界一流企业具有重要的指导意义。中国工人阶级既是中国特色社会主义物质财富的创造者，也是中国特色社会主义精神财富的创造者，更是践行中华民族精神的重要力量。人们常说“咱们工人有力量”，就是因为国有企业广大党员干部职工讲责任、勇担当、甘奉献，就是因为国有企业广大党员干部职工有一种为国家为人民真诚奉献的精神。企业劳动模范和大国巧匠，是广大党员干部职工的思想工作生活标杆，对推动企业做强做优做大具有很强的示范引领作用。

何为劳模精神？习近平同志 2014 年在接见新疆劳模代表时的讲话中明确了劳模精神的时代意涵，即“爱岗敬业、争创一流，艰苦奋斗、勇于创新，淡泊名利、甘于奉献”。何为劳动精神，劳动精神是关于劳动的理念认知和行为实践的集中体现，在理念认知上表现为全社会尊重劳动、崇尚劳动、热爱劳动，在行为实践上表现为劳动者辛勤劳动、诚实劳动、创造性劳动，两者构成劳动精神内涵的整体①。何为工匠精神？美国畅销书作家亚力克·福奇在《工匠精神》一书中作了回答：“任何人只要有好点子并且去努力实现，就可以被称为工匠”，并指出工匠的核心不是“制作”什么，而是一种心态。安徒生之所以能够成为世界童话大王，很重要一点，就是拥有一颗真诚关心儿童精神世界的“童心”和“匠心”。在安徒

① 吕国泉、李羿：《弘扬和践行劳动精神》，企业文明网，2018 年 4 月 17 日。

生逝世前，有一位音乐家对他说：“我要给您专门谱写一首葬礼进行曲。”安徒生说：“我写了一辈子童话，给我送葬的人，多数会是小孩子。所以你写的这首进行曲，节拍最好能够配合小孩子那种细碎的脚步。”一滴水可以看见大海，一粒沙可以看到世界。一个人一辈子如果能做成一件事，必定是他的精神世界的每一个角落都是在想着这件事，这便是“工匠精神”。由此可以看出，工匠精神体现的是精益求精的工作态度和对精品的坚持和追求，主要内涵包括严谨、细致、专业、专注、敬业、坚持等，体现了劳动者钻研技能、精益求精、坚守品质、追求卓越的职业精神；劳动精神主要体现为对劳动的尊重、崇尚和热爱，就是要做到辛勤劳动、诚实劳动、创造性劳动；劳模精神主要体现为劳动者的干劲、闯劲、钻劲，彰显劳动的价值、展现劳动者的境界。劳动精神是劳模精神、工匠精神的基础；劳模精神是劳动精神的集中体现，是时代劳动者的“精神图腾”；工匠精神是对劳动精神的精粹提升，并赋予了劳模精神的时代新内涵。劳动精神面向的是广大劳动者，劳模精神主要面向劳模群体，而工匠精神更多的是面向有一技之长的产业工人。劳模精神、劳动精神和工匠精神是时代精神的具体体现，是推动社会前进的不竭动力。

国有企业是产业工人云集的地方，也是彰显劳模精神、劳动精神和工匠精神的地方。一个没有劳模和工匠的企业，是一个可悲的企业，而一个拥有劳模和工匠却不知道尊重弘扬劳模精神和工匠精神的企业则更为可悲。翻开国有企业的发展史，就会发现中国的劳动模范和大国工匠从未缺位。从 1956 年的第一辆解放牌汽车，到 1958 年的第一辆拖拉机；从 1957 年建成的万里长江第一桥武汉长江大桥，到 2018 年建成的世界最长跨海大桥港珠澳大桥；从 1960 年大庆会战开发建设世界级大油田，到震惊世界的“两弹一星”；等等，国有企业为中国经济社会发展、科技进步、国家建设、民生改善作出了历史性贡献，涌现出了钢铁劳模孟泰、纺织劳模赵梦桃、大庆铁人王进喜、中国航天和导弹之父钱学森、原子弹之父邓稼先、氢弹之父于敏、核司令程开甲、航空报国英模罗阳、中国天眼之父南仁东等一大批劳动模范和大国工匠。“高炉在、孟泰在”“现在，我才体会到要做人民勤务员这句话的意思，这话深得很！谁要能真懂了这句话，就懂得什么是共产党员了”“宁可少活二十年，也要拿下大油田”“我是大唐的后代，我的一腔热血只图报国，我的根在中国”“假如生命终结后可以再生，那么，我仍选择中国，选择核事业”“一个现代化的国家没有自己的核力量，就不能算真正的独立”“成就更大的是回国之后，国外你再大也是外国人；我从事核武器（研究）到今天的体会是，人生的价值在于贡献，为人民贡献，为国家贡献”“外国人能干成的事情，中国人同样能干成，而且还能干得更好”“这个东西（FAST 项目）如果有一点瑕疵，我们对不起国家和整个贵州省人民”……多么朴素的语言，多么朴实的行动，多么感人的精神，一如江河上的浪花标识流速，又如天空中的星星定位方向。正是这些时代楷模怀着对党的事业的无限忠诚和对祖国的无限热爱，正是这些劳动模范身上那种创造、奋斗、团结和梦想的精神，正是这些大国工匠身上那种打不垮、压不怕、在压力和挫折面前越战越勇的精神，激励着国有企业广大党员干部职工以壮丽的人生书写出奋斗的史诗，定义了时代的价值导向，谱写着共产党人光照人间的精彩篇章。可以说，国有企业的发展壮大历程，既是一串串积跬步致千里的坚实足迹，更是一个个奋不顾身、殚精竭虑、忠心报国的英雄壮举。

习近平同志指出：“劳动模范是民族的精英、人民的楷模；大国工匠是职工队伍中的高技能人才。”国有企业党组织要教育引导广大党员干部职工自觉以这些民族精英、人民楷模为榜样，树立劳动最光荣、劳动最崇高、劳动最伟大、劳动最美丽的理念，倡导辛勤劳动、诚实劳动、创造性劳动，唱响社会主义是干出来的、新时代是干出来的社会主旋律，唱响事业是奋斗出来的、幸福是奋斗出来的劳动者之歌，切实尊敬推崇劳模和工匠，用劳模的干劲、闯劲、钻劲鼓舞人，用工匠的严谨、细致、专业、专注、敬业、坚持引领人，激励广大党员干部职工争做新时代的奋斗者，营造劳动光荣的社会风尚和精益求精的敬业风气，厚实培育劳模精神、劳动精神和工匠精神的社会土壤，不断提高劳模精神、劳动精神和工匠精神的吸引力、感染力和影响力。搭建党员干部职工充分发挥技术技能的平台，重点围绕企业改革创新、攻坚克难工作开展劳动技能竞赛活动，健全劳动技能竞赛机制，打造一批集劳动技能集训、竞赛、交流和展示等多功能为一体的劳动技能竞赛基地，鼓励广大党员干部职工自觉学习新知识、钻研新技术、提升新技能，破解生产经营难题，提高产品质量品质，并按月或季度评选优秀职工和岗位明星，发挥典型引领作用，切实改变重学历轻能力、重装备轻技术、重理论轻操作的观念，推动形成重学重技、尊重劳动、崇尚技能、鼓励创造的社会风尚。优化工匠培养模式，注重抓好职业教育，整合企业培训资源，构建以优势产业为纽带、相关科研院校为龙头、职业技术院校为基础、相关企业参与的能工巧匠培养体系，提高职业教育专业化水平。改革人才评价机制，通过信仰留人、事业留人、感情留人、待遇留人，让更多的能工巧匠立足岗位、爱岗敬业、真诚奉献，干一行爱一行、钻一行精一行、管一行通一行。探索建立和不断健全完善符合技术工人特点的分配制度和长效激励机制，促进多劳者多得、技高者多得，加快职工科技创新成果转化，提高产业工人的政治待遇、经济待遇和社会待遇。创新劳模培养选树和管理服务工作，积极落实劳模政策，加强劳模教育培训，为劳模成长搭建平台、创造条件，做到政治上信任、工作上支持、生活上关心。加大对先进典型和模范事迹的宣传力度，大力弘扬劳模精神、劳动精神和工匠精神，组织劳模、工匠进课堂、进车间、进班组，传技授艺、互帮互带，让劳动光荣、诚实劳动的社会风尚和勤勉工作、精益求精的敬业风气在企业蔚然成风。广大劳动模范和大国巧匠要自觉站在时代前列和创新前沿，不断学习新知识、钻研新技术、开发新工艺、创造新发明，努力在业务上精益求精、追求极致、争创一流，创造出更多高质量的精益产品。

四、扎实开展劳模和工匠人才创新工作室创建活动

人类文化由人所创造为人所特有，并由人传承和延续。企业文化由职工群众所创造为职工群众所特有，并由职工群众传承和延续。围绕发挥先进典型的模范带头示范引领作用，做好“传帮带”工作，按照《中华全国总工会关于进一步深化劳模和工匠人才创新工作室创建工作的意见》工作部署，结合组织开展劳动技能竞赛活动，国有企业党组织应根据生产经营

和创新发展工作需要，在企业持续开展劳模和工匠人才创新工作室[①]创建活动，更好地学习先进典型、传承榜样力量，不断夯实企业文化内核。通过创建活动，充分发挥劳动模范和工匠人才在企业实施创新驱动发展战略、推动高质量发展中的示范引领和骨干带头作用，动员广大党员干部职工立足本职岗位创新进取、争创一流，加快形成人人敢创新、人人会创新、人人善创新的良好局面，打造一支规模宏大、技能精湛、素质优良、结构合理的技术工人队伍，不断发现和破解生产经营中的急难险重问题和技术难题，为推动企业不断做强做优做大、建设具有全球竞争力的世界一流企业建功立业。

劳模和工匠人才创新工作室创建活动的主要要求是：通过组织开展劳模和工匠人才创新工作室创建活动，进一步弘扬劳模精神、劳动精神和工匠精神，丰富劳模精神、劳动精神和工匠精神的时代内涵，展示劳模和工匠的时代风采，更好地发挥劳模和工匠的示范引领作用，更好地传播劳模和工匠的劳动技能、敬业精神、创新方法、管理经验，搭建党员干部职工学习交流、攻坚克难的工作平台，夯实大众创业、万众创新的群众基础，引领带动广大党员干部职工不断提高自主创新能力、劳动技能水平和经营管理能力，培育一支学习能力强、创新能力强、业务素质高的党员干部职工队伍，造就更多的创新人才和能工巧匠，促进优秀创新成果和科学技术向生产力转化应用，增强企业的自主创新能力和核心竞争力，在推动企业创新驱动、实现高质量发展中发挥工人阶级主力军作用。

劳模和工匠人才创新工作室创建活动的基本条件是：按照有工作团队、有工作平台、有创新成果、有工作制度和有示范效应的“五有”要求，切实做到：一是要有工作团队，每个劳模和工匠人才创新工作室应至少有

---

① 《中华全国总工会关于进一步深化劳模和工匠人才创新工作室创建工作的意见》明确指出，劳模和工匠人才创新工作室，是指由较强技术能力、业务能力、创新能力和管理能力的劳模、工匠人才领衔，以技术创新、管理创新、服务创新和制度创新为主要内容，以解决工作现场难题、推动所在单位创新发展为目标的群众性创新活动团体。劳模和工匠人才创新工作室一般以劳模、工匠人才名字命名，特殊情况下也可以用单位、部门、班组车间简称命名。

1名理论水平高、创新能力强和工作经验丰富的劳模或有精湛技艺的工匠人才为领衔人，组成工作团队；二是要有工作平台，有固定的活动场所、基本设备设施和技术攻关课题，并有相应的配套经费，能够定期有效开展创新活动；三是要有创新成果，具有较强的技术创新和攻关能力，持续开展创新创造活动，每两年至少有1—2项创新成果或技术研发专利；四是要有工作制度，建立健全相对完善的活动开展、学习研究、技术攻关、成果转化、奖励约束、内部管理等制度机制，并张贴上墙或网上公布；五是要有示范效应，发挥创新创业示范效应，在围绕本企业生产经营实际开展技术攻关、劳动技能“传帮带”活动、总结推广先进操作（工作）法、促进科技成果转化工作中成为标杆，取得明显的经济社会效益，引领带动本企业、本行业、本领域、本地区乃至更大范围的职工群众性技术创新活动持续深入开展。

劳模和工匠人才创新工作室创建活动的主要任务是：围绕培养行业和领域的拔尖技能人才，着力发挥劳模和工匠人才、技术带头人的业务专长和技术优势，带领广大党员干部职工积极围绕企业生产经营管理中的重点难点问题，大力开展技术攻关、技术改造、技术协作、技术发明、技术革新、科技创新、产品创新、管理创新、服务创新、经营创新、业务创新、难点攻关、科学研究等活动，努力解决企业生产、经营、管理、科技、工作实践中遇到的技术开发、产品研发、工艺改造、安全生产、管理体制等难题。围绕激发劳模和工匠人才创新工作室的创新潜能，进一步提高各种类型劳模和工匠人才创新工作室的创新攻关能力、创新成果转化能力，鼓励职业相关、技术相近、技能相通的工作室领衔人和职工群众互学互鉴，共同提升技术创新能力水平，推动企业不断增强核心竞争力。其中，技术攻关型劳模和工匠人才创新工作室要紧贴企业生产经营实际，开展群众性技术攻关、技术革新和发明创造活动，破解技术难题，推动企业技术进步；技能传授型劳模和工匠人才创新工作室要为劳模和工匠人才传授绝技绝活提供平台和条件，达到“传帮带”效果的最大化，培养和造就一大批高技能人才；窗口服务型劳模和工匠人才创新工作室要在适应客户需求、改进服务流程、拓展服务手段上大胆创新，不断提高服务质量和水平。

劳模和工匠人才创新工作室创建活动的主要目标是：坚持高标准严管理重考核，建立健全相关管理制度、工作台账和考核评价制度，切实做好技术培训、技术比武、业务交流、高师带徒等工作，加强日常管理和跟踪指导，同时及时总结创建活动中的好做法好经验，提炼形成可观摩、可借鉴、可复制的经验，以点带面整体推进。要通过持续不懈的努力，推动劳模和工匠人才创新工作室的运作更加规范，创新创效成绩更加突出，品牌影响力更加显著，切实把劳模和工匠人才创新工作室打造成为真正成为发挥劳模和工匠人才作用，弘扬传承劳模精神、劳动精神、工匠精神的“新平台”、解决生产技术难题的“攻关站”、推动企业技术创新的“孵化器”、培养高技能人才的“练兵场”，最大限度发挥劳模和工匠人才创新工作室的示范引领、人才集聚、创新攻关、培育传承等功能，不断提高党员干部职工队伍的整体素质，建设一支知识型、技能型、创新型劳动者大军，为实现中华民族伟大复兴的中国梦作出国有企业新的更大的贡献。

五、加强企业荣誉体系建设

荣誉体系是企业文化的重要组成部分，通过加强企业荣誉体系建设，有利于向职工群众灌输企业文化和企业价值观，鼓励职工群众在工作生活中积极向上，与企业同进步共成长，实现自身人生价值。荣誉体系建设事关企业文化内核养成，事关职工群众精气神。荣誉激励不仅能使对企业发展有突出贡献的职工群众受到社会的尊重认可，也可以使职工群众的自身价值得到最大限度的实现，激励职工群众再接再厉为企业和社会创造新的更大业绩，做出新的更大贡献。必须看到，随着经济的快速发展，企业间的竞争日益激烈，职工“跳槽”现象日益增多，一定程度上给企业的发展带来障碍。虽然常见的跳槽原因表现为如对现有薪水不满、人岗不能相适、才能得不到有效发挥，以及企业发展前景暗淡等，深层次原因则在于企业文化和荣誉体系建设不健全，致使职工群众的劳动成果和价值得不到应有的体现和尊重，工作缺乏方向感、动力感，无法满腔热情地投入到工作中去。建立健全企业荣誉体系，有利于增强职工群众的主人翁意识，创造拴心留人的环境，调动职工群众干事创业的积极性、主动性和创造性，引导和鼓励职工群众实现更高层次的价值追求，为企业持续健康发展提供源源不断的动力。

国有企业党组织应适应加强企业文化建设的需要，建立健全涵盖各级别、各层级、各岗位类别人员的以德才兼备、以德为先、价值贡献、文化认同、专业能力、服务期限为标准的企业荣誉体系。结合每年度组织开展的纪念“七一”党建庆典、“五一”国际劳动节、“五四”青年节、“三八”国际妇女劳动节和年末总结等表彰活动，将企业年度先进党组织、优秀共产党员、优秀党务工作者、创新之星、优秀职工、工作能手、岗位标兵、“三八”红旗手等列入荣誉体系范畴。大力弘扬先进典型和模范事迹，让职工群众对照找差距、努力有方向，撸起袖子加油干，用辛勤劳动创造自己的美好生活、帮助他人，做最好的自己、最美的自己，不断强化价值认同和行动自觉。用好用活企业荣誉体系，把荣誉激励与工作绩效挂钩，适当提高获得企业荣誉的党员干部职工的绩效或年终奖，对有突出贡献的党员干部职工给予特殊奖励。健全完善进入企业荣誉体系的先进党员干部职工晋升管理办法，打通晋升通道，鼓励广大党员干部职工努力创造、努力奋斗、团结进取，发挥荣誉激励的倍增效应，凝聚起做强做优做大国有企业的强大精神力量。

第四节　做实做细思想政治工作

思想政治工作是国有企业的传家宝，是国有企业改革发展的生命线，对于加强企业管理、提高质量效益、稳定职工队伍，对于凝聚职工群众力量、激发企业正能量具有重要作用。党的十九大报告明确指出：“党支部要担负好直接教育党员、管理党员、监督党员和组织群众、宣传群众、凝聚群众、服务群众的职责。”党的十九大审议通过的《中国共产党章程》中明确规定，党的基层组织要密切联系群众，经常了解群众对党员、党的工作的批评和意见，维护群众的正当权利和利益，做好群众的思想政治工作；国有企业党组织要加强自身建设，领导思想政治工作、精神文明建设和工会、共青团等群团组织。《中国共产党支部工作条例（试行）》明确指出，党支部要坚持践行党的宗旨和群众路线，组织引领党员、群众听党话、跟党走，成为党员、群众的主心骨。积极开展并认真做好职工群众的思想政治工作是国有企业党组织的基本职能，是党组织发挥把方向、管大局、保落实作用的主要手段，也是国有企业独特政治优势的重要表现。

随着改革开放的深入推进，国有企业思想政治工作所面临的环境发生了许多新的变化，带来了许多新的挑战、新的课题。但一段时间以来，部分国有企业思想政治工作有所弱化，甚至出现有的党员干部不愿做、不会做思想政治工作的现象。主要表现在：一是部分国有企业领导干部过分看重企业的眼前利益，而不是注重企业的长远发展，把职工群众看作为“经济人”“社会人”而不是当成主人翁，从而轻视甚至忽略了做职工群众的思想政治工作；二是思想政治工作没有科学有效地融入企业生产经营工作中去，与生产经营工作严重脱节的“两张皮”现象突出；三是面对职工群众关注的热点难点问题主动发声不够，方式方法单一，引领凝聚作用较差；四是党务工作者队伍人员老化现象严重，专业知识和综合素养跟不上形势和任务的发展需要，不懂得也不会做新形势下职工群众的思想政治工作。新时代国有企业所处的社会环境、经营环境，以及职工群众的队伍结构、素质结构、利益诉求、思想观念、价值取向等都发生了深刻变化，思想政治工作如果跟不上，就会散了人心、乱了队伍。必须把不断加强和改进思想政治工作，作为国有企业党组织的一项经常性、基础性工作抓紧抓好抓细抓实，切实增强职工群众的凝聚力、向心力、战斗力，更好地推动企业持续健康发展。

一、建立健全思想政治工作领导体制

开展思想政治工作是国有企业党组织的基本职能，做好新形势下职工群众的思想政治工作是国有企业党组织的重要职责。国有企业党组织要高度重视做好职工群众的思想政治工作，始终坚持围绕中心抓党建、抓好党建促发展的思路，把思想政治工作列入党建工作重要内容，做到同部署、同落实、同检查、同考核。明确企业年度思想政治工作重点内容和主要任务，建立工作台账，明确领导机制、工作责任人和时间进度，明确由企业党群工作部门牵头，组织人事、工会、共青团和女工委等相关部门协同，党员干部职工共同参与、合力推进的思想政治工作建设新格局，健全完善齐抓共管机制。坚持每季度召开思想政治工作例会，每月召开党群工作部门例会，督促检查思想政治工作落实情况。

领导干部特别是领导班子成员是企业的主心骨，领导干部的思想政治建设工作情况如何，对职工群众的思想政治建设工作具有指导性、方向性作用。必须高度重视并切实抓好企业领导干部特别是领导班子成员的政治思想意识建设工作，深化其正确的政治思想，明确其肩负的思想政治工作职责，强化守土有责、守土尽责意识，通过领导干部思想政治工作的加强，引领带动企业思想政治工作的加强；通过领导干部思想政治工作理念的创新，推动企业思想政治工作方式方法的创新。目前，围绕贯彻落实“一岗双责”，国有企业已经基本形成了以党员干部为主体、以群团组织为纽带、以党的各级组织为保证的，全方位、多层次、干群结合、专兼结合、齐抓共管的党建工作网络。国有企业党组织要充分发挥好“一岗双责”党建工作网络的重要作用，将思想政治工作纳入其日常运行机制，发挥好党员干部职工的主体作用，把管人、管事、管思想有机结合起来，使思想政治工作的触角延伸到企业的每一个项目、每一个业务、每一个行业、每一个领域，确保所有党员在做好本职工作的同时，又能积极主动做好身边职工群众的思想政治工作，形成“党政融合、权责明确、优势互补、团结协作、相互促进”的思想政治工作新局面。

积极探索践行思想政治工作的新方法、新途径、新载体，巩固壮大主流舆论阵地，强化主流意识形态传播，让企业深化改革的目的意义、思路举措深入人心，让企业改革发展的优异成绩、成功经验、社会责任和昂扬向上的精神状态广泛传播。尤其是在“互联网 +”时代，要以推进传统媒体和新兴媒体深度融合为重点，深入推进传播手段建设和创新，积极唱响思想政治工作主旋律，坚持知与行相统一，紧贴职工群众思想实际，探索开展丰富多彩的实践活动，努力把思想政治工作新要求转变为职工群众的自觉行为。充分发挥党务工作者队伍在加强企业职工群众思想政治工作中的重要作用，畅顺思想政治工作者队伍成长通道，不断增强思想政治工作者的责任感和使命感，激发做好思想政治工作的积极性、主动性和创造性，更加奋发有为地做好职工群众的思想政治工作。健全完善思想政治工作考核机制，加强对企业党组织开展思想政治工作的监督检查和考评考核，确保各项工作部署要求落到实处、结出硕果。

二、始终聚焦生产经营开展思想政治工作

国有企业思想政治工作不能“空对空”“两张皮”，其方向和内容必须紧贴世情国情党情、紧贴企业中心工作、紧贴职工群众思想工作和生活实际，不断增强政治性、时代性、针对性和实效性，从而把党的路线方针政策和社会主义核心价值观，以及企业文化核心价值，内化为职工群众的精神追求，外化为职工群众的自觉行动。

搞好生产经营是国有企业的中心工作。国有企业思想政治工作者必须坚持贴近实际、贴近生活、贴近群众的“三贴近”原则，把解决思想问题同解决实际问题结合起来，把思想政治工作科学有效地融入企业生产经营工作中去，始终围绕生产经营工作来开展，以生产经营工作中的热点难点问题为着眼点和发力点。当进行重大决策时，思想政治工作的重点应该放在聚焦企业长远发展战略和目标任务上，加强广大党员干部职工的形势任务教育，引导大家认清形势、明确任务、统一思想、真抓实干，积极服务企业改革发展大局，为企业实现新的发展目标共同奋斗；当企业面临生产经营困难特别是进行重组整合时，思想政治工作的重点应放在解疑释惑、理清思路、增强信心、共渡难关上，鼓励党员干部职工齐心协力、攻坚克难、开拓进取，勇闯改革发展新路；当遇到重大突击性任务时，思想政治工作就应把握时机、因势利导，着力弘扬党员干部职工的主人翁意识和讲责任、勇担当、甘奉献精神，激发广大党员干部职工的干事创业激情，奋

发有为地做好本职工作，确保各项工作任务的顺利完成，从而创造出更大的经济效益与社会效益。

着力推动党的理论创新成果进企业、进车间、进班组、进头脑，结合国内外形势的发展变化、党和国家重大政策措施的出台，大力宣传中国各项事业取得的新进展、新成就，深刻分析经济社会发展面临的新机遇、新挑战，讲清楚中央和上级党委的决策部署，帮助党员干部职工正确认识形势，准确理解把握党和国家以及上级党委、政府的决策部署，引导职工群众听党话、跟党走，始终坚持在大局中思考问题、在大势中谋划工作，自觉把党中央和上级党委的决策部署细化落实到企业改革发展工作中去，转化为职工群众的实际行动。把“大学习”课堂搬到工厂车间、生产一线、项目前沿，重点围绕企业发展、深化改革、产业转型、产品品质、市场开拓、作风建设等内容，利用车间班组小讲堂、手机报、微信群、小报纸、口袋书等多种方式，把中央和上级党委的文件精神和决策部署，转化为职工群众容易接受的语言、文字、图片和视频，确保党的创新理论得到深入贯彻、党的重大决策部署得到坚决落实，引导职工群众自觉把“个人梦”融入到“企业梦”和“中国梦”中去。悉心捕捉职工群众遇到的思想疑虑和实际困难，重点针对劳动就业、社会保障、收入分配、教育卫生、居民住房、安全生产等职工群众关注的热点问题，把党和政府的各项政策举措讲清楚，做好释疑解惑、增进共识工作，同时竭尽全力地帮助职工群众解困难、排忧愁，诚心诚意地帮助职工群众办实事、做好事、解难事，真正把思想政治工作做到职工群众心坎上。及时向职工群众分析市场环境的新变化，阐明企业改革发展的新任务，介绍企业发展的长远规划和实施路径图，不断增强职工群众做好改革发展工作的信心和动力。

企业文化是职工群众共同的精神家园和行为准则，有利于促进企业上下的统一性和协同性，把职工群众团结在一起、凝聚在一起。国有企业党组织应紧密结合企业的功能定位和发展战略，深入挖掘企业发展壮大和转型升级过程中的好决策、好思路、好做法和先进人物、先进典型等企业文化积淀，总结提炼并上升至企业核心价值理念，同时充分运用各种传播手段强化企业文化理念的宣传、灌输和渗透，使之成为广大职工群众的精神追求、价值取向和行为规范，进一步达到激发人、凝聚人、引领人的目的。深化企业精神文明创建活动，广泛开展创建学习型企业活动，深入开展形式多样的群众性文化体育活动，在职工群众中形成热爱学习、积极上进、岗位建功、奉献社会的良好风气，更加爱国爱企、爱岗敬业、创新进取、争创一流，扎扎实实做好本职工作。加强正能量宣传，用企业砥砺奋进的成绩激励广大职工群众，以各类先进典型特别是劳动模范和大国工匠的榜样力量感召广大职工群众，使大家学有榜样、赶有方向。着力统一企业形象标识，突出企业个性特色，讲好企业故事，传播企业声音，树立企业良好的品牌形象，使广大职工群众时时处处以企业为荣、以企业为家、为企业自豪。

三、加强职工群众思想动态分析

加强国有企业思想政治工作，做好职工群众思想动态分析是基础，只有及时了解掌握职工群众思想的新变化，才能增强思想政治工作的针对性和实效性。人的思想会随着客观环境、形势任务、利益得失等的变化而变化。企业职工群众的思想也一样，会随着社会环境、工作任务、生活需求和进步成长等的变化而变化，并随着互联网等的快速传播进而影响身边人。职工群众心态积极、昂扬向上，言行举止就会良好得体，就会对身边人和职工群体产生正面效应；职工群众心态消极、精神不振，言行举止就会有失公允，就会对身边人和职工群体产生负面效应。职工群众的心态是否积极健康，与他们对企业的认同感、获得感、幸福感和归属感等有很大关系，与党组织的向心力、凝聚力、战斗力强弱等有很大关系。思想政治工作是围绕活生生的人来做的，如果不加强对职工群众思想状况的动态分析，及时了解掌握职工群众思想的新变化新动态，加强思想政治工作就会无的放矢、无处入手。

国有企业党组织要根据职工群众思想变化的特点和规律，改进思想政治工作的方法途径，建立职工群众思想动态反映制度。职工群众的所需所盼就是思想政治工作的导向和重点。国有企业党组织要积极将心理学引入到思想政治工作中去，探索思想政治工作与职工群众帮助计划服务融合推进的模式，成立心路工作室，依据职工群众的心理需求设立咨询室、辅导室、测评室、减压室等功能服务区，为职工群众搭建纾解压力、放松身心的服务平台。为做好职工群众的“心检”工作，积极探索开展多种形式的思想动态和心理健康调查测试，可通过手机APP定期邀请职工群众进行微心理问卷测试，通过基层党支部书记、项目党小组组长、车间班组长等定期与职工群众谈心谈话，通过每月一次思想政治工作例会对职工群众的心理和思想进行分析，以及年度体检时依据职工群众的个人意愿进行专业化的心理检测等方式，把握职工群众思想活动趋势，抓住思想和行为的苗头性、倾向性问题，形成职工群众的“心检”报告，建立起帮助计划服务档案。企业党组织要定期进行职工群众思想动态分析，有针对性地加强思想政治教育与心理问题的疏导，进一步提高企业思想政治工作质量水平。通过考察分析职工群众群体的心理健康和心态变化，建立党组织书记抓思想政治工作情况的监督检查和考核问责机制，确保企业思想政治工作部署要求落到实处，确保职工群众的主体地位贯穿于企业改革发展各项工作中，形成尊重人、理解人、关心人、帮助人的团结和谐、凝心聚力的企业文化氛围。

四、畅通职工群众表达诉求渠道

思想政治工作归根到底是做人的工作的，人是思想政治工作的主体，以人为本是现代企业管理的出发点和落脚点，是党的建设的灵魂和重要法宝。加强企业思想政治建设工作，必须坚持以人民为中心的发展思想，以促进职工群众的全面发展为目标，着眼企业的长远发展，用新的眼光审视新时代思想政治工作中出现的新情况、新问题，尤其要从职工群众的思想、工作、生活实际出发，从职工群众最关心、最迫切、最需要解决的实际问题入手，切实解疑释惑、纾困解难、奉献爱心，从而最大限度地激发和调动广大职工群众的工作积极性、能动性和创造性。

发挥广大职工群众的主人翁作用，是中国特色现代国有企业制度的内在要求。越是深化企业改革，越要贯彻全心全意依靠工人阶级的方针，尊重职工群众的主体地位。随着社会主义民主政治建设不断健全发展，职工群众对民主权利的要求越来越高，对知情权、参与权、选举权、监督权等越来越重视，企业党组织和广大党务工作者应通过各种渠道和方式，了解职工群众的愿望诉求，听取职工群众的意见建议，维护职工群众的合法权益，解决职工群众的实际困难，鼓励职工群众参政议事、建言谋策、监督评议，从而充分调动职工群众的主观能动性和工作积极性，更好地凝心聚力解决落实好事关企业改革发展的重大问题特别是热点难点问题，真正起到解疑释惑、化解矛盾，理顺情绪、凝聚人心，振奋精神、推动工作的作用。

切实把推动思想政治工作与生产经营管理、人力资源开发、企业精神培育、企业文化建设等有机结合起来，使职工群众在思想上解惑、精神上解忧、文化上解渴、心理上解压。企业党组织和党员领导干部要坚持重心下移、力量下沉，深入生产经营一线，把解决职工群众思想疑惑同解决工作生活实际困难结合起来，既讲清道理，又办好实事，多做得人心、暖人心、稳人心的工作。坚持严管与厚爱相结合，教育引导职工群众掌握新知识、了解新技术、学习新业务、钻研新技能，不断完善自我，提升综合素质，提高业务本领，增强生存、竞争和发展能力。依据职工群众的思想情绪变化，设立“职工诉求中心”“为民服务中心”等，畅通职工群众表达诉求渠道，建立为民服务窗口，更好地团结凝聚引领职工群众。

五、增强思想政治工作的时代感和吸引力

当今社会是一个信息社会，信息传播的作用之大、速度之快、范围之广前所未有，正在悄然改变着人们的生活，尤其是青年群体的思维模式、行为方式。互联网具有资源丰富、受众主动、双向互动、方便快捷等优势，有效改变了传统的思维模式、管理模式和工作方法。利用“互联网+”开展思想政治工作，主动掌握网络技术新平台话语权，能够有效拓展思想政治工作的现代化路径渠道，提高时效性和实效性，扩大覆盖面和亲和

力，赋予思想政治工作新的时代基因，进一步增强思想政治工作的时代感和吸引力，理应是创新国有企业思想政治工作的一个重要着力点。

国有企业党组织要适应信息网络时代迅猛发展的新形势，主动与“微”资讯融合，将思想政治工作搬到互联网上，利用新媒体新技术，多用“网言网语”，创新话语体系，加强职工群众的线上互动交流，使思想政治工作打上“微”时代标签，赋予“微”信息特质，具有更强的传播力、影响力和感染力。国有企业党组织要在夯实企业原有舆论阵地的基础上，综合运用企业网站、微信、QQ 群、手机 APP、微博等新媒介手段，逐步建立起“互联网 +”模式的传播平台，开展覆盖广泛、机动灵活的微宣讲，让思想政治教育进一线、不断线、受欢迎、见实效，成为直达职工群众心灵的快车。建立健全企业党员干部职工队伍基础数据库，充分运用信息化手段，及时准确掌握党员干部职工的思想状况、生产生活和技术技能等情况，实现数据信息的互通互享、实时更新和深度利用。用好用活微电影、微视频等新媒体，让企业劳动模范、大国工匠、道德模范、优秀共产党员、优秀职工等进行现身说法、主动发声，与职工群众平等、自由地交流沟通，进行问答式分解、通俗化解读、沟通式互动，就容易拉近理论和群众的距离，把思想政治工作的大道理转化为职工群众身边的小道理、暖心事，引发职工群众的思想共鸣。

积极挖掘、培育和选树职工群众身边的典型人、典型事，利用生动活泼、寓教于乐的方式，对人物事迹重新进行总结、提炼、编排，并通过微小说、微音乐、微电影、微视频等“微”作品进行再现、展播，用身边人、身边事教育引导职工群众，发挥先进典型的示范引领作用，鼓励广大职工群众认真对标学习，自觉融入到工作和生活中去，更好地助推凝聚思想共识、建强干部人才队伍、提高工作执行力等目标的实现。把“互联网 +”优势充分发挥出来，引导更多的职工群众参与进来，发挥职工群众的创造性思维，特别是要用好职工群众当中的网络高手、时尚达人等，努力将职工群众的小共识、小行动汇聚成推进企业发展的大共识、大作为。着力加强网上思想引领、技术交流、创新成果展示、企业文化建设等工作，不断丰富拓展思想政治工作的时代新内涵，真正做到理念引领行动、行动促进发展，为企业改革创新转型发展营造良好的舆论环境，推动思想政治工作迈上新台阶。

第五节　加强和改进国有企业党的群团工作

群团工作是中国共产党治国理政的一项经常性、基础性工作。国有企业群团工作是国有企业党建工作的重要组成部分，国有企业群团组织是加强国有企业党的政治建设的重要力量。2015 年 7 月 10 日出台的《中共中央关于加强和改进党的群团工作的意见》指出："群团事业是党的事业的重要组成部分，党的群团工作是党治国理政的一项经常性、基础性工作，是党组织动员广大人民群众为完成党的中心任务而奋斗的重要法宝。"习近平同志在中央党的群团工作会议上强调指出，加强和改进新形势下党的群团工作，最重要的是保持和增强政治性、先进性、群众性。这其中，政治性是群团组织的灵魂，先进性是群团组织属性的应有之义，群众性是群团组织的根本特点。习近平同志强调的群团组织的政治性、先进性和群众性，指出了群团工作的本质属性，明确了群团组织的功能定位，深刻回答了群团事业坚持什么原则、朝着什么目标前进的问题，为做好新时代党的群团工作指明了方向、提供了根本遵循。

国有企业是职工群众、知识青年、巾帼女杰云集的单位，工会、共青团和女工委等群团组织的作用发挥如何，能否紧扣时代主题做好组织宣传职工群众、教育引导职工群众、联系服务职工群众、维护职工群众合法权益等各项工作，发挥好党联系职工群众的桥梁纽带作用，对于充分调动职工群众的积极性、主动性和创造性，推动企业改革发展各项工作落实具有重大的现实意义。新中国成立以来特别是改革开放以来，在党的正确领导下，国有企业群团组织团结协作、相互支持，共同做好党的群团工作，为推动国有企业深化改革、不断做强做优做大，为推进中国特色社会主义事业作出了不懈努力，作出了重要贡献。但也要清醒地看到，面对时代发展、社会变化和职工群众需求带来的新情况新任务，国有企业群团工作还存在一些问题和不足，主要有：群团体制机制与劳动关系、干部职工队伍的新变化还不适应，还滞后于形势任务的发展需要；群团工作载体和手段还不够丰富，针对性和实效性还不够强，与职工群众需求还存在不少差距；一些群团干部的改革创新意识和责任担当精神还不够强，深入基层、服务职工群众的作风还不够扎实，处理复杂问题的能力还有不足，做职工群众工作的本领还有待增强；群团组织体系建设还有待完善、覆盖面有待加强，基层基础薄弱的短板需要进一步补齐；等等。国有企业党组织要深刻理解企业群团工作面临的新形势新任务新要求，紧紧围绕保持和增强群团工作的政治性、先进性、群众性，坚持政治引领指引群团工作、坚持主业引领做强群团工作、坚持法治引领做优群团工作、坚持改革引领创新群团工作，努力以坚定的政治性引领职工群众、以鲜明的先进性组织职工群众、以广泛的群众性凝聚职工群众，组织动员广大职工群众成为全面深化改革的支持者、参与者、推动者，凝聚起推动企业做强做优做大的强大正能量。

一、坚持政治引领指引群团工作

深入细致做好国有企业职工群众工作，密切党同职工群众的血肉联系，是坚持党的群众路线工作的重要组成部分，更是党的重大而紧迫的政治任务。加强和改进新形势下国有企业党的群团工作，必须坚持以党的政治建设为统领，加强党对群团工作的组织领导，健全组织制度，完善工作机制，形成从上到下的强有力组织领导体系。

国有企业党组织要把群团工作纳入党组织建设总体布局，按照“党建带群建、群建服务党建”的要求，从建强组织、建强队伍、建强阵地、建强制度入手，不断健全组织体系、强化服务功能、创新活动载体、夯实基础保障，努力增强群团组织的活力。建立定期听取群团组织工作汇报和专题研究群团工作制度，加强对群团工作重大问题的调查研究，协调解决问题，推动工作落实。政治性是群团组织的灵魂，是第一位的。国有企业群团组织要始终把自己置于党的领导之下，始终坚定正确的政治方向，切实树牢“四个意识”、坚定“四个自信”、坚决做到“两个维护”，坚决贯彻党的意志和主张，严守政治纪律和政治规矩，在政治立场、政治方向、政治原则、政治道路上同党中央保持高度一致；加强对所联系的职工群众的思想政治引领，引导广大职工群众增强对党的基本理论、基本路线、基本方略的政治认同、思想认同、情感认同，正确理解和自觉支持党的理论和路线方针政策，坚决贯彻落实中央和上级党委的决策部署，把所联系的群众最广泛最紧密地团结在党的周围，坚定不移听党话、跟党走。面对新时期职工群众在收入分配、利益诉求、价值取向、思想观念等方面呈现日益多样化、差异化的新特征，企业群团组织要坚持以职工群众为中心的工作导向，深化对干部职工队伍发展变化特点与规律的认识，密切关注职工群众思想、工作、生活等方面的变化，特别是在劳动经济、精神文化、民主法治、公平公正、安全环境等方面多样化的需求，协调解决好不同职工群体之间的利益关系，更好地促进职工群众体面劳动、舒心工作、全面发展。

国有企业群团干部具有懂经营、会管理、善做群众工作的特点，是复合型干部人才的重要来源。必须选优配强群团组织领导班子，坚持德才兼备、以德为先，按照信念坚定、为民服务、勤政务实、敢于担当、清正廉洁的好干部标准，选拔群众工作经验丰富、在所联系群众中威信较高的同志，推荐为群团组织主要负责人人选。现在，确实有一些国有企业党组织没有把群团工作摆上应有的位置，没有落实好群团干部应有的职级待遇，导致工作有名无实，或者只挂名无落实，致使工作浮在面上，落不到实处。必须按照中央的要求落实好群团组织领导干部相应的职级待遇，做到权责分明、责任对等，既有利于压担子抓落实，又有利于锻炼培养干部。进一步健全完善群团工作经费保障制度，确保群团组织有经费办事、有人员干事、有能力做事，增强群团组织工作的活力。广大群团干部要把群众路线作为群团工作的生命线和根本工作路线，深入细致地开展调查研究，扑下身子、沉到一线，深入企业、走进职工，力戒“四风”，面对面、心贴心、实打实做好联系服务职工群众工作，多为职工群众办实事、做好事、解难事，让群团组织在职工群众需要时能看得见、找得到、信得过、靠得住，让职工群众真正感受到群团组织是“职工之家”“青年之家”“妇女之家”，让职工群众真切感受到群团干部是最信得过、靠得住、离不开的“娘家人”、知心人、贴心人。

二、坚持主业引领做强群团工作

团结和引领广大职工群众为企业改革发展工作大局服务，始终是国有企业党的群团工作的价值所在、职责所在。国有企业党组织要清醒地认识到，群团工作的主责主业就是要动员所联系服务的职工群众为完成党的中心任务而奋斗。因此，把群团工作抓实了就能形成生产力，抓细了就能形成凝聚力，抓好了就能形成战斗力。国有企业群团组织要结合企业实际，找准主责主业，把建设服务型群团组织作为首要目标和主要任务，切实做好促进企业改革发展工作与保证职工群众队伍稳定、服务企业生产经营与维护职工群众合法权益工作，努力广泛普遍地联系职工群众，科学有效地服务职工群众。

围绕做好新时期党的群团工作，国有企业群团组织要坚持重心下移、力量下沉，坚持重点在建设、核心在服务、根本在满意，积极探索服务企业、服务职工、服务发展的新思路新举措。把握稳中求进工作主基调，把服务国家重大战略、重大工程、重大项目、重点产业作为群团工作的主攻方向，把树立新发展理念、推动高质量发展、建设现代化经济体系作为群团组织发挥作用的主战场，以“当好主人翁、建功新时代”为主题，深入开展群众性劳动竞赛、技能比武、科技创新、科学普及等活动，把工人阶级主力军作用、青年生力军作用、妇女半边天作用和人才第一资源作用充分发挥出来，努力为实现高质量发展贡献智慧和力量，形成推动企业发展的强大力量。充分利用群团组织的独特优势，采取多种形式，深入开展技术革新、技术协作、发明创造、合理化建议、网上练兵和“小发明、小创造、小革新、小设计、小建议”等群众性经济技术创新活动，搭建技能培训、岗位提升和自主创业平台，动员职工群众立足岗位创新创优，加快创新成果转化和应用推广，充分发挥示范效应和创新引领效应。组织职工群众积极参与深化供给侧结构性改革，投身防范化解重大风险、精准脱贫、污染防治三大攻坚战，践行绿色生产生活方式，促进传统产业转型升级和先进制造业加快发展，努力为建设现代化经济体系、实现高质量发展、建设美丽中国贡献智慧和力量。

围绕培育和践行社会主义核心价值观，大力弘扬伟大民族精神和中华民族优秀传统文化，深化“中国梦·劳动美”主题教育，引导广大职工群众弘扬劳模精神、劳动精神和工匠精神，加强以职业道德为重点的社会公德、职业道德、家庭美德和个人品德“四德”建设，增强主人翁意识，打造见贤思齐、积极向上、创新进取的企业文化，培育担当民族复兴大任的时代新人。创新思想政治工作方式方法，充分运用职工群众喜欢和熟悉的时尚元素、话语体系，加快群团传统媒体与新媒体融合发展，提高思想引领水平，牢牢掌握群团意识形态工作主导权。加强青年职工的理想信念教育，引导广大青年职工把社会主义核心价值观的根扎牢植正。引导广大妇女职工弘扬中华民族传统美德和自尊、自信、自立、自强精神，深入开展文明家庭创建，重视做好家庭教育，传承良好家风家训，培育爱国爱家、相亲相爱、崇德向善、共建共享的社会主义家庭文明新风尚。加强正面引导，搞好典型引路，发挥先进典型、道德模范等的示范带动作用，激发广大职工群众学习先进、追赶先进、争当先进的持久内生动力。加强企业文化建设，深化群众性精神文明创建活动，发挥群团报刊、出版社、职工书屋、工人文化宫、文艺舞台、网络平台等文化阵地作用，多提供贴近工作、贴近生活、思想精深、制作精良的文化产品；深入开展敬业行动，引导党员干部职工爱国爱企、爱岗敬业、履职尽责、甘于奉献，积极培育健康文明、昂扬向上、全员参与的职工文化。

三、坚持法治引领做优群团工作

党的十八届四中全会吹响了全面推进依法治国的号角，明确提出了建设中国特色社会主义法治体系、建设社会主义法治国家的目标要求。这既是宪法精神和人民意志的体现和要求，也深深契合了国有企业广大职工群众的心声。现代国有企业必然是法治企业，国有企业作为全面依法治国的守法主体，既是国家法律法规的重要守护者，也是法治社会、法治国家的重要建设者，必须在依法治国中打头阵、树形象、作表率。国有企业党组织要在建立健全内部集体决策机制、健全完善决策程序、贯彻执行“三重一大”决策制度、保证重大项目的科学民主依法决策的同时，还必须下大力做好保障和维护企业职工群众的合法权益、构建和谐劳动关系、促进企业和谐稳定等工作，在做好维护企业和谐稳定工作的同时，为维护社会和谐稳定作出应有的贡献。国有企业群团组织是维护职工群众合法权益的重要力量，在推动依法治企工作中作用重要、大有可为。

维护职工群众合法权益是群团组织的天职，竭诚为职工群众服务是群团组织一切工作的出发点和落脚点。群团组织要赢得职工群众的信赖和支持，必须高举维护职工群众合法权益的旗帜，扎扎实实解决好职工群众最困难最忧虑最急迫的实际问题，使改革发展成果更多更公平地惠及职工群众。国有企业群团组织要自觉把接受党的领导、团结服务所联系的职工群众、依法依章程开展工作高度统一起来，坚持法律至上，坚持法律规则的运用，坚持公平、公正、公开等法治精神和原则，尽心尽责做好联系服务的职工群众工作。尤其要紧盯职工所急、企业所需、群团所能的领域，重点围绕职工群众日常工作生活中最关心、最直接、最现实的利益问题和最困难、最操心、最忧虑的实际问题，有针对性地开展创新创优、心理疏导、大病救助、法律援助、居家养老等服务，特别是要做好困难职工、下岗职工、困难老党员、因工伤致残职工等弱势群体的帮扶。深化就业创业服务，促进创业带动就业，推动实现更高质量和更充分就业，特别是要做好在推进供给侧结构性改革工作中，去“小、散、弱”和“僵尸企业”中的职工转岗安置等工作，帮助就业困难职工尽快实现稳定就业。善于以法治思维法治方式解决问题，引导职工群众识大体、顾大局，通过合法渠道、正常途径，依法理性有序表达诉求。落实好职工群众的知情权、参与权、选举权和监督权，多渠道维护职工群众的合法权益，特别是混合所有制企业中的农民工群体的合法权益，确保哪里的职工群众合法权益受到损害，哪里的群团组织就把通过合法渠道、正常途径保护职工群众合法权益工作做到哪里。进一步健全完善劳动关系协调机制，及时正确处理劳动关系矛盾，督促企业履行社会责任。深入开展公益法律服务行动，引导职工群众增强守法诚信意识，依法理性有序表达诉求。探索建设网上“职工之家”，加强党员干部职工的网上互动交流，畅通党员干部职工诉求表达渠道，实现网上维权帮扶、提供公共服务，让党员干部职工能够在网上找到组织、参加组织活动，努力以和谐的劳动关系推动企业持续健康发展。

四、坚持改革引领创新群团工作

改革创新是推动企业发展壮大的不竭动力，也是群团工作发展进步的不竭动力。面对新时代中国社会主要矛盾的历史性变化，面对国有企业改革进入的攻坚期和深水区，面对职工群众对日益增长的美好生活的需要，国有企业群团工作唯有融入新时代，勇于改革创新才能实现新发展，增强发展活力，不断赢得职工群众的信赖。群团组织是党的群众工作的重要组织载体，深入群众、动员群众、联系群众、服务群众，始终是群团工作的核心命题。但不可否认，随着群团组织在新中国成立以后地位的增强，特别是由于长期受计划经济体制的浸染影响，群团工作在组织、人事和财务等制度方面越来越趋同于党政机关，从而使群团组织慢慢滋生了一些机关作风和衙门作风，变得离职工群众越来越遥远。群众的团体失去了群众性，就必然高高在上、脱离群众。去行政化强群众性，是新形势下深化群团工作改革，提升新时代群团组织社会凝聚力、影响力的关键所在。群团工作去行政化，并不是要降低群团工作的重要地位，也不是要弱化党对群团工作的领导，而是要通过改革创新，强化群团组织与职工群众联系的工作机制，使群团组织真正成为联系服务职工群众的团体，真正成为党联系职工群众的桥梁和纽带。

在去行政化强群众性改革方面，国有企业具有厚实的土壤。随着中国社会主义市场经济体制的健全完善和现代企业制度的建立健全，通过加强和改进党的领导、党的建设，建设中国特色现代国有企业制度，国有企业在公司治理模式上越来越贴近市场、适应市场，机关化、行政化色彩越来越淡化，职工群众的主人翁意识不断增强，从而为企业群团组织做好去行政化强群众性改革工作，创造了必要条件、赢得了先机。做好新形势下的国有企业群团工作，必须紧紧聚焦增强政治性、先进性、群众性，着力在去行政化和强群众性上下功夫，进一步优化群团工作的组织体制、运行机制、管理模式和工作方式，努力在健全组织体系、整合活动资源、打造工作品牌、转变工作思路、提升工作作风、提高信息化水平等方面有新作为，不断提高群团工作质量水平，开创新时代群团工作新局面。

着力在健全组织体系上有新作为。创新群团工作体制机制和方式方法，着眼增强改革的系统性、整体性、协同性，搞好顶层设计，加强与中央和地方机构改革的衔接协调，强化优化职能，聚焦主责主业，破解制约群团工作创新发展的制度性机制性障碍，形成联系广泛、服务职工群众的群团工作体系，努力把群团组织建设得更加充满活力、更加坚强有力，更好地担负起新时代党赋予群团组织的光荣使命。按照中央提出的群团机关“扁平化”改革要求，减少中间环节，推动力量配备、服务资源向基层和生产经营一线倾斜，重点向混合所有制企业、劳动密集型企业、改制重组企业和边远地区企业等延伸组织体系，立体化、多层面构建纵横交织的网络化组织体系，把群团工作延伸到企业各行业各领域。坚持群团工作的社会性和开放性，不断吸收优秀社会成员特别是企业中的农民工和职业经理人等群体参与到企业群团组织中来，使群团组织真正成为激发企业活力的催化剂、推动企业发展的发动机。探索职工群众参与群团组织与群团活动的新机制，大力拓宽职工群众与群团组织互动的渠道，使群团组织真正成为职工群众的组织。探索党建带动群团工作建设新机制，通过加强群团组织基层党建工作，健全完善群团组织的基层组织体系，并将群团基层党建活动纳入企业党的基层建设整体规划，不断夯实群团组织的基层基础，强化群团组织的基层社会整合能力和基层社会服务能力。

着力在整合活动资源上有新作为。加强工会、共青团和女工委的协同合作，统筹整合企业职工文化活动中心、职工书屋、青少年活动中心、妇女之家、科普基地、创新基地等职工群众活动阵地，优化群团师资队伍建设，推进资源整合，实现资源共享。加强群团组织之间的密切合作，充分发挥各自优势，形成强大工作合力，努力构建“大群团”工作新格局。

着力在打造工作品牌上有新作为。紧贴企业实际，通过制度创新、方法创新和工作内容创新，不断完善群团工作的科学运行机制、工作模式，积极运用职工群众喜闻乐见、便于参加的方式方法开展工作，做到组织开展活动主动与职工群众一起设计，部署工作任务主动与职工群众一起谋划，落实重点工作主动与职工群众一起参与，表彰先进典型主动与职工群众一起评议，努力创造体现企业特点、贴近职工群众、主题特色鲜明的好做法和新鲜经验，打造各具特色的国有企业群团工作品牌。

着力在转变工作思路上有新作为。清醒认识保持和增强群团组织政治性先进性群众性的长期性、复杂性和艰巨性，清醒认识做好联系服务职工群众工作需要深耕细作、春风化雨、润物无声，树立长线作战思维。坚持久久为功，坚持不频繁变换频道，以咬定青山不放松的韧劲打好持久战、攻坚战，始终认定瞄准目标，从最需要、必须做、正在做的事入手，找准解决问题的方法路径，切实把各项工作抓紧抓实抓细抓好，使群团工作取得实实在在的效果，获得职工群众实实在在的满意，切忌出现“一时轰动、虎头蛇尾”“一时兴起、三分钟热度”的现象。

着力在提升工作作风上有新作为。通过深入开展“不忘初心、牢记使命”主题教育，持续引导群团组织的党员干部职工不断锤炼党性、提升工作作风，深入基层和生产经营一线联系服务职工群众，面对面了解职工群众的愿望和诉求，力所能及解决职工群众的合法权益。树立大抓基层的鲜明导向，坚持落实到基层、落实靠基层的理念，把工作重心、工作力量、经费保障等进一步向基层倾斜，实现依法建群团、开门办群团、从严治群团、人才兴群团，不断夯实基层基础，不断提高做职工群众工作的能力，切实增强群团组织的吸引力、号召力和凝聚力、战斗力。

着力在提高信息化水平上有新作为。主动适应信息技术快速发展、传播格局快速变化和受众个性高度多样的新情况新形势，在工作中融入“全媒体”和“互联网 +”思维，通过建立集学习、工作、服务、管理、监督于一体的综合信息服务平台，满足职工群众多样化个性化需求。强化互联网思维，综合运用大数据、云计算、物联网、人工智能等手段推进群团工作，探索建立网络群团组织，通过QQ群、微信、微博客等开展群团活动，提高做好联系服务网上职工群众的工作水平，促进互联网和群团工作融合发展，构建网上工作平台，打造群团工作升级版。加强互联网内容和舆论阵地建设，充分利用移动客户端、微博、微信等，建立健全群团组织新媒体矩阵，对错误言论和负面舆情主动亮剑、敢于发声，彰显企业正能量。强化“互联网+”群团顶层设计，加强通用平台建设，推进上下级群团组织间互联互通，构建线上互联、线下互通的工作模式，动员最广泛的职工群众参与企业群团工作和活动。

第六节　持之以恒正风肃纪

党风廉政建设和反腐败斗争是全面从严治党的重要方面，是新形势下进行具有许多新的历史特点的伟大斗争的重要内容，是协调推进“四个全面”战略布局的重要保证。中国共产党作为马克思主义政党，不但要有强大的真理力量，而且要有崇高的形象和威望，这种形象和威望集中体现为优良的作风和严明的纪律。党的十九大报告明确提出了“持之以恒正风肃纪、夺取反腐败斗争压倒性胜利”的党风廉政建设目标要求，充分彰显了以习近平同志为核心的党中央坚持人民立场、从严管党治党的决心和信心。国有企业是党领导的国有经济组织，直接负责生产经营管理工作，其党风廉政建设工作成效如何，关乎着实现国有资产保值增值，关乎着国有资本不断做强做优做大，关乎着巩固党执政的物质基础和政治基础，关乎着党的威望和形象。必须持之以恒地加强国有企业党风廉政建设工作。

必须看到，由于过去一个时期一些国有企业党组织和党员领导干部在管党治党上存在的“宽、松、软”现象，“一岗双责”得不到坚决有效的贯彻落实，在党风廉政建设方面上存在许多问题和隐患。有的国有企业主要负责人认为权力、地位是自己“个人努力奋斗来的”“凭本事挣来的”，把企业当成“私人领地”；有的家属子女靠山吃山、牟取私利，把企业当成私人提款机；有的认为只要能为企业挣钱就可以肆意妄为，即使亏损了损失的也是国家的，与自己毫无关系；等等，致使国有企业成为职务犯罪的高发区，不但极大损害了国家和人民的根本利益，而且严重削弱了党在职工群众中的威信，严重削弱了职工群众队伍的凝聚力、战斗力。必须清醒地认识到，国有企业党风廉政建设是企业管理的重要组成部分，只有广大党员领导干部始终保持高尚的精神追求和严谨的工作作风，始终做到秉公用权、廉洁从政，才能保证企业发展战略科学有序地向前推进，保证改革发展各项工作落到实处。此外，还必须清醒地认识到，加强国有企业反腐倡廉工作是统一职工群众思想认识、增强职工群众队伍凝聚力和战斗力的有力措施，是加强企业管理、提高生产经营质量效益的有力措施，是防止国有资产流失、确保国有资产安全的有力措施，是把加强党的领导和完善公司治理统一起来、建设中国特色现代国有企业制度的有力措施。国有企业党组织要深刻认识加强党风廉政建设，对推动企业做强做优做大的重大政治意义、现实意义和深远历史意义，努力树立廉洁从政理念提高企业管理水平，坚持勤政廉政形成干净干事的良好氛围，营造风清气正的良好政治生态推动企业持续健康发展。

一、着力强化提升作风

作风虽然是党员干部职工思想政治素养的外在表现，但在本质上则是党性问题。党性纯则党风正，党性不纯则党风必然不正。党员的坚强党性不是与生俱来的，也不可能自发形成，只有经过长期的党性教育、艰苦的环境磨炼、自觉的党性修养才能形成。面对新形势加强党员党性教育的现实需要，面对党性修养遇到的新情况、新问题、新挑战，面对国有企业党员干部职工身处生产经营一线、思想上稍有松懈就容易滋生腐败的实际，必须把加强党员党性教育、党性修养作为加强作风建设的一项重大而紧迫的任务，一丝都不能放松、一刻都不能停顿，持之以恒、久久为功。

良好的作风是做好各项工作的重要保证。作风建设永远在路上。加强和改进国有企业党建工作，不仅要从执行政治纪律和政治规矩上着眼“严”，更要从加强和改进作风上着眼“实”。只有秉持又严又实的作风，才能把中央和上级党委对国有企业改革发展的重大方针政策，以及各项决策部署落到实处，才能坚定不移把国有企业做强做优做大。国有企业党组织必须不断加强和改进作风建设，把强化提升作风作为全面从严治党的重要方面，引导广大党员干部职工特别是党员领导干部真正把思想集中在想干事上，把本领体现在会干事上，把精力凝聚在干成事上，不断在改进生产经营管理上着力，在提高产品质量品质上用劲，在提升价值创造能力上狠下功夫，努力通过生产经营管理模式创新增强企业实力和综合竞争力，通过管理模式创新不断提升企业生产经营质量效益。

重业务、轻党建是国有企业党建工作中存在的突出问题，许多企业违法违纪人员的检讨书或忏悔录中写得最多的就是“学习不够”“学习不够认真”和“学不进去”等。针对一些企业党员干部职工党章党规党纪意识弱化淡化问题，必须着力从增强党性入手，推进“两学一做”学习教育常态化制度化，教育引导党员干部弘扬忠诚老实、公道正派、实事求是、清正廉洁等价值观，始终尊崇党章、遵守党章、维护党章，自觉用习近平新时代中国特色社会主义思想武装头脑，不断坚定对马克思主义的信仰、对社会主义和共产主义的信念以及对党和人民的忠诚，努力在严肃的党内生活中锤炼党性，切实树牢“四个意识”、坚定“四个自信”、坚决做到“两个维护”，切实增强对不良习气的免疫力和抵抗力，永葆共产党人的政治本色。牢牢抓住保持党同人民群众的血肉联系这个根本，从贯彻落实中央八项规定精神入手，重点抓住企业负责人履职待遇和业务支出、公务接待和差旅费用、会议管理、办公场所等关键环节建章立制，堵塞漏洞黑洞，锲而不舍纠“四风”，坚决纠正损害职工群众利益的行为，坚决防止享乐主义和奢靡之风卷土重来，增强防控经营风险和廉洁风险的能力，确保职工群众心齐气顺、凝心聚力。加大整治形式主义和官僚主义力度，督促党员干部求真务实、埋头苦干，不浮躁、不浮夸，追求实实在在的工作业绩，以艰苦奋斗、崇尚实干的工作作风，带动企业风气向善向上。严格贯彻执行党的政治纪律、组织纪律、廉洁纪律、群众纪律、工作纪律、生活纪律，让广大党员干部职工知敬畏、存戒惧、守底线，习惯在受监督和约束的环境中工作和生活，不断增强强化提升作风的自觉性和坚定性。

二、全方位加强党员干部监督管理

正风必先肃纪。党员干部作风问题的背后反映的实际是执行纪律规矩的问题，纪律规矩严明，就能有效防范和遏制不正之风滋长；纪律规矩松弛，就会纵容和助长不正之风蔓延。纪律建设是全面从严治党的治本之策，为党的政治建设、思想建设、组织建设、作风建设提供规范和保障。必须把党的政治纪律和政治规矩立起来、严起来、强起来，对违反中央八项规定精神的行为寸土不让，对“四风”问题露头就打，真正让铁纪发力、禁令得行、规矩生威。针对过去一个时期一些国有企业党组织管党治党上存在的“宽、松、软”问题，导致一些党员干部职工纪律规矩意识淡薄，致使在企业生产经营管理上出现的诸多容易诱发违法违纪行为的隐患和漏洞，必须坚持党要管党、全面从严治党，全方位加强党员干部职工特别是领导干部的监督管理，把行为管理和思想管理统一起来，把工作圈管理和社交圈管理衔接起来，把八小时之内管理和八小时之外管理贯通起来。尤其要在加强日常监督上下功夫，坚持抓早抓小、防微杜渐，发现苗头性、倾向性问题要及时进行批评教育，经常敲响思想警钟，使咬耳扯袖、红脸出汗成为常态。

国有企业党组织要紧紧围绕生产经营管理工作实际，主动深入到企业生产经营管理各个行业、各个领域开展调查研究，抓住关键岗位、重点环节、重点个人进行解剖分析，确定风险源、风险点，研究制定加强管理的措施举措，切实堵住企业效益流失的“蚁穴”和“针孔”、黑洞和漏洞，防止以权谋私、以岗谋私，努力管好关键人、管到关键处、管住关键事、管在关键时，特别是要把一把手管住管好。譬如，对上市公司，就要重点防范关联交易和内幕交易等行为；对生产型企业，就要重点防范跑冒滴漏、侵占受贿等行为；对平台型企业，就要重点防范低价处置国有资产等行为；对贸易型企业，就要重点防范利益输送、融资性贸易、骗取退税等行为；等等。针对一些企业党员干部存在的吃拿卡要、收受礼品礼金、搞利益输送等职工群众反映强烈的“四风”问题，坚持以钉钉子精神稳扎稳打，一锤接着一锤敲，一个节点一个节点抓，重点管住元旦、春节、元宵、端午、中秋、国庆等一个个节日，看住公款购买赠送月饼、贺卡、购物卡、茶叶烟酒等一件件小事，由浅入深、由易到难，循序渐进、驰而不息，切实抓常抓细抓长，破解一个个具体问题，带动企业风气的整体好转。与此同时，加强党员干部职工的日常管理，严格执行请示报告制度，认真落实领导干部报告个人有关事项制度，特别是要强化经常性思想政治工作，落实交心谈心制度，随时掌握党员干部职工思想动态、工作表现，对苗头性、倾向性问题，要早发现、早拉“袖子”、早打“预防针”，努力校正干部的成长方向，防止小毛病演变成大问题，防止由小错铸成大错，最后被严肃处理。

三、紧盯关键少数，坚持以上率下

国有企业党员领导干部的作风如何，对整个企业风气乃至党风具有重要影响。党的十九大报告明确提出，“坚持以上率下，巩固拓展落实中央八项规定精神成果，继续整治‘四风’问题，坚决反对特权思想和特权现象”。实践充分证明，抓住“关键少数”，解决问题才能势如破竹，改进作风才能立竿见影。加强国有企业党风廉政建设，必须重点发挥各级领导干部的示范引领作用。必须清醒地看到，近年来国有企业之所以成为职务犯罪的高发地，根本原因在于一些企业领导干部特别是主要领导干部对党风廉政建设的重视不够，对党风廉政建设“两个责任”认识不足，“一岗双责”观念淡薄，有的依法依纪依规办事意识不强，没有上紧制度规矩发条，甚至私留“暗门”、巧开“天窗”，对一些党员干部的违法违纪问题视而不见，没有坚决维护法规制度的严肃性和权威性；有的在处理违法违纪问题时碍于情面、怕“家丑”外扬，重保护、轻惩处，打折扣、搞变通，存在执法执纪不严的问题，等等。这些问题归结到一点，就是在思想上存在只要抓好了企业的生产经营效益，在管党治党、党风廉政建设上宽一点、软一点、松一点问题也不大，甚至认为抓党风廉政建设会妨碍企业生产经营的错误认识，没有深刻理解抓好党风廉政建设对增强职工队伍的凝聚力、战斗力的重大意义，没有把搞好党风廉政建设作为推进企业持续健康发展的重要动力来抓。

打铁必须自身硬。国有企业领导干部特别是主要领导干部要切实树牢“四个意识”，自觉向党中央看齐，率先贯彻落实中央八项规定精神，带头反对和纠正“四风”，以上率下带动企业风气持续不断好转。紧紧抓住领导干部这个“关键少数”尤其是“一把手”这个关键中的关键，全面加强对重要岗位特别是“一把手”的监督，严格落实监督制约的有关规定，强化日常监督，全面掌握党员干部的日常表现，确保国有资产安全和党员干部廉洁安全。国有企业党组织要充分发挥监督作用，采取重程序、盯环节、管过程的方式，通过加强对“三重一大”项目决策、执行、落实情况的监督检查，加强对贯彻落实中央八项规定精神情况的监督检查，加强对干部选拔任用情况的监督检查，加强对干部完成重点工作质量情况和遇到急难险重任务能否顶得上去情况的监督检查，加强对领导干部述责述廉、重大事项申报和群众满意度测评等工作的组织实施，强化对权力运行的监督，努力从源头上预防腐败现象的发生。建立健全责任追究制度，对于一些性质恶劣、贪腐金额巨大的案件，要依法依纪严肃处理并及时在企业通报，让党员干部职工心存敬畏，去除侥幸心理，从而不敢“越雷池”“闯红灯”。建立反腐倡廉责任追究制度，对“三重一大”项目实施责任到人，一旦出现问题必须严格追究、严肃惩处。扎实推进干部人事制度改革，建立科学的选人用人机制，严格审查“破格提拔”和“破例使用”的干部，严格追究“带病提拔”“裙带关系”干部的幕后责任人。特别是要防止“一把手”把企业当作自己的“自留地”，肆意安排亲属或自己的人担任企业要职，把企业变成“独立王国”，导致出现浪费、怠工、贪污、不负责任、低效率、小集体、大企业病等现象和问题。将领导干部的薪酬和晋升同反腐倡廉的执行情况结合起来，将党风廉政建设情况纳入年度考核范畴，形成干部清廉、领导自律的良好风气。

2018 年 6 月 21 日，中共上海市委办公厅印发了《关于市管国有企业经营管理活动中防止领导人员利益冲突的办法（试行）》，立足关口前移、构建预防机制，对国有企业领导人员在企业经营管理活动中可能存在的七个方面的利益冲突情况列出负面清单，设定精准红线，建立阻隔利益输送的“防火墙”，明确提出了“七个不得”的行为限制，具体如下：一是不得与任职企业及关联企业发生经营业务往来；二是不得与任职企业及关联企业发生投融资关系；三是不得参与任职企业及关联企业的混合所有制改革；四是不得担任分管业务范围内的企业、部门领导职务，或从事重要岗位工作；五是国有企业领导人员不得与业务对象发生非正常的借贷、委托理财等经济往来；六是国有企业领导人员不得介绍配偶、子女、其他特定关系人及其投资经营的企业与业务对象发生经济和业务往来；七是国有企业领导人员不得有其他利益冲突的行为。中共上海市委的这套政策组合拳紧盯国有企业的“重点领域”和“关键少数”，划清“红线”、标明“底线”，列出了国有企业领导人员廉洁从业的负面清单，是推进全面从严治党在国有企业纵深发展的又一有力新举措。国有企业各级党组织应积极学习借鉴中共上海市委的做法，结合企业自身实际，列出企业领导人员廉洁从业的负面清单，进一步扎紧扎牢制度藩篱，更好地加强对国有企业领导人员特别是“一把手”廉洁从业的监督管理。

四、坚持抓早抓小严惩腐败

预防惩治腐败，必须注重抓早抓小、防微杜渐。抓早抓小绝不是反腐败斗争的减码、减力、减弱，更不是抓小放大、把“老虎”当“苍蝇”打，而是要让党员干部坚守纪律规矩底线、避免小问题演变成大问题的有效之举。中国共产党提出要正确把握和运用好监督执纪“四种形态”，即“经常开展批评和自我批评、约谈函询，让‘红红脸、出出汗’成为常态；党纪轻处分、组织调整成为违纪处理的大多数；党纪重处分、重大职务调整的成为少数；严重违纪涉嫌违法立案审查的成为极少数”，是从中国共产党的历史和全面从严治党实践中总结提炼的创新举措，目的就是要抓早抓小，惩前毖后、治病救人，就是要治“病树”、正“歪树”、拔“烂树”，维护好“森林”。坚持抓早抓小，切实加强对党员干部队伍的日常监督，对苗头性问题早发现、早提醒、早教育、早纠正，对于违反纪律和规矩的行为，绝不能因为问题小、程度轻和初次犯，就不闻不问、不查不纠，甚至网开一面、搞下不为例；必须露头就打、一寸不让，做到发现一个查一个，查实一个处理一个，防止小问题变成大错误、违纪演变成违法，真正把纪律这条底线看住守紧，使党员干部职工慎行止、知敬畏、存戒惧、守底线。针对企业职务犯罪高发多发态势，国有企业党组织要严肃正风肃纪，发挥巡视监督利剑作用和派驻监督“探头”作用，积极组织开展政治建设专项巡查，加强经营管理“跑冒滴漏”专项整治，重点加强对“三重一大”事项决策执行情况特别是选人用人情况的监督检查，努力净化企业发展环境。

坚持无禁区、全覆盖、零容忍，坚持重遏制、强高压、长震慑，紧盯重点问题线索、重点部位、重点岗位，加强信访举报、线索处置、纪律审查等工作，对存在“不严不实”问题的党员干部，该批评教育的批评教育，该调整的及时调整；对贯彻执行党的路线方针政策打折扣、执行党纪党规不力、违规选人用人、基层党组织软弱涣散等情形，按照监督执纪“四种形态”要求进行分类处理；对无视党纪、胆大妄为、徇私枉法、侵吞国家利益的党员干部坚决从严查处，绝不姑息。坚持做到“三个决不放过”，即发生风险事件不启动“一案双查”决不放过、不查清事实决不放过、对违规违纪行为不问责到人决不放过，着力推进正风肃纪反腐深入到基层，深入到生产经营一线。进一步完善领导干部引咎辞职和责令辞职制度，强化腐败案件处理回避制度，坚决禁止与案件有直接和间接关系的人员插手案件。贯彻落实“三个区分开来”原则和容错纠错机制，严肃查处诬告报复行为，旗帜鲜明地保护勇于创新、担当履职的干部，进一步激发党员干部干事创业的主动性、积极性和创造性。

五、深化标本兼治建立健全长效机制

防止不正之风复发反弹，防止腐败问题滋长蔓延，必须一手抓治标、一手抓治本。着力透过现象看本质，认真查找企业产生作风、腐败问题的深层次原因，努力在坚定理想信念、完善工作程序、改革体制机制上下功夫，谋实招、用实劲、求实效，以理论武装凝心聚魂、以整饬作风激浊扬清、以严明纪律强化约束、以从严治吏匡正用人导向、以零容忍态度惩治腐败，着力铲除不良作风、腐败问题滋生的土壤，强化不敢腐的震慑，扎牢不能腐的笼子，增强不想腐的自觉，营造风清气正的良好政治生态和干净干事的创业兴业氛围。国有企业党组织要密切联系企业实际，认真总结贯彻落实中央八项规定精神情况的好经验好做法，实事求是地加以修订完善，上升为制度机制，为持之以恒纠正“四风”提供制度保障。

“制度反腐”已经成为推进反腐倡廉工作的重要途径。国有企业党组织要结合企业的工作性质和工作实际，不断完善各项规章制度，使广大党员干部职工特别是领导干部自觉学法懂法守法护法，明确法有授权尽可为、法无授权不可为，依法依纪依规治企，做到廉洁自律，防患于未然，逐步达到标本兼治、纲举目张的效果。进一步健全完善企业党组织会、董事会、经营班子会议事规则，健全完善“三重一大”事项决策执行制度机制，特别是选人用人方面的制度机制，从决策范围、决策形式、决策程序、监督检查以及责任追究等方面做出明确规定，建立起设计科学、结构合理、分工明确、职责清晰、监督有力的权力运行机制，努力形成靠制度管人、管事、管权的反腐倡廉制度体系，确保监督有章可循，确保用制度管人、管事、管权，努力夯实党员干部廉洁从政之基。

第七节　加强混合所有制企业党的政治建设

混合所有制经济是促进国有企业转换经营机制，推动完善现代企业制度，健全企业法人治理结构；提高国有资本配置和运行效率，优化国有经济布局，增强国有经济活力、控制力、影响力和抗风险能力，主动适应和引领经济发展新常态；实现各种所有制资本取长补短、相互促进、共同发展，夯实社会主义基本经济制度的微观基础，是社会主义基本经济制度的重要实现形式。混合所有制企业是发挥国有经济应有作用，提高国有经济控制力、影响力和辐射带动力的重要经济组织。党的十八届三中全会通过的《中共中央关于全面深化改革若干重大问题的决定》指出，要“积极发展混合所有制经济。国有资本、集体资本、非公有资本等交叉持股、相互融合的混合所有制经济，是基本经济制度的重要实现形式，有利于国有资本放大功能、保值增值、提高竞争力，有利于各种所有制资本取长补短、相互促进、共同发展”。党的十九大报告明确指出：“深化国有企业改革，发展混合所有制经济，培育具有全球竞争力的世界一流企业。”这充分说明，投资主体多元化的混合所有制企业是中国国有企业的重要组织形式，这也为新时期深化国有企业改革指明了方向、提出了明确要求。

必须看到，混合所有制企业由于投资主体多元化，企业利益关系呈现多元化，特别是相关投资主体明显的逐利性诉求，对加强混合所有制企业党建工作带来了挑战。主要有：一是党组织政治功能导向与混合所有制企业逐利本性之间的兼容性挑战，二是党组织行政治理机制与企业市场化治理机制之间的兼容性挑战，三是党组织工作稳定性与企业资源流动性之间的兼容性挑战，四是党组织发挥作用所需要的资源投入与企业成本控制之间的兼容性挑战①。特别是在投资主体是社会资金的混合所有制企业中，上述问题显得尤为突出。因此，如何加快探索并不断健全完善具有中国特色的混合所有制企业党建工作新机制，已经成为摆在企业党组织面前的崭新课题。

混合所有制企业党建工作是国有企业基层党建工作的重要组成部分，只有加强党对混合所有制企业的领导，健全完善党的领导工作体制和制度机制，发挥好党的领导作用，才能科学有效促进混合所有制企业持续健康发展。必须把建立健全党的组织、开展党的工作作为发展壮大混合所有制

① 张广玲、戴军：《创新混合所有制企业党建工作新机制》，《光明日报》2014 年 8 月 10 日。

经济的前提，围绕更好地发挥党的领导作用、基层党组织战斗堡垒作用、党员先锋模范作用，明确党组织在企业中的法定地位，健全完善企业法人治理结构，加强企业领导班子建设和党员干部职工队伍建设，创新党建工作新途径，推动混合所有制企业发展成为科学整合体制内外优质资源的重要平台。

一、明确党组织在混合所有制企业中的法定地位

坚持党的领导、加强党的建设，是党章赋予国有企业的权利与职责，是国有企业的独特政治优势。建设中国特色现代国有企业制度，就是要把国有企业党组织的政治优势，与现代企业制度的体制机制优势科学结合起来并坚决贯彻落实下去，使党的领导、党的建设始终成为推动国有企业做强做优做大的“根”和“魂”。不管混合所有制企业如何发展，企业党的领导作用都必须坚定不移地得到巩固和加强，绝不能因为投资主体多元化而有所削弱甚至淡化、虚化、边缘化。实践也雄辩地证明，把党的领导、党的建设与企业改革发展工作科学有机结合起来，可以推动混合所有制企业形成强大的制度优势与独特的市场竞争优势，进而提升企业的软实力，提升企业的综合实力和竞争力，促进企业持续健康发展。

推动混合所有制企业改革发展，必须把加强党的领导和完善公司治理统一起来，把党的领导融入公司治理各环节，把企业党组织内嵌到公司治理结构之中，旗帜鲜明地将党的领导、党的建设写入公司章程，明确和落实党组织在公司法人治理结构中的法定地位，将党组织的机构设置、人员编制、职责分工、任务要求纳入企业管理体制和制度机制中；明确党组织与股东会、董事会、经理层和监事会的关系，明晰党组织在重大决策、选人用人、监督保障、协调利益等环节的权责，使加强党的领导和完善公司治理相统一，为混合所有制企业开展党建工作奠定坚实的法律基础。积极探索混合所有制企业党组织发挥领导作用的内容、途径和方式，着眼于加强党的领导和完善公司治理的有机统一，着眼于健全完善市场化运行机

制，在党组织的职责权限、机构设置、运行机制、基础保障上不搞一刀切，既有利于加强和改进党的领导、党的建设，保证党组织正常开展工作，又合理保持企业的灵活性，更好地适应市场经济发展需要。

二、建立与企业法人治理结构相适应的党组织工作机制

针对混合所有制企业中多元化投资主体相互制衡的实际，以及健全完善决策——执行——监督相统一的现代企业治理框架，需要厘清投资主体各方的权责边界，建立与企业法人治理结构相适应的党组织工作机制。既要反对以国际惯例为由机械地全面否定党的领导作用，又要反对简单地将党组织定位为企业的最高权力中心；既要防止党组织以党代政的惯性思维，又要防止董事会、经理层借口加强经营管理工作弱化、虚化、淡化党的领导。混合所有制企业党组织要围绕企业发展战略目标，以有效融合和参与决策、执行、监督各环节为着力点，更好地发挥党的领导作用。

创新和完善混合所有制企业党组织的设置机制，按照“四同步、四对接”要求，推动混合所有制企业党的建设与企业改革同步谋划、党的组织和企业工作机构同步设置、党组织负责人和企业工作人员同步配备、党的工作与业务工作同步开展，保证党组织设置全覆盖。围绕发挥党的领导作用，理顺和完善党组织的隶属关系，参照国有企业党建工作的好经验好做法，依照党章及有关规定，按照“双向进入、交叉任职”的原则和程序要求，科学有序安排国资系统党员代表进入党组织，推荐出任董事会、经理层和监事会成员，保证党组织在董事会、经理层和监事会的重要地位，实现发挥党的领导作用与完善法人治理结构的有机结合，实现党组织与董事会、经理层的相互支持和深度融合。建立与现代企业制度相适应的党组织参与决策机制，按照“先党内，后提交”程序，在党内形成一致意见后，再提交公司董事会或经理层决策。健全完善企业党组织和董事会、经理层、监事会议事规则等制度机制，明确党组织参与重大决策的基本原则、基本程序和具体内容，更好地发挥把方向、管大局、保落实作用。坚持发

挥国有政治优势和市场化机制相结合，着力把国有企业的政治优势、科学决策、规范管理和群众工作优势等，与民营企业的市场灵敏、机制灵活、讲究效率、控制成本等优势结合起来，努力探寻投资主体之间的利益合拍点，增强企业改革发展活力。充分市场化和职业经理人制度是混合所有制企业的优势和活力所在，也是管党治党的重点难点所在。混合所有制企业应在坚持党管干部、党管人才原则的基础上，强化市场化契约化管理，建立完善职业经理人制度，探索市场契约化管理和党组织约束相结合的职业经理人管理模式，并按照全面从严治党要求压实企业党员领导人员党建工作主体责任，培育既善抓党建又善抓经营的企业家，不断壮大新时代国有企业家队伍。

国有企业党组织要把抓企业党建工作成效，作为检验党员干部特别是领导干部工作成效的重要标准，建立健全党建工作考核评价机制，把党建工作与生产经营工作融为一体，同部署、同落实、同考核、同奖惩。坚持党建工作强经营业绩好的党员干部受重用，对抓党建工作履职尽责不力、执行党的决策部署不到位的党员干部给予严肃问责。

三、加强企业领导班子和干部人才队伍建设

干部人才队伍是企业发展的中坚力量。和所有国有资本绝对控股的国有企业一样，国有资本相对控股的混合所有制企业要做强做优做大，同样离不开精神、团队、领导力，同样离不开一种为国家为人民真诚奉献的精神、一个坚强有力的领导班子、一支勇于攻坚克难的高素质干部队伍、一支充分组织起来的职工队伍。混合所有制企业党组织要将“务实、团结、和谐”作为班子建设的重要目标，在与各股东方协调领导班子建设时，坚持求大同存小异，努力在共同经营管理中，实现协同一致的目标。坚持党管干部、组织选人与市场化配置人才有机结合，充分尊重和支持董事会、经理层依法依规行使选人用人权，建立完善党组织领导下的干部人才选聘机制，党组织重点把好政治关和廉洁关，董事会、经营管理层重点把好能力关和业务关，把党组织选拔出来的干部人才通过市场化程序推荐到企业

领导岗位，按照市场规律进行管理，努力实现党组织、董事会、经理层在用人方面的协同配合和有机融合，实现党管干部、组织选人与市场化机制的有机统一。切实用好国有控股权和实际控制权，强化党组织对重要核心岗位人选的提名权，为党组织发挥选人用人主导作用提供制度机制保证。对由国资方委派或推荐的领导干部，应参照国有企业领导人员管理办法履行程序。对由其他股东方选派的人员，党组织应对选派人员的政治素质、道德品行、能力素质和职业背景等进行综合考察，全面了解掌握其素质、能力、经历等情况。对于一般经营管理人员的选聘任用，应在规范选人用人规则和程序的基础上，切实落实董事会、经理层的选人用人权，更好地推进市场化人才选聘进程。

在做好干部人才队伍选聘任用工作的基础上，企业党组织应下大力抓好党员教育管理和党员队伍建设，结合企业改革发展实际和党员队伍思想工作实际，围绕企业改革发展的实际需要改进党组织活动，把工作着力点放在加强基层党组织建设和提高党员思想政治素质上来，努力把技术、业务和管理骨干培养成为党员，把党员和入党积极分子培养成为推动企业发展的中坚力量，为党组织发挥领导作用提供坚强的政治保证、思想保证和组织保证。加强党务工作者队伍和党建阵地建设，坚决反对那些认为党建工作可有可无的错误思想，坚决纠正在改革中不适当地撤并党建工作机构、压减党务工作人员，或者把党建工作部门当成安置场所的错误做法，合理设置党建工作机构、人员编制和落实工作经费，积极探索建立党建指导员制度和党建联络人制度，不断夯实党建工作基础，使党员干部职工紧密团结在党的旗帜下，始终听党话、跟党走，确保企业改革发展工作永远沿着正确的方向前进。

四、积极探索实施并不断健全完善职业经理人制度

职业经理人制度，是在职业经理人范畴及相关领域中的制度规范体系，是人们在与职业经理人有关的行为中需要共同遵守的、按一定程序办事的规程或行为的准则。实行职业经理人制度，是完善国有企业法人治理

结构、完善现代企业制度、增强国有企业活力、提高国有企业影响力和竞争力的重要举措。中共中央、国务院《关于深化国有企业改革的指导意见》明确指出：“推行职业经理人制度，实行内部培养和外部引进相结合，畅通现有经营管理者与职业经理人身份转换通道，董事会按市场化方式选聘和管理职业经理人，合理增加市场化选聘比例，加快建立退出机制。推行企业经理层成员任期制和契约化管理，明确责任、权利、义务，严格任期管理和目标考核。”同时要求“对市场化选聘的职业经理人实行市场化薪酬分配机制，可以采取多种方式探索完善中长期激励机制”。这为国有企业探索推进实施职业经理人制度改革指明了方向。

建立具有中国特色的国有企业职业经理人制度，是克服国有企业现有的用人管理弊端和市场化用人机制的不足，把国有企业独特的政治优势和市场化机制有机结合，不断发挥国有企业独特优势的改革创新。顾名思义，国有企业职业经理人，“国有企业”称谓，清晰标识了企业领导人员的政治属性，明确了其肩负的政治责任；“职业经理人”称谓，清晰标识了企业领导人员的经济属性，明确了其薪酬分配机制的市场化导向。因此，推进国有企业职业经理人制度改革，目的就是要实现加强党的领导与完善公司治理的有机统一，建设中国特色现代国有企业制度，绝不是简单的市场化，甚至将国有企业领导人员“社会化”。国有企业特别是混合所有制企业党组织应充分利用市场化机制优势，积极探索并深入推进企业领导班子成员职业经理人制度改革，充分发挥国有和市场两方面优势，建设具有中国国企特色的强大企业家队伍。国有企业特别是混合所有制企业推进职业经理人制度改革，必须坚持目标导向和问题导向相结合，既从目标方向上谋划好职业经理人改革的总体布局，又从举措方法上解决好现有的用人管理弊端和市场化用人机制的不足问题。坚持目标导向，就是要从顶层设计上谋划把加强党的领导和完善公司治理有机统一起来，更好地建设中国特色现代国有企业制度；坚持问题导向，就是要从方法举措上聚焦影响制约干部人才积极性和主观能动性发挥的突出问题，通过市场化契约化方法予以解决，着力在选人用人机制方面解决原有的企业领导人员职务能上不能下、人员能进不能出的问题，在收入分配方面解决原有的企业领导班子成员干与不干一个样、干多干少一个样、干好干坏一个样的“大锅饭式分配”问题，铲除领导班子成员中的“南郭先生”，努力实现职业经理人职务能上能下、人员能进能出、收入能增能减，打破“体制内外”局限，畅顺体制内外干部人才流通渠道，建设具有中国特色的国有企业职业经理人制度，增强国有企业的生机活力，保证国有企业的高效灵活性。

坚持党的领导、加强党的建设，是国有企业的“根”和“魂”，是国有企业独特的政治优势。必须清醒认识到，建立职业经理人制度，目的是要坚持党管干部、组织选人与市场化机制有机结合，更好地激发干部人才干事创业的积极性、主动性和创造性，绝不是要淡化、弱化、虚化甚至否定党的领导。国有企业特别是混合所有制企业党组织推进职业经理人改革，必须始终做到坚持党的领导、加强党的建设不放松、不动摇、不偏离，确保以职业经理人为代表的广大党员干部职工始终听党话、跟党走，确保国有企业始终在党的领导之下。国有企业推进职业经理人改革要遵循以下基本原则：一是必须突出职业经理人的政治属性，国有企业职业经理人是国有企业领导人员，聘用期间的党员职业经理人按照国有企业领导人员的政治要求进行管理，肩负相应的政治责任，这是国有企业职业经理人与其他成分职业经理人最大的区别；二是对职业经理人将严格执行市场化契约化的管理原则，立足岗位需求，确保人岗匹配，根据契约条款实现职业经理人职级能上能下、人员能进能出，确保绩效不达标、履职不力的职业经理人严格按合同管理“该下的下，该出的出”；三是严格执行绩效考核，突出绩效结果导向的薪酬分配方式，参照市场水平和市场惯例，合理拉开差距，确保按照契约条款实现职业经理人收入能增能减，该高的高、该低的低。

在实际工作中，国有企业特别是混合所有制企业党组织要坚持严格国有企业职业经理人选用的政治标准，明确国有企业职业经理人相应的政治责任和必须具备的政治素质；坚持党管干部、组织选人与完善公司治理结构相结合，统一国有企业职业经理人的管理标准；坚持市场化改革方向，严格执行契约化管理；坚持加强党的领导、党的建设与生产经营的深度融合，实现政治责任、经济责任与社会责任的有机统一；坚持突出绩效结果导向的市场化考核分配方式，强化激励与强化约束。特别是对混合所有制企业中的民营方高级管理人员，在充分尊重对方意愿的基础上，可以将认同国有企业核心价值观的高级管理人员纳入职业经理人管理范畴，以打破“体制内外”的局限，贯通国有企业领导人员流通渠道，求得最大公约数，画出最大同心圆。对企业中的党委书记、专职党委副书记、纪委书记、工会主席和监事会主席等领导人员，根据其岗位职责、工作目标等，参照职业经理人管理制度执行契约化管理，并参照职业经理人薪酬分配体系、参考行业平均水平，根据个人年度工作目标完成情况，确定其薪酬及奖励分配，实现能高能低；其绩效薪酬弹性相对职业经理人较小，即企业经营业绩好时，其绩效薪酬会相应提升，但提升幅度小于职业经理人；企业经营业绩差时，其绩效薪酬会相应降低，但降低幅度小于职业经理人。还需要指出的是，在推进国有企业职业经理人改革过程中，必须紧紧把加强企业党组织建设摆在核心位置，始终把加强党的领导、党的建设贯穿工作全过程，切忌借口“市场化”弱化、淡化、虚化甚至否定党的领导，确保党员干部职工思想不乱、人心不散、工作不偏，确保企业改革发展工作始终沿着正确的方向前进。

总之，就是要通过一系列制度机制设计和责任目标管理，着力克服国有企业领导人员的职务能上不能下、人员能进不能出、收入能增不能减的用人管理体制弊端和市场化机制不足等问题，推动加强党的领导与完善公司治理的有机统一，推动党管干部、组织选人与市场化机制的有机结合，在建设中国特色现代国有企业制度的同时，着力引导激励国有企业领导人员和广大党员干部职工，实现从工作执行者到价值创造者、再到事业开拓者的转变，在激发企业改革发展内生动力的同时，努力培育一支适应新时代新形势新任务要求的国有企业家队伍，为做强做优做大国有企业提供坚强的组织保障和人才支撑。

五、探索创新混合所有制企业党建工作新途径

如前所述，混合所有制企业由于投资主体多元化，导致党组织政治

功能导向与混合所有制企业逐利本性之间、党组织行政治理机制与企业市场化治理机制之间、党组织工作稳定性与企业资源流动性之间和党组织发挥作用所需要的资源投入与企业成本控制之间面临四重兼容性挑战，这对加强混合所有制企业党建工作带来了新挑战。目前，按照国有资本股权占比和实际控制力，混合所有制企业大体上可分为三类：一是国有资本绝对控股企业，二是国有资本相对控股或具有实际控制力的企业，三是国有资本参股企业①。党组织发挥领导作用要适应宏观政策法规和微观治理机制的要求，更加注重企业的股份比例和实际控制力，更加注重加强党的领导和完善公司治理的关系，更加注重党建工作模式和制度机制的创新。

适应投资主体多元化实际，建立抓党建工作共同磋商机制，加强沟通交流，力争在创新党建工作思路举措、加强和改进企业党建工作等重要问题上取得共识。改进党建工作理念，积极宣传推介企业党建工作的本质要求、核心价值、关键环节和基本工作方法，进一步深化理解和全面掌握企业党建工作的整体核心价值理念，以更好地把党建工作融入到企业改革发展实际工作中去，促进股东方代表形成共同抓党建工作的共识和合力。改进党组织活动方式，积极利用业余时间开展形式多样、生动活泼的针对性、实效性强的党组织活动，彰显广大党员的责任、担当、奉献精神，以鲜明的先进性和纯洁性凝聚引领职工群众。围绕发挥基层党组织的战斗堡垒作用，结合企业生产经营实际扎实开展共建优秀党组织活动，努力借力借智、创新发展；围绕发挥党员先锋模范作用，结合破解企业改革发展重大难题大力开展在生产经营项目上建立项目党小组工作，着力推动企业攻坚克难、改革创新、转型发展；围绕促进生产经营安全工作，深入开展安全生产党员示范岗（责任区）活动，提高广大党员干部职工的安全生产意识和主体责任意识，营造安全团结和谐的生产经营氛围；等等。充分发挥党组织的监督职能，切实维护职工群众的

① 国资委党建工作局、中国兵器人才学院联合课题组：《混合所有制中央企业党组织发挥作用的基本途径分析》，《现代国企研究》2016 年第 13 期。

合法权益，创造拴心留人的环境，为企业稳定发展保驾护航，以党组织战斗堡垒作用和党员先锋模范作用的实实在在成效，让其他股东代表了解党组织工作的成效，加深对抓好党建工作重要性和必要性、可行性的认识，齐心合力抓好企业党建工作。

六、探索设立“企业之友”荣誉称号

深化国有企业改革，发展壮大混合所有制经济，培育具有全球竞争力的世界一流企业，需要培养一大批坚决拥护党的领导、忠诚党的事业，认同社会主义核心价值观，与国有企业肝胆相照、荣辱与共、同心同德、同舟共济的事业合作伙伴。实践充分证明，能够与国有资本投资主体志同道合的其他社会投资主体，都能够积极认同并高度重视做好企业的党建工作；凡是经营发展得比较好的混合所有制企业，都是党建工作做得比较扎实、比较好的企业。对处于充分竞争领域、混合所有制企业占比数量比较多的国有企业，可以探索设立“企业之友”荣誉称号，褒奖对企业改革创新发展作出重大贡献的战略合作伙伴主要负责人，增强对国有企业文化和价值的认同，进一步深化拓展友谊，整合社会资源，凝聚起做强做优做大国有企业的强大社会正能量。笔者认为，“企业之友”的授予对象、标准条件和评选表彰方式主要如下。

“企业之友”的授予对象是：企业重要战略合作伙伴的主要负责人。

“企业之友”的标准条件是：一是坚决拥护党的领导，忠诚党的事业，认同社会主义核心价值观，在与企业合作中始终秉持肝胆相照、荣辱与共、同心同德、同舟共济的原则；二是相关合作的重大科研项目、产业项目和工程项目取得重大进展，并已落地见效；三是相关合作项目对推动企业做强做优做大和建设具有全球竞争力的世界一流企业有重大推动作用；四是高度重视并积极支持企业党组织抓好党建各项工作任务的落实。

“企业之友”的评选表彰方式是：每隔几年评选一次，具体是每隔一年还是二年、三年，每次评选表彰数量多少等，由企业党组织根据企业实际情况研究确定，并结合企业周年庆典或年终表彰大会等进行表彰。

第八节　建设一支高素质专业化人才队伍

做强做优做大国有企业、建设具有全球竞争力的世界一流企业，关键是要建设一支忠诚、干净、担当的高素质专业化干部人才队伍。国有企业党组织要切实把加强和改进党的领导、党的建设，作为推动企业不断做强做优做大的核心动力来抓，教育引导广大党员干部职工正确认识国企、正确认识自己，始终做到心中有党、心有国企，始终做到讲责任、勇担当、甘奉献，始终以创业姿态、创业精神推动事业发展，努力传承红色基因、铸牢国有企业的“根”和“魂”，为推动企业不断做强做优做大提供坚强的人才保证和智力支持。

一、教育引导党员干部职工正确认识国有企业

认清事物的本质属性，是做好一切工作的前提。本质属性是指事物本身所固有的，决定事物性质、面貌和发展的，不随环境、时间、位置等的变化而发生变化的特性，也就是指事物固有的特质和内在规律。只有把事物的本质属性搞清楚、弄明白，认清其固有特质和内在规律，才能更好地开展工作、指导工作、推动工作，才能不断解决新矛盾新问题，推动工作取得新进展、新成效、新突破。

（一）正确认识国有企业的本质属性

认清国有企业的本质属性，是做好企业改革发展各项工作的前提。从经济学意义上看，企业是指以盈利为目的，运用各种生产要素向市场提供商品或服务，实行自主经营、自负盈亏、独立核算的法人单位或其他社会经济组织。企业是以营利为目的，因此具有天然的经济属性。那么国有企业的本质属性是什么呢？习近平同志在全国国有企业党建工作会议上指出，国有企业是中国特色社会主义的重要物质基础和政治基础，关系公有

制主体地位的巩固，关系中国共产党的执政地位和执政能力，关系中国社会主义制度。这就是说，国有企业作为一种生产经营组织，同时具有营利法人和公益法人的特性，也就是说在天然的经济属性之外，还具有鲜明的政治属性，两者科学地统一于国有企业的本质属性之中。国有企业的经济属性和营利性主要体现为追求国有资产的保值增值、放大国有资本功能、提高国有经济的整体实力和国际竞争力，其政治属性和公益性主要体现为承担党和国家赋予的推进经济社会发展的使命责任，发挥调和国民经济各个方面发展的作用，是中国共产党实施政治领导的重要物质基础、实施经济领导的主力军和实施社会领导的稳定器。过去一个时期以来，受市场经济一些负面因素影响，一些国有企业领导人对社会主义市场经济的本质要求和内在规律把握不清，片面强调国有企业的经济属性，轻视国有企业的政治属性，导致重业务轻党建，这种做法是与建设中国特色现代国有企业制度的本质要求不相符的。离开了党的领导，企业就不是国有企业；忽视了国有企业的政治属性，没有把加强党的领导和完善公司治理统一起来，就无法建设中国特色现代国有企业制度。习近平同志强调，坚持党对国有企业的领导是重大政治原则，必须一以贯之。国有企业党组织要按照习近平同志的指示精神把党的领导融入公司治理各个环节，把企业党组织内嵌到公司治理结构之中，明确和落实党组织在公司法人治理结构中的法定地位，切实做到组织落实、干部到位、职责明确、监督严格。

（二）充分认识做强做优做大国有企业的重大意义

国有企业党员干部职工要充分认识做强做优做大国有企业，对推动党和国家事业发展的重大意义。党的十八大以来，以习近平同志为核心的党中央高度重视国有企业改革发展工作。在 2016 年 10 月召开的全国国有企业党的建设工作会议上，习近平同志在讲话中强调指出，要“使国有企业成为党和国家最可信赖的依靠力量，成为坚决贯彻执行党中央决策部署的重要力量，成为贯彻新发展理念、全面深化改革的重要力量，成为实施‘走出去’战略、‘一带一路’建设等重大战略的重要力量，成为壮大综合国力、促进经济社会发展、保障和改善民生的重要力量，成为我们党赢得具有许多新的历史特点的伟大斗争胜利的重要力量”。特别是第一次提出“使国有企业成为党和国家最可信赖的依靠力量”，是第一次提出，振奋人心。这既是对国有企业地位作用的充分肯定，也是赋予国有企业的光荣使命。这也有力地证明，国有企业是肩负着光荣职责和神圣使命的执行党的政治任务的经济组织。中国共产党要坚持和发展中国特色社会主义，统筹推进“五位一体”总体布局和协调推进“四个全面”战略布局，实现“两个一百年”奋斗目标、实现中华民族伟大复兴的中国梦，国有企业肩负着重大历史使命。国有企业广大党员干部职工只有清醒认识身上肩负的神圣职责和光荣使命，才能不断增强工作荣誉感、责任感和使命感，为发展壮大国有经济贡献智慧和力量。

（三）切实增强做强做优做大国有企业的信心和动力

国有企业是国有经济的核心载体，是实现国有经济功能的重要支撑。没有国有企业就没有国有经济，就没有中国社会主义现代化建设取得的重大成就，就没有中国特色社会主义制度，就没有全体人民的共同富裕。新时代深化国有企业改革，决不是要把国有企业改小了、改没了、改垮了，而是为了更好地体现和坚持公有制主体地位，发挥国有经济的主导作用。习近平同志强调，国有企业不仅要，而且一定要办好，要理直气壮做强做优做大国有企业。习近平同志的重要指示，不仅澄清了社会上对于国有企业改革发展工作的一些错误认识，而且为深入推进国有企业改革发展指明了方向，注入了强大动力。把国有企业做强，就是要让国有企业成为市场竞争的强者，集中表现为企业的自主创新能力强、资源配置能力强、市场开拓能力强、风险管控能力强；把国有企业做优，就是要让国有企业成为经营管理的佼佼者，集中表现为企业的公司治理优、内部控制优、品牌形象优、经营业绩优；把国有企业做大，就是要让国有企业成为行业发展的领跑者，集中表现为国有企业在保证必要的规模、体量和比重的同时，要有大战略、大思维，以市场为导向，推进企业并购重组，推进优势资产资源集中集聚，努力实现大市场、大资源、大联合、大配置，努力把国有企业打造成具有国际竞争力、影响力的“国之栋梁”[①]。国有企业广大党员干部职工一定要把思想和行动统一到习近平同志的重要指示和中央的决策部署上来，旗帜鲜明地反对各种私有化、“去国有企业”等错误观点，切实增强政治自信、制度自信和市场自信，坚持和完善基本经济制度，推动企业不断做强做优做大，努力把国有企业打造成为“国之栋梁”“大国重器”。

首先，国有企业具有突出的政治优势。党的领导、党的建设是国有企业独特的政治优势，是国有企业的“根”和“魂”，集中体现为党的政治建设、思想建设、组织建设、作风建设、纪律建设和先进性、纯洁性建设以及党的群众工作优势，保证了国有企业改革发展的正确方向。国有企业党的领导作用、基层党组织的战斗堡垒作用和党员的先锋模范作用，讲责任、勇担当、甘奉献的核心价值认同，为国有企业改革发展提供了坚强的思想组织保证。这是做强做优做大国有企业的政治自信。

其次，国有企业具有突出的制度优势。以国有经济为主体的基本经济制度是中国特色社会主义制度的重要支柱，也是社会主义市场经济体制的根基。做强做优做大国有企业，发展壮大国有经济，目的就是要坚持和完善中国特色社会主义基本经济制度，保障和维护人民群众的共同利益，这是党中央的一贯方针，是国家的坚强意志，必须坚决贯彻执行，不能有丝毫的含糊和动摇。国有企业有党和政府特别是广大人民群众的坚定支持，能够围绕国家重大发展战略，在关系国家安全、国民经济命脉和国计民生的重要行业和关键领域进行产业布局，具有明显的制度优势，这是国有企业的地位作用决定的。这是做强做优做大国有企业的制度自信。

最后，国有企业具有突出的市场化机制优势。国有企业的市场化优势主要体现在资源配置、科学决策、成本控制、专业化运作及激励约束等方面。尤其是在激励方面，既有市场化激励手段，比如薪酬激励、绩效激励、限制性股票、股票期权等多种市场化激励手段，更有政治激励、荣誉激励等手段，特别是政治激励手段，也就是独特的政治优势是其他非体制内经济组织所不具备的，从而为充分吸纳各类人才、各种生产要素资源为

---

① 华晔迪：《理直气壮做强做优做大国有企业》，新华网，2015年9月15日。

企业发展所用提供了政治保障。只要把这些优势资源用足用好用活，就能不断推动国有企业做强做优做大，不断增强国有经济活力、控制力、影响力、抗风险能力。这是做强做优做大国有企业的市场自信。

二、教育引导党员干部职工正确认识自己

我是谁？我从哪里来？我要到哪里去？这既是一个哲学命题，也是一个政治命题。面对繁重艰巨的改革发展任务，面对纷繁复杂的客观世界，国有企业党组织要时常告诫广大党员干部职工，正确看待自己、正确看待集体，正确对待党组织的决策部署，正确对待政治纪律和政治规矩。这不仅仅是一个摆正自我位置、做人做事的原则问题，更是体现党性观念、党性修养的政治问题。基于国有企业改革发展实际，基于推动国有企业做强做优做大的需要，基于服务国家发展战略大局的要求，国有企业党组织要积极教育引导广大党员干部职工正确认识自己，始终做到心中有党、心有国企，始终做讲责任、勇担当、甘奉献的国企人。

（一）党员干部职工要始终做到心中有党

国有企业是党领导的企业，党员干部职工一定要始终做到心中有党。做到心中有党，就是要牢记共产党员的政治身份，坚定政治信仰，牢记工人阶级是中国的领导阶级，切实树牢“四个意识”、坚定“四个自信”、坚决做到“两个维护”，坚决把政治纪律和政治规矩挺在前面，做到感党恩、听党话、跟党走，自觉在思想上政治上行动上同党中央保持高度一致。牢记工人阶级是中国共产党最可靠的阶级基础，牢记国有企业干部职工的政治身份，正确认识国有企业的政治属性和人民属性，始终坚持政治引领，为实现国有资产保值增值、做强做优做大国有企业、巩固党执政的物质基础和政治基础履职尽责，在推动国有企业发展壮大进程中释放自己的智慧，实现自己的人生价值。强化党的意识和组织观念，自觉做到思想上认同组织、政治上依靠组织、工作上服从组织、感情上信赖组织，始终将自己置身于集体之中，不要游离组织之外甚至凌驾组织之上，搞我行我素，

特立独行；正确处理好个人与集体的关系，不要将个人的失责失误归咎于集体、把集体成绩当成个人功劳，有过时推诿塞责，有功时搞个人英雄主义；传承红色基因，弘扬光荣传统，始终保持清醒的头脑、坚定的意志，始终不忘初心、牢记使命，努力将党的意识和党性观念自觉融入到学习、工作、生活的方方面面。

（二）党员干部职工要始终做到心有国企

党员干部职工是企业的主人翁，必须始终做到心有国企。心有国企，就是要自觉把国有企业当成自己的心爱家园精心经营，像爱护自己的眼睛一样爱护国有企业，自觉融入企业，坚持与企业同呼吸、共命运，同奋斗、共辉煌，一步步成长、一点点蜕变。广大党员干部职工要清醒地认识到，国有企业是肩负着光荣职责和神圣使命的执行党的政治任务的经济组织，是中国特色社会主义的重要物质基础和政治基础，是值得自己精心爱护守护的美好家园，是奉献智慧力量、放飞事业梦想、实现人生抱负的重要事业平台。国有企业党组织要经常教育引导党员干部职工，要辩证地看待事情，有付出才能有回报，真诚的付出才能得到真诚的回报；一个人要茁壮成长，必须把单位当成自己的家，真诚付出、真诚奉献，这样才能做出优异业绩，才能得到同事和组织的认同，才能不断在不同的岗位和平台上展示自身价值，实现更大的理想和人生抱负。

（三）党员干部职工要始终做到讲责任

讲责任是对党员干部职工的基本要求。责任来自职务要求，责任来自岗位职责。有多大的职务要求就应该有多大的胸怀格局，有多大的岗位职责就应该有多大的目标任务。国有企业广大党员干部职工如何才能更好地做到讲责任？

一是站位一定要高。古语说，取法为上，得乎为中；取法为中，得者为下，而何况取法为下乎？党员干部职工的站位高不高，决定了工作思路定位高不高，决定了工作质量高不高。必须秉持“身在兵位，胸为帅谋”的理念，着力从大处着眼、从小处着手，只有这样，才能把工作谋划得更周全、思考得更深入，才能有效把握大局、狠抓工作落实，不断提高工作质量水平。

二是视野必须开阔。做事要眼观六路、耳听八方，不要光盯着自己的一亩三分地，更不要整天心藏小九九。能看到一公里远，绝不单纯看999米，也许仅余的那一米就隐藏着“地雷”和陷阱，会使自己前功尽弃。不要整天盯着所在企业的优点与不足，那将会局限和束缚住自己的视野，只有跳出来多看看同行业其他企业，跳出来多看看同行业和领域的其他国有企业，跳出来多看看上级国资委的要求，跳出来看看上级党委和党中央的要求，看问题的角度变了，思路就会更加开阔，思想境界就会不一样。

三是工作要用实劲。“行之力则知愈进，知之深则行愈达。”实践出真知。没有人天生会做事，都是坚持在干中学、学中干。必须撸起袖子加油干，不要撸起袖子一边看。“事辍者无功，耕怠者无获。”事业是个大舞台，只有谋实事、用实招、鼓实劲、求实效，不偷懒、不耍滑、不应付，把各项工作部署一锤一锤夯实，杜绝一切虚浮的东西，才是想干事、才是会干事、才是真干事、才能干成事。

四是善于从小事做起。大事考验一个人的胆识智慧，小事考验一个人的定力耐性。每个人所做的工作，都是由一件件小事构成的。做小事的过程是一个增长才干、锻炼胆识智慧、积蓄发展后劲的过程，从小事做起才能干好大事，这是人成长成才的客观规律，除此之外别无其他捷径可走。没有人天生就会做大事，也没有天生就是做大事的人。列宁有一句名言：“要成就一件大事业，必须从小事做起。”很多时候，一件看起来微不足道的小事，或者一个毫不起眼的变化，却能够实现工作中的一个突破，甚至决定着商场上的一个胜负。只有从一件件小事做起，把一件件小事做好做实，逐渐增长才干本领，才能得到他人和组织的肯定和认同，不断探索积累做大事的经验和智慧。

（四）党员干部职工要始终做到勇担当

勇担当是党员干部职工的党性要求。担当来自事业心，担当来自进取心，体现的是一个人的胸怀和抱负。有多大的担当精神就有多大的事业愿景，有多大的进取心就能创造多大的事业成就。国有企业广大党员干部职工如何才能做到勇担当？

一是要不甘人后。事业是干出来的，幸福是奋斗出来的。一个人要实现自己的人生抱负，彰显自己的人生价值，就不能安于现状、畏缩不前，必须积极树立奋勇争先、不甘人后的精神，常怀自省之心，永葆进取之志，自我加压、争分夺秒，真抓实干、勇创一流。实践反复证明，如果你不自觉提振精神状态，你终将被事业所抛弃、所淘汰；如果你不积极正视问题、主动解决问题，你终将被问题所困扰，甚至会被问题所击倒。只有努力的学、拼命的干，反复在吃劲岗位和生产经营一线经风雨、见世面、长才干、壮筋骨，不断强大内心、提高能力本领，才能干好事、干成事、干出大事业，最终脱颖而出，成为始终与时代共进的佼佼者。

二是要毫不拖延。拖不拖延是工作态度的真实体现，也是担当精神强不强的具体表现。成功与失败系于一念——态度决定一切。世上无难事，只要肯攀登。没有做不好的事情，只有愿不愿意做事情的态度。必须端正工作态度，坚决杜绝只说不干、拖沓推诿的不良风气，树立说了就干、马上就办的务实作风，不拖、不等、不靠、不推，以只争朝夕的精神、雷厉风行的作风和抓铁有痕的干劲闯劲，驰而不息抓好各项工作的落实。

三是要亲力亲为。纸上得来终觉浅，绝知此事要躬行。现在，国有企业有不少年轻干部职工是从“家门”“学校门”“机关门”出来的“三门”干部，身上存有“娇骄二气”，不愿意到基层一线锻炼，不愿意在艰苦一线淬火，对企业情况一知半解甚至不甚了解，习惯于纸上谈兵，文来文往、事来事去，找不到解决问题的思路，谋不实做好工作的举措。这些形式主义、官僚主义的做法势必对企业改革发展工作，乃至党和人民的事业发展带来极大的危害。国有企业的领导干部不仅要管好班子、带好队伍，还要身体力行、亲力亲为。领导干部率先垂范是一种无声的示范，是抓班子带队伍的重要方法。常言说得好，行胜于言，喊破嗓子不如做好样子。领导干部只有带头甩开膀子、迈开步子，当先锋打头阵，一级做给一级看，一级带着一级干，说话才有威信，做事才有底气，才能给那些工作作风漂浮的干部职工应有的压力和警醒。与此同时，还要有组织、有计划地把年轻党员干部职工放到急难险重岗位、生产经营一线和艰苦边远地区摔打锤炼、墩苗壮骨，强弱项、补短板，学真本领、练真功夫，不断提升干事创业的素质和本领、能力和水平。

四是要创新进取。在复杂多变的经济环境下，新情况新问题层出不穷。面对新情况新问题，必须用创新的思路去研究、去解决。现在，国有企业确实有一些党员干部职工因循守旧、不思进取，新路不会走、老路走不通、想过好日子、胡乱搞变通，最终走上了违纪违法犯罪的道路。只有勤于学习新知识，使思想认识跟得上时代步伐；善于接受新理念，使眼光视野跟得上世界潮流；敏于发现新事物，使认知行为跟得上实践发展，这样应对新情况才会有新思路、解决新问题才能有新办法、推动新发展才能有新举措。

（五）党员干部职工要始终做到甘奉献

甘奉献是党员干部职工应有的胸怀和境界。奉献来自思想信仰，奉献来自党性修养，奉献精神高低是检验一位党员干部职工思想信仰、党性修养高低的政治标准。一个人要想成就一番事业，就必须有所付出、有所牺牲、有所奉献。王国维先生在《人间词话》中说，古今之成大事业、大学问者，必经过三种之境界："昨夜西风凋碧树。独上高楼，望尽天涯路。"此第一境也。"衣带渐宽终不悔，为伊消得人憔悴。"此第二境也。"众里寻他千百度，蓦然回首，那人却在，灯火阑珊处。"此第三境也。王国维先生以诗词的形式巧妙的讲出了人生的三种境界：第一重境界讲的是要树立远大志向，第二重境界讲的是要有一种专注的牺牲奉献精神，不然就不可能有第三重境界"蓦然回首，那人却在，灯火阑珊处"的惊喜。国有企业广大党员干部职工如何才能做到甘奉献？

一是要心存感恩，不要居功自傲。党和政府为国有企业党员干部提供了广阔的干事兴业平台，不管自己当多大的官、做多大的事、取得多大的成绩，都是组织信任和培养的结果。没有党组织的培养，没有国有企业这个干事兴业的平台，没有团队的力量，任何人都可能一事无成。必须始终保持一颗感恩的心，在成绩面前，多想想组织和集体的功劳和作用，而不是个人的付出和贡献；在困难面前，多想想自己能力与担当的不足，而不是埋怨组织和集体的支持帮助不够，更不能这山望得那山高，总是觉得单位“庙小”了、岗位“屈才”了，这样的人是不可能做好工作的，也是不可能成就大事业的。

二是要日省吾身，不要自我膨胀。曾子曰：“吾日三省吾身，为人谋而不忠乎？与朋友交而不信乎？传不习乎？”就是说一个人每天都要多次反思自己，替人家谋虑是否不够尽心，和朋友交往是否不够诚信，老师传授的知识是否复习了呢？必须把这种自省精神作为个人道德修养和党性修养的重要内容，越是在成功时候越要反思自己，始终保持清醒的自我认知。实践反复证明，很多人出大事往往不是在艰难困苦的时候，而是在功有所成的时候。正所谓，人生逆境时要忍耐，人生顺境时要收敛，人生得意时要看淡，人生失意时要随缘。做人必须守底线、识敬畏、知进退、明得失。

三是要服从组织，不要藐视组织。组织是党员干部职工干事兴业的平台，人生进步的依靠。党员干部职工任何时候都不能游离于组织之外，更不能凌驾于组织之上。离开组织，党员干部职工失去的不仅仅是一个身份，还将失去干事兴业的重要平台。每位党员干部职工都必须强化党的意识和组织观念，自觉做到思想上认同组织、政治上依靠组织、工作上服从组织、感情上信赖组织，永远做忠诚、干净、担当的共产党员。

四是要懂得敬畏，不要乱碰底线。敬畏是人生的大智慧，不仅是一种人生态度，更是一种行为准则。“敬”是严肃、认真，“畏”是谨慎、不懈怠。心存敬畏，既是道德初心，也是做事良心。知敬畏则不敢肆而德以成，无敬畏则从其所欲而及于祸。习近平同志明确要求国有企业领导人员要做到“对党忠诚、勇于创新、治企有方、兴企有为、清正廉洁”。在这“二十字”好干部标准中，对党忠诚就是底线，清正廉洁就是红线。国有企业广大党员干部特别是各级领导干部心中时刻要明晰法度、规则、秩序，自警自重自省自律，敬畏底线，才能不越红线、不触高压线；时刻保持一颗谦卑的心，坚决把纪律和规矩挺在前面，才能坚持原则、守住底线；始终做到敬畏底线、不越红线，才能做好勇于创新、治企有方、兴企有为等各项工作，才能推动企业不断做强做优做大，创造出无愧于时代和人民的业绩。

三、教育引导党员职工掌握科学工作方法

广大党员干部职工要善于分析经济社会发展和企业发展中出现的新情况新问题，以新思路新举措解决工作中存在的问题和不足，推动工作取得新突破、事业实现新发展。用好辩证思维这把“金钥匙”，着力提高研究问题、分析问题、解决问题的能力。

（一）善于从政治上看问题

党政军民学，东西南北中，党是领导一切的。党对一切工作的领导，首先是政治上的领导。中共中央关于加强党的政治建设的意见明确指出，要强化国有企事业单位政治导向，保证各项工作坚持正确政治方向、取得良好政治效果。必须清醒认识国有企业的本质属性。国有，就是党和人民的企业，全体中国人民是国有企业的出资人，是企业的主人，因此，国有企业党员干部必须时刻牢记并解决好我是谁、为了谁、依靠谁的问题；企业，就是市场化，走市场化发展道路，通过精准考核、精准激励，解决好干与不干一个样、干多干少一个样、干好干坏一个样的问题，努力做强做优做大国有资本、实现国有资产保值增值、防止国有资产流失。没有党的坚强领导，企业就很难说是党和人民的企业，甚至连民营企业都不如；没有精准考核、精准激励，解决不了干与不干一个样、干多干少一个样、干好干坏一个样的问题，就失去了市场化含义，国有企业就会变成国有单位。因此，国有企业具有天然的经济属性和鲜明的政治属性，是肩负光荣职责和神圣使命，执行党的政治任务的经济组织，不是单纯的经济组织。国有企业党员干部职工所从事的每一项工作，都是党的事业，事关人民的利益。广大党员干部必须坚持以党的旗帜为旗帜、以党的方向为方向、以

党的意志为意志，善于从政治上研判形势、分析问题，自觉在党和国家工作大局下想问题、做工作，保证各项工作始终沿着正确的政治方向前进，符合党的要求和人民群众的根本利益。

（二）善于从全局上看问题

工作站位一定要高。站位高不高，是从全局看问题还是从局部看问题，是从群众利益角度看问题还是从个人利益角度看问题，决定了工作格局高不高，决定了工作质量高不高。广大党员干部必须秉持“身在兵位，胸为帅谋”的理念，善于观大势、谋大局，着力从大处着眼、小处着手，只有这样，才能把工作谋划得更周全、思考得更深入，才能有效把握大局、狠抓工作落实，不断提高工作质量水平。工作视野必须开阔。做事要有良好的知识视野、国际视野、历史视野，做到眼观六路、耳听八方，不要光盯着自己的一亩三分地，更不要整天心藏小九九。能看到一公里远，绝不单纯看 999 米，也许仅余的那一米就隐藏着“地雷”和陷阱，会使事业前功尽弃。国有企业广大党员干部不要整天盯着企业的优点与不足，那将会局限和束缚住自己的视野，只有跳出来多看看同行业其他企业，跳出来多看看同行业和领域的其他国有企业，跳出来多看看上级国资委的要求，跳出来看看上级党委和党中央的要求，看问题的角度变了，思路就会更加开阔，境界就会更加宽广，思路举措就会更加扎实，工作质量水平才能更高。

（三）善于用发展的眼光看问题

世界是普遍联系、永恒发展的，内在的矛盾运动是事物发展的根本动力。必须用好辩证思维这把“金钥匙”，坚持用全面、联系和发展的眼光看问题，才能在纷繁复杂的事物表象中把握发展规律、把准工作脉搏，才能不会因为一时的得失而焦虑纠结，不会在急难险重工作中顾此失彼，不会在开拓创新前沿迟疑不前。事物永远在变化发展，如果头脑僵化，认识停滞不前，必定会碰钉子。现今工作中，一些党员干部特别是党员领导干部做决策时盲人摸象、坐井观天者有之，揠苗助长、削足适履者有之，东施效颦、盲目跟风者亦有之……凡此种种，都是思想僵化、缺乏创新的表现，进而造成了形势看不准、思路不清晰、举措不扎实、工作一团糟的后果。面对机遇和挑战相互交织的现实情况，只有用发展的眼光看问题，才能提高驾驭复杂局面、处理复杂问题的本领，在权衡利弊中趋利避害，作出最为有利的战略抉择。比如，化解过剩产能、去除“小、散、弱”企业必然带来阵痛，甚至引发剧痛，但从长远来看，这对促进转型升级、防范系统风险意义重大，必须作为当前和今后一个时期的工作重点，扎实推进。

（四）善于从群众角度看问题

“时代是出卷人，我们是答卷人，人民是阅卷人。”以人民为中心是新时代中国共产党人政绩观的根本出发点。新时代党员干部政绩观的核心是一切为了人民，党员干部政绩好坏的评价主体只能是人民。党员干部必须牢固树立宗旨意识，坚持以人民为中心，树立真挚的人民情怀，把人民放在心中最高位置。始终把对党负责和对人民负责高度统一起来，时刻反省自己想问题是不是站在人民的立场上、作决策是不是有助于解决群众的难题、办事情是不是有利于增进人民福祉，竭尽全力解决人民群众最关心最直接最现实的利益问题，努力让人民群众有更多获得感、幸福感、安全感。“我将无我，不负人民”，这就是习近平总书记对人民群众的真挚感情，更是对坚持以人民为中心发展思想的最生动诠释。国有企业的党员干部职工应时刻将“我将无我，不负人民”铭记在心，融入血脉中，落实到想问题、作决策、办事情的各个环节中去。

第五章

着力推动国有企业党的政治建设工作创新发展

改革创新是时代发展的最强音，是推动新形势下党的政治工作发展的不竭动力。一部国有企业发展壮大的历史，就是一部政治工作创新发展的历史。面对新时期国内外形势的深刻变化，意识形态领域斗争的日趋尖锐复杂，国际敌对势力对我实施西化、分化的加剧，使得马克思主义一元化指导思想面临多元化社会思潮的挑战、社会主义核心价值观面临市场逐利性的挑战等问题，迫切需要加强国有企业党员干部职工对国家主流意识形态的认同；面对当前深化改革的攻坚期和深水区，以及深化国有企业改革带来的深层次利益关系和编制体制调整，要突破思想固化和利益固化的藩篱，凝聚深化改革、创新发展的共识和正能量，迫切需要国有企业政治工作创造性地发挥生命线作用；面对新形势新任务新要求，国有企业要实现党的十九大提出的“加快国有经济布局优化、结构调整、战略性重组，促进国有资产保值增值，推动国有资本做强做优做大，有效防止国有资产流失。深化国有企业改革，发展混合所有制经济，培育具有全球竞争力的世界一流企业”宏伟目标，迫切需要通过创新政治工作激发党员干部职工的干事创业激情，提振精神状态。

面对新的机遇和新的挑战，国有企业党组织必须顺应新形势新任务发展需要，坚定不移走政治工作创新发展之路，着力把准正确的政治方向这一政治工作创新发展的根本原则、着力紧扣凝聚党员干部职工智慧力量这一政治工作创新发展的重要着力点、着力聚焦营造良好政治生态这一政治工作创新发展的根本任务、着力把握推进思维理念创新这一政治工作创新发展的重要内涵、着力谋划方法手段创新这一政治工作创新发展的永恒课题，不断推动政治工作创新发展，赋予政治工作新的时代内涵，才能不断抓住机遇、有效应对挑战，永葆政治工作的生机活力，为推动国有企业不断做强做优做大、建设具有全球竞争力的世界一流企业提供坚强的政治保证。

一、着力把准正确的政治方向这一根本原则

政治方向是党生存发展第一位的问题，事关党的前途命运和事业的兴衰成败。习近平同志指出，中国共产党所要坚守的政治方向，就是共产主义远大理想和中国特色社会主义共同理想、“两个一百年”奋斗目标，就是党的基本理论、基本路线、基本方略。党的十九大报告明确指出，党的政治建设是党的根本性建设，决定党的建设方向和效果。如果不抓党的政治建设或者背离党的政治建设所指引的方向，党的思想建设、组织建设、作风建设和纪律建设就难以取得预期成效。必须坚决把政治建设摆在首位，用强有力的党的政治建设去统领党的其他建设，从而确保党的先进性和纯洁性，不断提高执政能力和领导水平。因此，推动政治工作创新发展，必须着力把准正确的政治方向，推动政治工作发展沿着正确的方向前进，发挥好加强党的建设的政治指南针作用。

面对新形势新任务新要求，推进国有企业政治工作创新发展，就是要推动国有企业党组织把坚持正确的政治方向，教育引导广大党员干部职工始终站稳政治立场，切实树牢“四个意识”、坚定“四个自信”、坚决做到“两个维护”，坚定不移听党话、跟党走，自觉在思想上政治上行动上同党中央保持高度一致，把智慧和力量凝聚到做强做优做大国有企业、建设具有全球竞争力的世界一流企业目标任务中来，凝聚到为全党在新时代坚持和发展中国特色社会主义伟大事业作出新贡献中来；就是要推动国有企业党组织把坚持正确的政治方向，贯彻落实到谋划重大问题决策、重要干部任免、重大项目投资决策、大额资金使用等“三重一大”事项决策执行的

实践中去，特别是要落实到做好选好人用好人管好人的工作实践中去，经常对表对标，及时校准偏差，坚决纠正偏离和违背党的政治方向的行为，确保科学民主依法决策，确保企业改革发展事业始终沿着正确的方向前进；就是要推动国有企业党组织以提升组织力为重点，突出政治功能、政治能力，把坚持正确的政治方向贯彻落实到从根本上解决和扭转一些企业存在的党的领导、党的建设弱化、淡化、虚化、边缘化问题，把各级党组织建设成为宣传党的主张、贯彻党的决定、领导基层治理、团结动员群众、推动改革发展的坚强战斗堡垒，把党支部建设成为直接教育党员、管理党员、监督党员和组织群众、宣传群众、凝聚群众、服务群众的先进党组织，引导广大党员更好地发挥先锋模范作用。把准了正确的政治方向，就把准了推动国有企业政治工作创新发展的根本原则。

二、着力紧扣凝聚智慧力量这一重要着力点

中国共产党是马克思主义政党，全心全意为人民服务是党的根本宗旨。只有牢记根本宗旨，永远保持拳拳赤子之心，人民群众就会始终选择党、认同党、拥护党、支持党。人民群众是中国共产党生存发展的土壤，人民群众对美好生活的向往就是党的奋斗目标。广大党员能否始终站稳人民立场，自觉践行全心全意为人民服务的根本宗旨，是关系党和国家前途命运的头等大事，是关系党的执政地位能否巩固的重大政治问题。加强新时代国有企业党的政治建设，推进政治工作创新发展，必须始终紧扣民心这个最大的政治，把凝聚党员干部职工的智慧力量作为重要着力点、发力点。

国有企业党组织和党员领导干部要坚持以人民为中心的发展思想，始终站稳人民立场，贯彻党的群众路线，坚持职工群众主体地位，永远把职工群众对美好生活的向往作为奋斗目标，正确处理好眼前利益与长远利益、局部利益与整体利益的关系，始终同职工群众想在一起、干在一起，坚决反对“四风”特别是形式主义、官僚主义，营造风清气正的干事创业环境，始终保持党同人民群众的血肉联系。坚持问政于民、问需于民、问

计于民，充分相信职工群众，紧紧依靠职工群众，尊重职工群众的首创精神，从职工群众中汲取智慧和力量，着力革故鼎新、攻坚克难，不断破除制约企业发展的热点难点问题。与此同时，要教育引导广大党员干部职工始终坚持新发展理念，改革创新、锐意进取、奋发有为，把精力和心思用在稳增长、促改革、调结构、惠民生、防风险上，用在破难题、攻难关、促发展、抓落实上，以解决问题的新举措新成效推动企业实现新发展；始终牢记自己的党员身份，始终站稳人民群众立场，着力想职工群众之所想、急职工群众之所急、解职工群众之所难，把职工群众的事当成自己的事来办，时时处处维护职工群众的合法权益，努力用对党忠诚、干净干事、勇于担当的先进性和纯洁性团结引领职工群众，凝聚起推动企业做强做优做大的强大力量。

三、着力聚焦营造良好政治生态这一根本任务

政治生态是一个地方政治生活现状以及政治发展环境的集中反映，是党风、政风、社会风气的综合反映，影响着党员干部的价值取向和为政行为。实践证明，一个地方或单位的政治生态好，人心就顺、正气就足；一个地方或单位的政治生态不好，就会人心涣散、弊病丛生。营造良好的政治生态，对于加强党的长期执政能力建设和先进性、纯洁性建设，不断提高党的建设质量，把党建设成为始终走在时代前列、人民衷心拥护、勇于自我革命、经得起各种风浪考验、朝气蓬勃的马克思主义执政党具有十分重要的作用。党的十八大以来，习近平同志多次强调，“做好各方面工作，必须有一个良好政治生态”，“解决党内存在的种种难题，必须营造一个良好从政环境，也就是要有一个好的政治生态”，“要尊崇党章，严格执行新形势下党内政治生活若干准则，增强党内政治生活的政治性、时代性、原则性、战斗性，自觉抵制商品交换原则对党内生活的侵蚀，营造风清气正的良好政治生态”。正是以习近平同志为核心的党中央营造了风清气正的良好政治生态，极大地增强了党的创造力、凝聚力、战斗力，党的十八大以来的五年中，党团结带领全国各族人民解决了许多长期想解决而没有解

决的难题，办成了许多过去想办而没有办成的大事，推动党和国家事业发生了历史性变革。面向未来，中国共产党要团结带领全国各族人民进行伟大斗争、建设伟大工程、推进伟大事业、实现伟大梦想，更需要营造风清气正的良好政治生态，使党的团结统一局面更加巩固，推动全党焕发出更加强大的强大生机活力。

自然生态要山清水秀，政治生态也要山清水秀。营造良好政治生态是一项长期任务。面对新时代世情国情党情深刻变化，面对党面临的“四大考验”和“四种危险”，面对党内存在的思想不纯、组织不纯、作风不纯等问题，必须以正视问题的自觉和刀刃向内的勇气，不断增强自我净化、自我完善、自我革新、自我提高能力，营造风清气正的良好政治生态。加强新时期国有企业党的政治建设，推进政治工作创新发展，必须把营造良好政治生态作为根本任务，着力浚其源、涵其林，治其病、救其弊，养正气、固根本，锲而不舍、久久为功。衡量政治生态好坏，一个重要标准就是看选人用人导向。选人用人导向决定着党员干部的努力方向，影响着政治生态的演变；有什么样的选用人导向，就会有什么样的干部队伍，就会形成什么样的政治生态。政治上有问题的人，能力越强、职位越高，危害就越大、影响就越坏。党组织选用的干部必须是政治上过硬、靠得住的干部。国有企业党组织必须把树立正确选人用人导向作为推动政治工作创新发展的重要着力点，突出政治标准，坚持知事识人、以事择人、依事选人，紧紧围绕事业发展和工作需要选人用人，切实把干部选好用好，让想干事的有机会、能干事的有舞台、干成事的有位置，不断激发党员干部职工队伍活力，营造风清气正的干事创业氛围。认真贯彻落实新形势下党内政治生活若干准则，严格执行“三会一课”制度，努力在经常、严肃、认真上见真章，让党员干部职工在严格的党内政治生活中经常接受政治体检，“照照镜”“洗洗澡”“红红脸”“出出汗”“排排毒”“治治病”，增强政治免疫力。加强党内政治文化建设，让党所倡导的理想信念、价值理念、优良传统深入党员干部职工的思想和心灵；弘扬社会主义核心价值观，弘扬和践行忠诚老实、公道正派、实事求是、清正廉洁等价值观，不断涵养政治定力、纪律定力、道德定力、抵腐定力，以良好政治文化涵养风清气正的政治生态。

四、着力把握推进思维理念创新这一重要内涵

理念是行动的先导，更是创新的先导。时代在发展变化，形势和任务在发展变化，政治工作必须跳出传统思维窠臼，突破思想局限和思路障碍，突破思维定势和路径依赖，不断以思维理念创新推动政治工作创新发展。国有企业党组织要适应新时代要求和新形势新任务的发展需要，积极推进政治工作思维理念创新，着力提高党的政治工作信息化、法治化、科学化水平。

着力树立以人为本思维理念，充分尊重职工群众主体地位和创造精神，遵循社会主义市场经济规律和人才成长规律，以国家发展需要和企业需求为导向，以培养人才创新精神和创新能力为重点，以提高思想道德素质和职业精神为基础，努力建设知识型、技能型、创新型的劳动者大军，培育新一代能工巧匠、大国工匠。着力树立信息化思维理念，走好网上群众路线，善于通过网络了解职工群众需求，主动回应关切，加强正面宣传，构筑网上网下职工群众的同心圆。着力树立法治化思维理念，明确把依法指导和开展工作作为思想观念、工作方式和纪律要求，建立健全依法运行工作的制度机制，坚持依法指导和开展工作，健全完善保证法规制度落实的有效机制，确保每一项工作的部署和贯彻落实都要源于法、始于法、终于法，推动政治建设工作迈上法治化轨道。着力树立一体化思维理念，特别是在推动混合所有制企业发展过程中，要善于调动体制内外各方职工群众的积极性、主动性和创造性，借助法人治理结构中各股东方的优势，形成人人热爱、人人参与政治工作的合力，实现政治工作整体效益的最大化。

积极推进政治工作运行模式和指导方式创新。坚持把运用信息化作为重要指导方式，着力解决传统政治工作的不适应、不合拍问题，推动信息手段在政治工作领域广泛运用，以信息力强化政治工作生命力。坚持把法治化作为基本运行模式，完善政治工作法规体系，将政治工作纳入依法决策、依法指导、依法落实的轨道。坚持把科学化作为重要发展导向，适应建设中国特色现代国有企业制度要求，加强标准化建设和流程化精细化管

理，围绕实现加强党的领导和完善公司治理的有机统一，努力把党的领导融入公司治理各环节，把党组织内嵌到公司治理结构之中，明确党组织在决策、执行、监督各环节的工作方式，提高科学筹划、科学组织、科学实施政治工作的能力水平。

五、着力谋划方法手段创新这一永恒课题

现代科学技术发展催生了机器设备的更新、管理体制的改革和生产方式的改进，也引发了与提高生产经营能力直接相关的政治工作方法手段的变革，为国有企业创新政治工作方法手段提供了新的载体和条件。国有企业党组织应积极把现代信息技术运用于企业政治工作领域，利用信息资源整合技术，科学配置整合政治工作的信息资源；利用人工智能技术，增强政治工作信息系统的辅助决策能力；利用复杂建模技术，着力破解政治工作量化程度低等难题。切实把互联网等现代媒体作为做好新时期思想政治工作的重要阵地，着力用好用活信息网络资源，充分利用信息网络互联互通、图文并茂、声像一体等特点，丰富工作新载体、拓宽育人新渠道、开辟工作新领域，推动政治工作由单向走向多维、由静态走向动态、由平面走向立体、由抽象走向鲜活，进一步拓展思想政治工作的空间和渠道。注重提升企业政工干部的信息技术素养，筑牢思想防线，加强网上舆论引导，抢占思想文化阵地，增强政治工作覆盖面和渗透力。积极推动“智慧党建”工作平台的研发使用，通过党建工作与互联网的融合，着力解决当前企业党员教育管理中存在的人员难集中、时间难保证、目标难统一、效果难检验、成果难分享等困难，努力实现党员的全过程、全天候、全维度教育管理及党建工作的全覆盖。注重发挥微信、微博、微视频等新媒体在政治工作中的积极作用，注重把现代信息技术运用于政治工作领域，大力开展互联网党建，着力办好办活国有企业政工网，建设信息化政工、大数据政工，推动政治工作融入网络信息体系，使信息网络成为发挥政治工作传统优势的“倍增器”。

附　录

铸牢国有企业的“根”和“魂”的生动实践

理论源于实践，理论高于实践。理论是行动的先导。加强新时代国有企业党的政治建设，坚持强化政治导向、铸牢国有企业的“根”和“魂”，既是一个内涵丰富的时代课题，更是一场把加强党的领导和完善公司治理统一起来、建设中国特色现代国有企业制度的伟大实践。书中前面章节关于加强新时代国有企业党的政治建设，强化政治导向、铸牢国有企业的“根”和“魂”的论述，既源于笔者对习近平新时代中国特色社会主义思想和党的十九大精神，特别是习近平同志关于加强国有企业党的建设系列重要讲话精神的认真学习和深刻理解，也源于笔者多年来对基层党建工作情况特别是国有企业党建工作情况的研究和思考，更源于笔者近几年来在广东省省属国有企业专职专责抓党建工作的探索和实践。为印证这些研究设想和政策建议的可行性，是否具有现实指导意义，以笔者所在单位广东省广新控股集团有限公司为例，进行实证研究，以论证加强新时代国有企业党的政治建设研究设想和政策建议的可行性和实证性。

一、广新控股集团基本情况

（一）广新控股集团概况

广东省广新控股集团有限公司（以下简称广新控股集团或集团）是2000年9月由广东省人民政府批准成立的国有独资企业，其前身是由23

家省属原主要专业外贸公司组建的广东省外贸集团有限公司。2002 年更名为广东省广新外贸集团有限公司，是当时广东省最大的传统外贸企业；2011 年更名为广东省广新控股集团有限公司。

广东省广新控股集团有限公司自成立以来，在广东省委、省政府和广东省国资委的正确领导下，围绕服务全省经济社会发展战略大局，始终坚持深化改革，坚持创新引领，扎实做好生产经营和改革发展工作，推动集团不断做强做优做大。特别是 2005 年随着国家外贸专营权的全面放开，使得之前主要依靠政策支持的外贸经营陷入困境。广新控股集团党委痛定思痛，积极解放思想，敢于自我变革，勇于开拓创新，按照广东省委、省政府和广东省国资委的改革部署，积极实施“二次创业、再造广新”转型发展战略，坚持自主创新与资本运营双轮驱动、相互促进，积极推进混合所有制改革，走专业化经营、实业化发展、产业链协同转型升级之路，成功转型为以新兴产业为主，推进实业投资，具有较好国际资源整合能力和竞争力的服务省委、省政府发展战略的新兴产业国有资本投资公司试点企业，形成了先进制造、新能源新材料、生物医药和食品大健康、文化创意和大数据营销、新型外贸等五大产业板块，彻底改变了过去“主业不主、专业不专、发展无序、动力不足”的格局。

经过 10 多年的艰辛探索和创新进取，广新控股集团转型发展取得突破性成效。2005 年至 2017 年，广新控股集团经营规模、赢利能力大幅增长，销售收入从 250 亿元增长至 569 亿元；利润总额增长 6.73 倍；归母净利润增长 4.70 倍；资产规模质量大幅提升，总资产从 101 亿元增长至 589.35 亿元，增长 4.9 倍；净资产从 22.19 亿元增长至 202.80 亿元，增长 8.14 倍；资产负债率从 78.03% 下降到 65.59%；自主创新能力大幅提高，高新技术企业数量从原来的一无所有迅速增长至 23 家，拥有 9 个国家级（含 3 个国家级企业技术中心）和 28 个省级研发平台，拥有专利、软件著作权等 1300 余项，2016 年和 2017 年连续获评广东省国资委系统创新驱动和转型升级优秀奖；产业结构不断优化，形成了以战略性新兴产业为主体的特色鲜明的五大产业板块。目前，广新控股集团已经成为广东省国资系统最主要的资本运作平台之一，是广东省营收规模最大，上市公司（含新三板）数量最多，高新技术企业数量、高新技术产业产值、国家和省级研发中心数量均名列前茅的省属国有企业，为广东省振兴实体经济发展作出了积极贡献。2017年，广新控股集团在中国企业500强中名列267位，在中国服务业企业500强中名列104位，在中企联“2017中国100大跨国公司”名列第88位，获评主体信用“AAA”级。2018年，广新控股集团被广东省企业联合会、广东省企业家协会授予“改革开放40周年广东省优秀企业”，是获得这一殊荣的两家省属国有企业之一。2018年，广新控股集团被广东省委、省政府确定为服务省委、省政府发展战略的新兴产业国有资本投资公司试点企业。

（二）广新控股集团的主要优势

国有企业是中国特色社会主义的重要物质基础和政治基础。广新控股集团党委始终牢记国有企业的政治属性和经济属性，始终不忘身上肩负的使命、责任、担当。面对困局敢于自我变革，面对困境勇于开拓创新，不忘初心、牢记使命、永远奋斗、勇于超越，始终以创业姿态和创业精神推动事业发展，是广新控股集团的文化内核。无论是2005年随着国家外贸专营权的全面放开，导致之前主要依靠政策支持的外贸经营陷入困境，使得集团产业发展战略变得模糊需要重新研究探索之时；还是后来产业发展模式初具雏形，转型之路稍为平坦顺畅之际，广新控股集团党委认定的服务广东经济社会发展战略大局的使命没有变，服务广东振兴实体经济的责任没有变，推动集团做强做优做大、培育具有全球竞争力的世界一流企业的担当没有变，始终把重新确定功能定位、谋划产业发展战略方向作为核心工作来抓，心无旁骛、坚定不移地推动实施产业高端化、经营国际化发展战略，坚持创新引领、战略投资和资本运营“三轮驱动”发展模式，以创新驱动为引领，以战略投资和资本运营为手段，促进三者相生互动、相互促进、协同发展、交相辉映，培育形成了具有较强的产业化能力、资本运营能力和资源整合能力等三大优势，为推动广新控股集团不断做强做优做大奠定了坚实的基础。

（1）具有较强的产业化能力

自 2005 年以来，广新控股集团先后投资控股了佛山佛塑科技集团股份有限公司、广东兴发铝业股份有限公司、广东肇庆星湖生物科技股份有限公司、广东广青金属科技有限公司、广东生益科技股份有限公司、印尼广青镍业有限公司等实业项目，形成了一批研发实力强、产业化基础好、行业发展影响大、辐射带动力强的骨干龙头企业，为集团发展战略性新兴产业奠定了坚实的基础。目前广新控股集团已经是全国乃至全球锂电池膜、光电偏光膜、铝业、有色建材等多个领域的最大生产经营企业之一。据广东省国资委《关于 2015 年度省属企业主业竞争力排名情况的通报》，2015 年度广新控股集团共有钢压延加工、铝压延加工、调味品、发酵制品制造、塑料制品业、广告创意业等 8 个行业入选本次排名，其中 7 个行业营业收入及利润总额均排名省属企业第一，6 个行业营收进入全省前三，5 个行业利润总额进入全省前三。

广新控股集团始终把科技创新作为推动企业转型升级的核心工作来抓，坚定不移推进技术创新、管理创新和商业模式创新，紧紧聚焦产业发展、技术革新以及重点项目建设，大力培育创新团队，努力以强有力的技术研发能力提高产业竞争力。第一，着力做强所属上市公司的创新研发平台，发挥上市公司在资源整合、激励机制等方面的优势，搭建更多的国家和省级研发平台，为广新控股集团推动先进制造业升级、促进实体经济振兴发展提供强有力的技术支撑。第二，努力做实建强广新创新研究院，打造高新技术企业孵化平台，促进重大科技专项协同攻关；成立广新新兴产业投资基金公司，借力各方资源，切实立足新兴产业投资领域，增强新项目拓展能力，使创新成为广新控股集团高质量发展的核心动力。第三，深入推进产学研合作，形成从管理体系到研发体系、产业化体系全链条的创新格局。自主培育的广新信息、金辉高科、金万达是具有国内领先技术的高新技术企业。2017 年广新控股集团在先进制造、新能源新材料、生物医药大健康等方面共投入研发经费约 8.91 亿元，占相应企业营业收入比重的 3.11%；科技创新业务创造新利润总额达 9.93 亿元，占比 65.9%，开展产学研合作项目 34 个。

在创新驱动战略的主导下，经过多年精心培育，广新控股集团形成了一批研发实力强、产业化基础好、行业发展影响大、辐射带动力强的骨干龙头企业，先进制造、新能源新材料、文化创意和大数据营销、生物医药大健康产业的营收规模已占营收总规模的 4/5 以上，为培育发展战略性新兴产业打下了坚实基础。广新控股集团旗下的企业中，佛塑科技是中国塑料新材料行业的龙头企业，兴发铝业是中国专业生产建筑铝型材及工业铝型材的龙头企业，广东省广告集团股份有限公司是中国本土最大的广告公司，广青科技是国内最大的高端不锈钢和镍合金生产企业之一。此外，旗下的广东省食品进出口集团有限公司扎实推进农业供给侧结构性改革，加快建设现代化高效环保生态猪场，推动企业从传统养殖向现代生态农业转型升级。良好的技术研发及科技创新能力，为广新控股集团创新转型发展奠定了坚实的基础。

（2）具有较强的资本运营能力

作为传统外贸企业，广新控股集团在组建后很长一段时间中始终处于产业价值链的低端，发展内生动力明显不足。正是基于对自身短板和不足的清醒认识，2008 年，面对国际金融危机的严重冲击，广新控股集团在内忧外患中谋求突破，果断决策，抢抓机遇，快速进入资本市场，努力危中寻机，实现化危为机。目前，广新控股集团共控股和参股了境内外 12 家上市公司（含新三板公司），上市公司数量和发展质量均居广东省属国有企业前列，具有较好的资本运营实操经验。

一是积极抢抓“危”中之“机”，实现低成本扩张。长期以来，广新控股集团坚持理性投资，注重研究把握证券市场走势，紧密跟踪上市公司运营状况和股价波动机会，始终在市场低迷时进行低成本扩张，在市场高估时减持平抑市场。如旗下的星湖科技、佛塑科技等公司的收购均在资本市场陷入低迷、上证综指跌至 2000 点以下的危机时期进行，以较低成本获取优质上市公司平台。通过低成本兼并收购，广新控股集团拥有了佛塑科技、星湖科技、兴发铝业等多家上市公司的控制权，2015 年又利用股市因“熔断”机制暴跌之机，增持广东生益科技股份有限公司、入股 TCL 集团股份有限公司，并借此快速介入新能源新材料、生物医药、铝材生产、电子电器等高新技术领域，形成新的核心主业。

二是精心培育打造上市平台，促进企业实现跨越式发展。广新控股集团坚持以“资源、资产、资金、资本”运作为主线，充分发挥上市公司的投融资功能和产业整合主体作用，通过自主培育，先后推动省广股份在主板上市，国义招标股份有限公司、广东广新信息产业技术发展有限公司、佛山金万达科技股份有限公司、上海瑞格市场营销股份有限公司、深圳钛铂新媒体营销股份有限公司、佛山市伟达光电材料有限公司等 6 家企业在新三板挂牌；通过战略性投资生益科技、TCL 集团等新兴产业公司，进一步构建多层次资本运营平台，推动相关企业实现跨越式发展。通过加强资本运作，广新控股集团以不到 20 亿的国有资本控制了近 600 亿资产，成功实现了资本运营平台的“从无到有”，上市公司的“从有到优”，国有资本增值超过 10 倍，有效做强做优做大了国有资本。

三是用好用活上市公司平台，增强核心竞争力和可持续发展能力。广新控股集团积极依托上市公司开展产业整合、投融资、跨国合作、市值管理、股权激励等工作，使之成为推进战略升级、管理升级、经营升级的重要依托和支撑，努力夯实发展基础，取得了较为明显的成效，广新控股集团的核心竞争力和可持续发展能力大大增强。

(3) 具有较强的资源整合能力

针对自身资源十分有限的实际，广新控股集团在推进“二次创业、再造广新”进程中，始终秉持“内强外联”的资源整合思路，注重优化整合内部资源、服从服务发展大局、博采众家之长、与国际产业对接协同，努力通过低成本扩张实现更好更快发展。

注重优化整合内部资源。广新控股集团紧紧聚焦产业发展方向，主动整合内部优质资产，将有限资源投向主导产业上，提升集团的核心竞争力和整体盈利能力。如广新控股集团在承债并购佛塑科技过程中，通过内部整合优化提升合捷供应链的整体竞争力，并将其注入佛塑科技，有力推动了佛塑科技的快速发展。

注意服从服务发展大局。广新控股集团积极主动服从服务广东经济社会发展战略大局，加快在粤东西北地区的产业布局，先后与阳江市、河源市、佛山市、肇庆市怀集县等签订产业发展战略合作协议，投资建设了阳江不锈钢产业集群，河源的宝金、宝友和汕尾的宝丰现代化高效环保生态养殖项目，以及怀集（广新）工业园区等。

注重博采众家之长。广新控股集团坚持将国有政治优势和市场化机制相结合，大力发展混合所有制经济，积极探索开展混合所有制经济管理实践，通过把加强党的领导与完善公司治理统一起来，进一步健全完善企业法人治理结构，努力把混合所有制企业打造成为科学整合体制内外优质资源的重要平台。广新控股集团先后成功整合了兴发铝业、培育了广青科技等企业，实现了与民营企业的强强联合，成为发展壮大混合所有制经济的典范。截至 2017 年底，广新控股集团共有所属混合所有制企业 179 户，占企业总数的 71%。

注重与国际产业对接协同。广新控股集团积极响应国家“一带一路”建设要求，以提升国际资源整合能力和国际竞争力为目标，抓住市场机遇，在做好风险防控研判工作的基础上，扎实推进“走出去”步伐，坚持“资本走出去”与“产业走出去”同步推进，明确先进制造业先走一步的策略，努力实现低成本扩张，有效推动了实体经济项目发展。通过整合国际资源，先后设立了印尼广青镍业有限公司、圣力（越南）特钢有限公司等重点境外项目。这其中，印尼广青镍业有限公司，是广东省参与丝绸之路经济带和 21 世纪海上丝绸之路建设的十大重点项目。

二、广新控股集团推进党的政治建设的总体设计

广新控股集团有限公司党委历来高度重视党建工作，自 2000 年成立以来，就始终把加强和改进党的领导、党的建设，作为推动集团改革创新转型发展的核心动力来抓。特别是党的十八大以来，针对过去一个时期属下一些企业党组织在组织管理上存在的“宽、松、软”问题，以及重经济属性轻政治属性、重业务轻党建的错误思想观念和思想认识，广新控股集团党委坚决贯彻落实党中央和广东省委以及广东省国资委党委的决策部署，坚持党要管党、全面从严治党，于 2016 年底制定出台了《关于在深

化国有企业改革中推动落实基层党建“加减乘除”工作方法的意见》，全面加强集团党建工作。党的十九大以来，广新控股集团党委深入贯彻落实党中央关于新时代党的建设总体部署，明确提出了坚持以党的政治建设为统领，做好强化政治导向工作，铸牢国有企业的“根”和“魂”的总体要求，明晰了新时代加强国有企业政治建设的总体理念、制度保障、思路举措和重点任务，努力以加强党的政治建设的新成效提高公司党建工作的质量水平，推动广新控股集团在新时代实现新的更大的发展。

（一）明晰加强党的政治建设的总体理念

经过多年来的改革发展实践，广新控股集团党委深刻认识到，坚持党的领导、加强党的建设是国有企业的“根”和“魂”，是国有企业独特的政治优势，是推动集团不断做强做优做大、建设具有全球竞争力的世界一流企业的核心动力。为此，广新控股集团党委强化问题意识，坚持问题导向，针对一些基层党组织存在的重经济属性轻政治属性、重业务轻党建的错误思想观念和思想认识，致使党建工作与生产经营工作出现“两张皮”的现象，明确要求各级党组织始终做到坚持党对国有企业的领导不动摇、坚持服务生产经营不偏离、坚持党组织对国有企业选人用人的领导和把关作用不能变、坚持建强国有企业基层党组织不放松，始终做到改革发展和党的领导、党的建设两手抓、两手都要硬，推动党的领导、党的建设与企业改革发展工作的深度融合、共融发展。

针对市场经济制度机制给国有企业加强和改进党建工作带来的新情况新特点新要求，广新控股集团党委着力转变各级党组织和党员领导干部对新时期国有企业党建工作的思想观念和思想认识，着力找准党建工作与生产经营工作深度融合的着力点、发力点。广新控股集团党委明确要求各级党组织和党员领导干部要清醒认识到，党的领导、党的建设之所以能够成为国有企业的“根”和“魂”，就是因为国有企业党建工作的本质要求是凝心聚力。“凝心”，就是统一思想，就是要把广大党员干部职工的思想统一到习近平新时代中国特色社会主义思想上来，自觉用以武装头脑，切实树牢“四个意识”、坚定“四个自信”、坚决做到“两个维护”；“聚力”，就是汇聚力量，就是要把广大党员干部职工的智慧和力量汇聚到推动广新控股集团不断做强做优做大、创建具有全球竞争力的世界一流企业上来，并为之永远奋斗；就是因为国有企业党建工作的核心价值在于凝聚党员干部职工的思想认识、建强领导班子和干部人才队伍、确保重大决策部署的科学决策和坚决贯彻落实；就是因为国有企业党建工作的关键环节是选好人、用好人、管好人；就是因为国有企业党建工作的基本工作方法是坚持问题导向、项目导向和结果导向等“三个导向”，摆正党组织和董事会、经营班子、监事会的关系，努力从“越位”的地方“退位”、让“错位”的地方“正位”、到“缺位”的地方“补位”，做到把关不代替、到位不越位、补台不拆台。广新控股集团党委在推动企业加强党建工作实践中，探索提炼的通过加强党的政治建设以提高党建工作质量水平的本质要求、核心价值、关键环节和基本工作方法，这一国有企业党建工作整体价值的“四大理念”，目的是要提高广大党员干部特别是党员领导干部抓企业党建工作的思想认识，转变抓党建工作的思想观念，促进党建工作与企业改革发展工作的深度融合。广新控股集团党委时时处处要求各级党组织和广大党员领导干部，只要深刻认识并科学把握好上述要求，就找到了党建工作与企业改革发展工作骨肉相连、相互融合的结合点，就能做到有的放矢、精准施策，就能实现党的政治领导、思想领导、组织领导的有机统一，更好地发挥把方向、管大局、保落实作用。正是基于广新控股集团党委对国有企业党建工作的科学把握和深刻理解，以及对各级党组织和党员领导干部的循循善诱，使大家廓清了思想认识上的迷雾，“抓好党建是最大的政绩，抓党建就是抓团队、抓经营、促发展、控风险”的思想观念逐步树立起来，“抓改革、强党建、促发展”的工作导向不断凸显出来，并随着时间的推移不断得到有效强化。

（二）明晰加强党的政治建设的制度机制保障

广新控股集团党委在加强党建工作过程中，始终坚持问题导向，紧紧聚焦属下一些企业党的领导、党的建设弱化、淡化、虚化、边缘化问题，根据全国国有企业党的建设工作会议和中共广东省委《关于在深化国有企业改革中坚持党的领导加强党的建设的实施意见》精神，适应新形势新任务和广新控股集团新的发展战略需要，围绕更好地坚持党的领导、加强党的建设，坚持思想建党和制度治党紧密结合，于 2016 年 11 月制定出台了《关于在深化国有企业改革中推动落实基层党建“加减乘除”工作方法的意见》。广新控股集团党委明确要求集团各级党组织强化管党治党、从严治党意识，努力通过在公司章程中明确党组织法定地位，切实增强各级党组织管党治党意识，完善企业领导体制，落实党建工作“四个同步、四个对接”，贯彻落实民主集中制操作规程，健全完善党建工作制度机制等工作，充分发挥党组织领导作用，做好“加法”建强机制；通过建立经常性督查指导机制，排查整顿软弱涣散党组织和庸懒散奢党员，严肃党内政治生活等工作，处理影响企业发展的负面问题，一个党员一个党员提升，一个阵地一个阵地巩固，做好“减法”补好短板；通过加强正面引导和示范教育，坚持正确的选人用人导向，创新基层党建工作载体和路径方法，激发广大党员干事创业热情，加强对群团工作的领导等工作，发挥党建工作倍增效应，服务企业改革发展中心工作，做好“乘法”促进发展；通过落实党建“一岗双责”和党风廉政建设“两个责任”，坚持底线思维强化红线意识，加强党性修养强化廉政教育，加强党员干部监督管理，强化监督执纪问责和严肃处置不合格党员等工作，把管党治党责任落到实处，做好“除法”去除痼疾。同时，通过建立政治建设专项督导制度和党建工作存在问题整改督导制度，建立完善党建工作考核评价指标体系和落实党建工作主体责任问责制度等，推动各项党建工作任务的落实，为强化政治导向、铸牢国有企业的“根”和“魂”提供坚强的制度机制保障。

（三）明晰加强党的政治建设的思路举措

广新控股集团党委深入学习贯彻习近平同志关于国有企业治理的重要论述，紧密结合集团改革发展实际，始终坚持加强党的领导和完善公司治理的有机统一，建设中国特色现代国有企业制度，不断健全完善加强公司党的政治建设的思路举措。

一是旗帜鲜明地把党的政治建设摆在首位。教育引导各级党组织和党员干部职工特别是党员领导干部，清醒认识国有企业具有天然的经济属性和鲜明的政治属性，必须坚决摒弃过去的重经济属性轻政治属性的错误做法，坚持政治属性和经济属性并重，坚持以政治属性为引领的党建工作本质要求。必须通过扎实有效的党的政治建设工作，把坚定的理想信念、坚强的党性原则、好干部标准和政治工作威信，这四个新时期加强和改进国有企业党建工作的带根本性的要求，在广大党员干部职工中牢固树立起来，确保公司改革发展工作始终沿着正确的方向前进。

二是旗帜鲜明地把党建工作要求写入公司章程。明确要求各级党组织将职责权限、机构设置、运行机制、基础保障写入公司章程，明确党组织参与重大决策的基本原则、基本程序和具体内容，强调“三重一大”事项特别是选人用人事项，必须经党组织研究讨论后，再由董事会或经理层作出决定，确保参与重大决策的制度化、程序化、规范化，更好地发挥把方向、管大局、保落实作用。

三是着力推动党建工作与改革发展工作的深度融合。明确提出国有企业党员干部始终面对着经济建设和政治建设“两个战场”，其中，经济建设是基础、是中心，是要务、是目标；政治建设是统领、是核心，是灵魂、是根基；只有政治建设抓好了，政治方向、政治立场、政治大局把握住了，把握政治方向、加强政治领导、夯实政治根基、涵养政治生态、防范政治风险的能力提高了，企业改革发展工作才能纲举目张。牢固树立“抓好党建是最大的政绩，抓党建就是抓团队、抓经营、促发展、控风险”的思想观念，突出“抓改革、强党建、促发展”的工作导向，推动党建工作与改革发展工作的深度融合，努力向党和人民交出经济建设和政治建设两份合格考卷。

四是明确要求科学把握党建工作和党务工作的辩证关系。教育引导各级党组织和党员干部特别是党员领导干部，清醒认识党建工作和党务工作的本质属性和内在区别，科学把握党建工作和党务工作的辩证关系，清醒认识党建工作是“本”和“纲”，党务工作是“标”和“目”，紧紧围绕抓好党建工作来从严从实做好党务工作，从而做到治标固本、纲举目张，形成抓好党建工作的共识和合力，更好地围绕中心、服务大局。

五是切实加强领导班子和干部人才队伍建设。把选好人、用好人、管好人作为国有企业党建工作的关键环节来抓，着力打造一支忠诚、干净、担当的高素质专业化干部人才队伍。严格按照“对党忠诚、勇于创新、治企有方、兴企有为、清正廉洁”的好干部标准，选优配强企业领导干部。健全完善“双向进入、交叉任职”领导体制，全面推行党委（党组）书记、董事长由一人担任，明确党员领导班子成员的党内分工，压实党建工作责任。坚持德才兼备、以德为先、任人唯贤，坚持知事识人、依事择人，坚持受命于危难之际提拔重用于重新崛起辉煌之时的用人导向，注重从吃劲岗位和生产经营一线、市场开拓前沿、技术创新前沿选拔干部，调动党员干部干事创业激情。突出做好人才培养、团队建设、精准定岗、精准考核、强化激励、强化约束工作，确保人才引得进、留得住、用得好。建立健全企业领导班子“防伪溯源”综合分析研判制度，构建具有广新控股集团特色的人才“防伪溯源”甄别体系，从严从实抓好领导班子和干部人才队伍建设。

六是坚决贯彻落实“四个同步、四个对接”。围绕构建严密党建网络，认真落实“四个同步”，规范企业党组织的设置、工作机构和人员配置，选优配强党务工作者，将党建工作经费纳入企业年度预算管理，实现“四个对接”，确保党建工作有部门分管、有人员抓、有经费保障，确保党组织和党务工作者作用的充分发挥。

七是积极探索创新基层党建工作的思路举措。围绕更好地发挥党的领导作用、基层党组织的战斗堡垒作用和党员的先锋模范作用，深入推进基层党建“加减乘除”工作，对抓好新形势下国企党建工作做出制度性安排；积极探索开展与企业有协同关系的体制内单位“共建优秀党组织”活动，实现生产经营有效对接、资源优势互补和党建工作水平的同步提高；大力开展在生产经营项目上建立项目党小组工作，把优秀党员选送到攻坚克难前沿和急难险重岗位摔打锤炼、经历风雨，促其墩苗壮骨、茁壮成长。

八是着力强化激励约束机制。建立健全党的政治建设专项督导制度，坚持“督导、整改、考核、问责”相结合，每年开展党的政治建设专项督导工作，推动全面从严治党向基层延伸、向基层聚力；研究制定《广新控股集团党的建设暨党风廉政建设考核办法》，明确要求党建工作要与企业改革发展工作深度融合，明确提出凡是企业年度生产经营工作考核不及格的，党建工作做得“再好”考核也不能获评优良等级；明确实行“一票否决”，即凡是党建工作暨党风廉政建设工作考核仅为及格的，经营业绩再好年度考核不能评为优秀等级；凡是党建工作暨党风廉政建设工作考核不及格的，经营业绩再好年度考核都视为不及格，并同时启动问责程序，凸显党建工作主业责任和国有企业政治属性的本质要求。

九是着力打造企业核心文化和价值体系。着力培育“为国企服务为荣、为社会奉献为荣”的价值理念，强化提升“爱岗敬业、甘于奉献，勇于负责、敢于担当，刻苦学习、积极进取，艰苦奋斗、自强不息”等四种精神，树立讲责任、勇担当、甘奉献的精神境界，铸造坚毅的广新品格。把打造企业核心文化和价值体系作为广新荣誉体系建设的出发点和落脚点，不断强化党员干部职工的价值认同和思想行为自觉，为建设新兴产业资本投资公司凝聚强大精神力量。探索设立“广新之友”荣誉称号，授予为广新控股集团发展壮大作出突出贡献的混合所有制企业中合作方主要负责人，以及其他社会各界友好人士，增强对国有企业文化和价值理念的认同，凝聚起做强做优做大国有企业的强大社会正能量。

十是旗帜鲜明地推进正风肃纪。把严明党的纪律与强化从严治企紧密结合起来，加强党性教育、宗旨教育和纪律教育，强化自律约束；严格责任考核、纪律考核和作风考核，坚持零容忍、无死角、全覆盖，严肃执纪问责，强化纪律刚性约束；完善市场化绩效考核体系，从严落实与市场对接的考核约束，努力营造风清气正的干事创业环境，为企业持续健康快速发展保驾护航。

在健全完善政治建设思路举措的同时，广新控股集团党委在实践中探索提炼形成了抓好集团党的政治建设，推动党建工作与企业改革发展工作深度融合、相互促进的，包括政治建设专项督导、共建优秀党组织、项目党小组建设、干部人才队伍建设、劳动技能竞赛活动和安全生产党员示范岗（责任区）等“六大抓手”。

一是政治建设专项督导。围绕破解企业基层党组织建设中存在的党组织弱化、支部书记软化、党员意识淡化、制度落实虚化等问题，以及全面从严治党上紧下松、上热下冷，呈现主体责任压力传导层层递减、层层弱化的问题，建立政治建设专项督导、整改、考核、问责相结合的制度机制，层层传导压力、层层压实责任，推动全面从严治党向基层延伸、向基层聚力。

二是共建优秀党组织。围绕发挥基层党组织的战斗堡垒作用，扎实开展与企业有协同关系的单位签约共建优党组织活动，明确双方在党建促发展上的合作方式、标杆项目及质量标准等，不断深化拓展开展活动的领域和方式，努力借力借智、推动创新驱动发展。

三是项目党小组建设。围绕发挥党员先锋模范作用，有效破解企业改革创新发展中的重点难点问题和攻坚克难工作，高度重视并扎实做好项目党小组建设工作，努力通过党员的先锋模范作用凝聚引领职工群众。

四是干部人才队伍建设。坚持干部人才团队建设先于产业发展的思路，围绕新兴产业国有资本投资公司（试点）的定位要求，以高素质专业化为目标，建设完善具有国企特色的广新控股集团经理人制度，不断完善集团和属下各企业的干部人才队伍建设，把干部人才队伍建设真正打造成为立企、兴企、强企的全局性战略性基础性工程。

五是劳动技能竞赛活动。围绕培育劳模精神、劳动精神和工匠精神，深入推进“奋进新时代、成就广新梦”劳动技能竞赛活动，在所属企业设立劳模和工匠创新人才工作室，把“奋进新时代、成就广新梦”全员劳动技能竞赛活动，打造成为广大党员干部员工立足本职岗位提升技能、创新进取、力争上游、推动发展的重要窗口，营造比学赶帮超良好氛围的重要途径。

六是安全生产党员示范岗（责任区）。深入开展安全生产党员示范岗（责任区）创建活动，提高广大党员干部职工的安全生产意识和主体责任意识，更好地促进生产经营安全，营造安全团结和谐的生产经营氛围。

广新控股集团党委明确指出，推动集团党建工作“六大抓手”所明确的重点工作任务落实，与企业的改革发展工作密切相关，事在当下、利在长远。广新控股集团党委要求各级党组织和广大党员干部特别是各级领导干部，要深刻认识抓好“六大抓手”的重大政治意义和现实意义，坚持正确政治方向，坚持不换频道、不变主题，坚持锲而不舍、久久为功，一步一个脚印，一月一个成效，一年一个台阶，以钉钉子精神抓好落实，努力凝聚企业改革发展工作的正能量，不断提高抓好党建促发展的政治自觉和行动自觉。

三、广新控股集团加强党的政治建设的积极成效

2016 年 10 月全国国有企业党的建设会议特别是党的十九大以来，广新控股集团党委高度重视并采取切实措施加强党建工作，坚决贯彻落实党中央关于新时代党的建设总体部署，坚持以党的政治建设为统领，坚定不移推进全面从严治党，强化政治导向、铸牢国有企业的“根”和“魂”，取得了积极成效，有力推动了生产经营各项工作的落实，为集团深化改革发展工作提供了坚强的政治保证和组织保障。

（一）进一步强化了基层党组织建设

针对属下一些企业基层党组织建设相对薄弱，创造力、凝聚力、战斗力不强的问题，广新控股集团党委坚持以提升组织力为重点，突出政治功能，全面加强基层党组织建设。

全面规范基层党组织设置。严格按照“四个同步、四个对接”要求，推动属下所有企业设立党建部门、配足党务工作者、党建工作经费纳入年度预算，明确 1 名企业党组织副书记负责抓党建工作；明确党组织在公司治理中的法定地位，推动所属企业全部完成公司章程修订工作；进一步完善集团和各企业党组织会、董事会、经营班子会议事规则，进一步修订完善集团和各企业“三重一大”事项决策程序，更好地发挥党组织把方向、管大局、保落实作用，确保党的领导、党的建设成为企业改革发展的“压舱石”。

切实压实党建工作主体责任。明确集团党委领导班子和属下企业党组织领导班子成员的党内工作分工，压实党建工作主体责任，形成抓党建工

作的共识和合力。明确集团和属下各企业年度党建工作重点任务，建立工作台账，制定工作责任清单，把任务分解到岗、责任到人、层层压实。坚持每季度召开一次党建工作推进会，部署党建工作重点任务，通报讲评落实情况，指出存在不足，理清思路举措，确保党建工作各项任务落到实处。

着力建强企业领导班子和党员干部队伍。坚持问题导向，突出领导班子这个重点，抓住党组织书记这个关键，选优配强领导班子。结合属下企业优化重组和党组织换届工作，对企业领导班子进行优化调整；举办企业党组织书记和党务工作者培训班，着力提高党组织书记强班子、带队伍能力；建立企业领导班子“防伪溯源”综合分析研判制度，全面把握领导班子履职尽责情况。根据研判结果，2017 年和 2018 年共对 12 名不担当不作为、履职尽责不力的企业班子成员进行降职调整处理。严格落实“三会一课”制度，严肃党内政治生活，严格按照上级党委部署要求开好各级领导班子民主生活、专题民主生活会和组织生活会等，增强党内政治生活的政治性、时代性、原则性、战斗性。

扎实开展“共建优秀党组织”活动。截至 2018 年 6 月底，广新控股集团所属二级企业与有协同关系的高等院校、科研院所、国有企业和政府相关部门等共结对“共建优秀党组织”25 个，实现全覆盖，有效推动了生产经营的有效对接、资源的优势互补和党建工作质量水平的同步提高。广新控股集团属下的广东肇庆星湖生物科技股份有限公司的技术中心党支部，与华南理工大学生命科学与工程学院微生物工程党支部通过结对“共建优秀党组织”活动，实现“一提一降”，即提高生产技术水平、降低生产成本，有效提升了研发水平，并引进博士后流动站 1 个。广东省宝金公司创新工作思路，把共建优秀党组织与联合创建项目党小组结合起来，整体谋划、同步推进，在与华南农业大学动物科学学院遗传育种与繁殖党支部共建优秀党组织的基础上，共同组建技术攻坚联合项目党小组，先后与华农大动科院联合向相关政府部门申报科研项目 9 个、建设 7 个科研平台、建立 1 个博士后工作站。广东省广告集团股份有限公司所属一些党支部先后与广汽集团、东风日产、一汽大众、中国银行、江门移动、暨南大学等单位的基层党支部开展“共建优秀党组织”活动，并创新性地探索设立以共同组建项目党小组的方式，在市场推动、品牌传播等领域共同联手研发相关针对性的解决方案，推动双方的合作与发展。

积极推进在攻坚克难前沿和生产经营一线等建立项目党小组工作。组织开展“奋进新时代、成就广新梦”全员劳动技能竞赛，以及在生产制造类型企业建立“安全生产党员示范岗（责任区）”等，让广大党员立标杆、作表率，以鲜明的先进性和纯洁性示范引领职工群众。目前，广新控股集团所有重点生产经营项目都普遍建立了项目党小组，涌现出一批先进集体和优秀党员，为企业改革发展作出了突出贡献。广新控股集团所属二级企业佛山佛塑科技集团股份有限公司围绕生产经营过程中的技术改革、安全生产、研发创新、采购销售管理等核心关键问题成立了23个项目党小组，其中佛山纬达光电材料股份有限公司，选准优化偏光太阳镜片的生产工艺这一关系到企业发展的重点难点问题组建项目党小组，党员干部在党小组工作中切实做到“亮身份、挑重担、比境界、作表率”，充分发挥了党员先锋模范带头作用，鼓舞并带领每一位党员、骨干职工及群众凝心聚力，持续攻坚克难、奋勇争先，推动了技改攻坚重点难点问题的妥善解决，有力地促进了生产经营。其中，改造电晕机交替CAB保护膜装置，实现线外贴合，月增产量1万平米，全年增收744万元；防雾膜涂胶不良改善等4个质量攻坚项目均达到预定成效，实现全年产量同比提升21%。广东兴发铝业股份有限公司在开展劳动技能竞赛中，多方合力组织开展吊车、叉车操作等专项劳动技能竞赛，组织职工群众积极参与地方举办的职业技能竞赛，取得了良好的成绩。金辉高科股份有限公司把开展安全生产党员示范岗（责任区）活动和劳动技能大赛结合起来，在抓好日常安全生产工作规范的同时，先后举办了安全文明生产竞赛、应急预案演练竞赛等，较大地提升了党员干部员工的安全生产意识和防范处置安全生产风险的能力。与此同时，在项目党小组推进项目攻坚克难过程中，以及开展“奋进新时代、成就广新梦”全员劳动技能竞赛和建立“安全生产党员示范岗（责任区）”工作过程中，通过党员先锋模范作用的有效发挥，进一步提升了职工群众对党组织的认可和拥护，许多参与项目攻坚和相关工作的优秀职工递交了入党申请书，积极向党组织靠拢。

设立“广新之友”荣誉称号。2018年初共授予2名为广新控股集团发展壮大作出突出贡献的混合所有制企业中民营合作方的主要负责人（即青山科技集团股份公司董事局主席项光达，广东兴发铝业股份有限公司创始人、名誉主席罗苏），增强对国有企业文化和价值理念的认同，促进股东方代表形成共同抓党建工作的共识和合力。

加强对基层党建工作情况的督导和考核评价。建立政治建设专项督导制度，实现每年巡察工作全覆盖；坚持“督导、整改、考核、问责”相结合，推动全面从严治党向基层延伸、向基层聚力；坚持激励与约束并重，研究出台《集团党的建设暨党风廉政建设考核办法》，强化结果运用，围绕推动党建工作要与企业改革发展工作的深度融合，明确提出凡是企业年度生产经营工作考核不及格的，党建工作做得再好，考核也不能获评优良等级；明确提出实行“一票否决”，即年度党的建设暨党风廉政建设考核仅为合格的，即使生产经营业绩再好，领导班子及其成员的综合考评都不能评为优秀以上；如果党的建设暨党风廉政建设考核不及格的，经营业绩再好，年度考核都不及格，凸显党建工作主业责任和国有企业政治属性的本质要求，提升各级党组织和党员领导干部抓党建工作的思想观念和思想认识。

经过两年多的不懈努力，广新控股集团基层党组织党的领导、党的建设“弱化、淡化、虚化、边缘化”问题得到有效解决，企业党组织的组织设置、班子建设、党员教育管理、组织生活、运作机制和工作保障等得到有效加强，政治功能和组织力得到有效提升，基层党组织的战斗堡垒作用进一步彰显。

（二）进一步提振了党员干部职工的精气神

两年多来，广新控股集团党委通过加强基层党组织标准化规范化建设，开展达标创优活动，着力培育和评选一批标准高、经验实、成绩好的“广新红旗党组织”，推动基层党组织建设不断加强；通过加大企业政治建设专项督导和领导班子“防伪溯源”综合分析研判工作力度、选优配强各级党组织领导班子和主要负责人等，增强了各级党组织书记抓班子、带队伍能力，提高了各级党组织的创造力、凝聚力、战斗力；通过强化精准考核、强化激励、强化约束，把政治肯定、精神鼓励与物质奖励结合起来，充分调动各类人才建功立业的积极性，打造“境界高、作风硬、本领强”的广新团队；通过大力开展广新荣誉体系争先创优活动，着力弘扬先进典型的模范事迹，大力培育“为国企服务为荣、为社会奉献为荣”和“讲责任、勇担当、甘奉献”的价值理念，不断强化党员干部职工的价值认同和行动自觉，铸造心中有党、心有广新的独特精神标识，锻造坚毅广新品格；通过坚持严管和厚爱结合，综合运用监督执纪“四种形态”，强化监督执纪问责，持续推进作风建设向纵深发展，推动管党治党从“宽、松、软”走向“严、紧、硬”，营造风清气正的政治生态和干事创业的良好氛围等多种紧贴企业实际、紧贴职工实际的党的政治建设工作，不断提振党员干部职工的精气神。

经过两年多来持之以恒加强党的政治建设，党员干部职工的政治素质和政治能力得到有效增强，党员干部职工作风有了较大提升，党员先锋模范作用进一步凸显，工作上“等、靠、要”的党员干部职工少了，叫苦叫累抱怨的党员干部职工少了，迎难而上、真抓实干、开拓进取、奋勇争先的党员干部职工多了，讲责任、勇担当、甘奉献精神进一步强化，国有企业独特的政治优势进一步彰显，有力推动集团改革发展各项工作迈上新台阶。

（三）进一步推动了党建工作与生产经营工作的深度融合

广新控股集团党委通过教育引导各级党组织和党员领导干部，科学理解和深刻把握国有企业的政治属性和经济属性，科学理解和深刻把握国有企业党建工作的本质要求、核心价值、关键环节和基本工作方法等“四大理念”，科学理解和深刻把握党建工作和党务工作的辩证关系等；通过扎实做好思想政治引领工作、用理想使命吸引人，扎实做好目标任务引领工作、用事业平台凝聚人，扎实做好经营管理引领工作、用企业文化塑造人，扎实做好激励约束引领工作、用正确价值引导人，推动党建工作与生产经营工作深度融合，有效破除了一些企业党组织和党员领导干部过去存在的重经济属性轻政治属性、重业务轻党建等错误思想观念和思想认识，坚持政治属性和经济属性并重、坚持以政治属性为引领的党建工作本质要求思想认识有效巩固，“抓好党建是最大的政绩、抓党建就是抓团队、抓经营、促发展、控风险”的思想观念日益牢固，“抓改革、强党建、促发展”的工作导向日益凸显，有效推动了党建工作与改革发展工作的深度融合。2016 年至 2018 年，集团的主要经营指标年年迭创历史新高。

（四）进一步增强了建设具有全球竞争力的世界一流企业的信心和动力

党的十九大以来，广新控股集团党委坚持以习近平新时代中国特色社会主义思想为指引，深入学习贯彻党的十九大精神以及习近平同志对广东工作的重要指示批示精神，深入贯彻中共广东省委第十二次党代会以及省委十二届历次全会精神，着眼于更好地服务广东经济社会发展战略大局，充分发挥现有的产业化优势、资本运营优势和资源整合优势，更好地调整结构、整合资源、聚焦主业、集约发展，推动广新控股集团不断做强做优做大，在广东省委、省政府和广东省国资委党委的关心指导下，明确提出了建设服务省委、省政府发展战略的新兴产业国有资本投资公司的功能定位，以建设具有全球竞争力的世界一流企业为奋斗目标，以聚焦粤港澳大湾区建设和粤东西北地区协调发展为重点，努力将广新控股集团发展成为建设粤港澳大湾区的生力军和服务粤东西北地区协调发展的主力军。围绕未来发展战略新的功能定位，广新控股集团党委明确将原有的“以战略性新兴产业和先进制造业为主的实业投资和园区建设，以新型外贸、国际化营销为引领的现代服务业”两大主业，优化调整为以新兴产业为主的实业投资这一大主业，重点发展先进制造业、新能源新材料、生物医药大健康、文化创意和大数据营销、新型外贸等五大板块，以集中资源重点投入，择优扶强，夯实主业加快发展。

为实现上述目标要求，广新控股集团党委认真贯彻落实新时代党的建设总要求，突出做好强化政治导向工作，努力铸牢国有企业的“根”和

“魂”，确保公司改革发展工作始终沿着正确的方向前进，确保党的领导、党的建设始终成为推动广新控股集团改革发展的核心动力。与此同时，广新控股集团党委牢固树立人才是第一资源理念，紧紧围绕新兴产业国有资本投资公司的功能定位，坚持党管干部、党管人才与市场化机制有机结合原则，突出政治标准，坚持权力与责任统一、激励与约束并重、严管与厚爱结合，积极探索创新制度机制，特别是通过在属下所有企业全面推开具有中国国企特色的广新控股集团经理人制度等，着力建设一支对党忠诚、勇于创新、治企有方、兴企有为、清正廉洁的国有企业领导人员队伍，建设一支信念坚定、视野宽广、敢于担当、勇于创新、真抓实干、清正廉洁的高素质干部人才队伍，建设一支有理想守信念、懂技术会创新、敢担当讲奉献的宏大的产业工人队伍，锻造境界高、作风硬、本领强的广新团队，铸造坚毅的广新品格。同时，加大培养锻炼优秀年轻干部力度，加强后备干部的培养、选拔、管理工作，注重从基层和生产一线选拔优秀年轻干部充实到后备干部队伍中，组织和安排年轻干部到生产经营一线、市场开拓前沿、科技创新前沿和吃劲岗位，去经受锻炼、砥砺品质、磨炼意志、锤炼作风、增长才干，努力建设一支政治素质强、业务技能精、作风形象好、工作业绩优、结构合理、专业齐备、善于领导企业科学发展的高素质后备干部人才队伍，为建设具有全球竞争力的世界一流企业奋斗目标提供坚实的组织保障和人才支持。

2018 年 9 月 28 日，中共广新控股集团有限公司党委与中共广东省委党校党委在广州举行了“国有企业党建理论研究与实践”战略合作协议签约和授牌仪式，标志着中共广东省委党校在国有企业中的第一个党建理论研究与实践基地正式建立。签约双方将以此为契机，充分发挥基地平台的积极作用，进一步深化对国有企业党建工作的研究，切实发挥省委党校党建理论研究和党建理论智库对国有企业基层党建工作的指导作用，切实总结、推广和提升国有企业基层党建工作的好经验好做法，努力在深化基层党建理论研究上出新成果，不断提高国有企业基层党建工作的科学化、标准化、系统化和规范化水平，让基地在提高省委党校教学科研水平、提高国企党建工作质量、打造国企党建品牌等方面发挥更好更大的作用，为广东省加强国有企业党建工作提供理论支撑和智力支持。

事业是拼搏出来的，幸福是奋斗出来的，新的宏伟发展目标也是干出来的。广新控股集团党委和广大党员干部职工完全有理由相信，有习近平新时代中国特色社会主义思想的科学指引，有党中央和广东省委、省政府以及广东省国资委党委的正确领导，有广新控股集团历届党委和广大党员干部职工长期不懈努力打下的坚实基础，只要广新控股集团各级党组织始终保持全面从严治党的责任感、使命感和紧迫感，始终把党建工作责任牢牢扛在肩上、紧紧抓在手上、从严落到实处，持之以恒地加强和改进党的领导、党的建设，发挥好政治工作生命线作用，扎实做好强化政治导向、铸牢国有企业的“根”和“魂”工作，找准党建工作与生产经营工作深度融合的着力点、发力点，推动党建工作与生产经营工作深度融合，广新控股集团建设新兴产业国有资本投资公司、创建具有全球竞争力的世界一流企业的奋斗目标就一定能够顺利实现，就一定能够为广东省实现“四个走在前列”、当好“两个重要窗口”作出新的更大的贡献，就一定能够为实现中华民族伟大复兴的中国梦作出广新控股集团广大党员干部职工应有的新贡献。

参考文献

习近平：《决胜全面建成小康社会　夺取新时代中国特色社会主义伟大胜利——在中国共产党第十九次全国代表大会开幕时的讲话》，人民出版社 2017 年版。

习近平：《在全国组织工作会议上的讲话》，人民出版社 2018 年版。

《关于全面深化改革若干重大问题的决定》，人民出版社 2013 年版。

《关于新形势下党内政治生活的若干准则》，人民出版社 2016 年版。

《中共中央　国务院关于深化国有企业改革的指导意见》，人民出版社 2015 年版。

《中共中央关于加强和改进党的群团工作的意见》，人民出版社 2015 年版。

《中国共产党支部工作条例（试行）》，人民出版社 2018 年版。

《中共中央关于加强党的政治建设的意见》，人民出版社 2019 年版。

《习近平在中共中央政治局第六次集体学习时强调：把党的政治建设作为党的根本性建设，为党不断从胜利走向胜利提供重要保证》，《人民日报》2018 年 7 月 1 日。

中华全国总工会：《关于进一步深化劳模和工匠人才创新工作室创建工作的意见》，《中国工运》2017 年第 9 期。

黄坤明：《培育和践行社会主义核心价值观》，《党的十九大报告辅导读本》，人民出版社 2017 年版。

杨晓渡：《推动全面从严治党向纵深发展》，《党的十九大报告辅导读本》，人民出版社 2017 年版。

王东明：《以习近平新时代中国特色社会主义思想为指导团结动员亿万职工为决胜全面建成小康社会　夺取新时代中国特色社会主义伟大胜利而奋斗——在中国工会第十七次全国代表大会上的报告》，《工人日报》2018 年 10 月 23 日。

江金权：《把党的政治建设摆在首位》，《党的十九大报告辅导读本》，人民出版社 2017 年版。

肖亚庆:《深化国有企业改革》,《党的十九大报告辅导读本》,人民出版社 2017 年版。

郝鹏:《新时代国有企业党的建设的根本指南》,《光明日报》2018 年 9 月 28 日。

胡汉舟:《国企党建工作的着力点在哪》,《学习时报》2016 年 1 月 14 日。

《夯实理论根基、凝聚思想共识、推动省属国有企业持续健康发展》,《陕西日报》2017 年 7 月 21 日。

曹列随:《央企党建工作责任制如何落实》,《企业文明》2014 年第 3 期。

李颖:《它往往成为革命和建设的历史转折点——从 109 个历史细节解读党代会的重要作用》,《北京日报》2017 年 9 月 11 日。

王璐:《提高新形势下党员教育的针对性、准确性和有效性研究》,《企业文化》2017 年第 9 期。

曹玉峰:《建立健全党内激励、关怀、帮扶机制的思考》,《经营者》2017 年第 5 期。

黄蓉生:《全面从严治党与完善和落实民主集中制》,《红旗文稿》2018 年第 13 期。

强卫:《坚持民主集中制原则》,《求是》2016 年第 12 期。

熊英:《民主集中制的运用和完善》,《光明日报》2017 年 5 月 1 日。

郑平:《坚持民主集中制这个最大制度优势》,《求是》2017 年第 6 期。

张广玲、戴军:《创新混合所有制企业党建工作新机制》,《光明日报》2014 年 8 月 10 日。

刘灿:《创新创业要有“工匠精神”》,《中国组织人事报》2015 年 9 月 18 日。

陈瑞:《浅谈进一步加强国有企业党风廉政建设和反腐败工作》,《企业文化·中旬刊》2017 年第 8 期。

王全印:《试谈加强国有企业反腐倡廉的对策》,《新西部·中旬刊》2016 年第 10 期。

梁成:《加强国有企业反腐倡廉建设》,《甘肃日报》2014 年 11 月 28 日。

李明辉:《加强和改进国有企业群团工作的几点思考》,《安徽工人日报》2015 年 7 月 30 日。

汪锦军:《提升新时代群团组织的社会凝聚力》,《浙江日报》2018 年 5 月 7 日。

赵燕:《如何做好新媒体时代国企思想政治工作——以五阳煤矿为例》,《中国矿业报》2018 年 5 月 7 日。

李健:《如何加强新常态下国企党建和思想政治工作的思考》,《祖国》2017 年第 14 期。

裴英英:《新常态下国有企业思想政治工作要做好“四个坚持”》,《企业文化·中旬刊》2017 年第 2 期。

王延奎:《深化政治工作创新发展要破立并举》,《解放军报》2016 年 4 月 29 日。

柯大文:《着力抓好政治工作创新发展》,《解放军报》2014 年 12 月 30 日。

司杨:《浅议新形势下如何加强国有企业党务工作者队伍建设》,《企业文化·中旬刊》2016 年第 6 期。

林郁:《推进党建工作与生产经营深度融合》,《东方烟草报》2018 年 6 月 5 日。

《党务工作包含哪些?党务工作者有何职责?》,《中国组织人事报》2018 年 8 月 17 日。

国务院国资委党建工作局、中国兵器人才学院联合课题组:《混合所有制中央企业党组织发挥作用的基本途径分析》,《现代国企研究》2016 年第 13 期。

后　记

时光飞逝。自 2016 年 8 月离开中共广东省委办公厅综合调研处，到广东省广新控股集团有限公司担任专职党委副书记，专职专责抓党建工作以来，已经过去了两年多。两年多来的工作历程，有喜悦，有疑虑，有挑战，更有信心。感到喜悦的是，随着全面深化改革不断向前推进，国有企业发展中的矛盾和问题不断得到有效化解，生产经营工作不断取得新成绩。感到疑虑的是，随着中国经济体制从社会主义计划经济向社会主义市场经济转变，受市场经济一些负面因素的影响，一些国有企业党组织和领导干部仍然存在“只抓业务不抓党风、只管发展不治腐败”现象，致使党的领导、党的建设出现了弱化、淡化、虚化、边缘化问题。感到挑战的是，如何才能找准国有企业党建工作和改革发展工作深度融合的着力点、发力点，使“抓好党建是最大的政绩、抓党建就是抓团队、抓经营、促发展、控风险”的思想观念，以及“抓改革、强党建、促发展”的工作导向，在国有企业各级党组织和广大党员领导干部中牢固树立起来，真正做到入脑入心、知行合一。感到更有信心的是，党的十八大以来，以习近平同志为核心的党中央吹响了全面从严治党的号角，特别是 2016 年 10 月全国国有企业党的建设工作会议以来，党中央对加强国有企业党的领导、党的建设作出了全面部署，为国有企业加强和改进新期党建工作指明了方向，提供了根本遵循；国有企业各级党组织和领导干部按照新时代党的建设的总体要求，按照党中央的决策部署，强化问题意识，坚持问题导向，不断解决企业党建工作中存在的问题和薄弱环节，不断加强和改进党的领导、党的建设，把加强党的领导和完善公司治理结合起来，推动国有企业改革发展工作取得了新的进展、新的成效。

国有企业具有天然的经济属性和鲜明的政治属性，国有企业党组织和广大党员干部职工始终面对着经济建设和政治建设"两个战场"。国有企业要实现党的十九大报告提出的"推动企业不断做强做优做大、建设具有全球竞争力的世界一流企业"奋斗目标，就必须按照新时代党的建设总体部署，按照政治建党的要求，坚持党要管党、全面从严治党，坚持把加强党的领导和完善公司治理结合起来，坚持以政治建设为统领，扎实做好强化政治导向工作，不断增强基层党组织的政治功能，不断提高基层党组织的组织力，不断提升广大党员的先进性和纯洁性，努力培育一种为国家为人民真诚奉献的精神，努力建设一个坚强有力的领导班子、一支勇于攻坚克难的高素质干部队伍、一支充分组织起来的职工队伍，更好地发挥党的领导作用、基层党组织的战斗堡垒作用和党员的先锋模范作用，确保党的领导、党的建设始终成为国有企业的"根"和"魂"。

党的领导、党的建设是国有企业的"根"和"魂"，但"根"不会自动扎牢，"魂"不会自然铸成。必须通过加强和改进党的政治建设，发挥党的政治工作的生命线作用，才能科学有效地铸牢国有企业的"根"和"魂"，除此之外别无坦途。强化政治导向、铸牢国有企业的"根"和"魂"是一项长期的庞大系统工程，必须坚持目标导向和问题导向相结合，着力理清思路、明确目标、确定重点、谋实举措，坚持锲而不舍、久久为功，以钉钉子精神抓好落实，才能落地生根、开花结果，不断取得实实在在的成效。

基于对加强国有企业党的政治建设的思考与探索，笔者对如何强化政治导向、铸牢国有企业的"根"和"魂"进行了研究思考，形成本书。关于书中的政策建议、思路举措和观点论断，除已经标注引用借鉴出处的之外，都是笔者基于对实际工作的思考、探索和研究，以及对国有企业基层党建工作经验做法的总结提炼，在此特别说明。

岁月的长河，从不停息；奋斗的征程，永远向前。加强国有企业党的政治建设是一项长期的庞大系统工程，需要国有企业广大党务工作者和社会各界有识之士的积极探索和深入研究，本书只是开了个头，以期起到抛砖引玉、投石问路的作用。基于笔者理论素养、专业知识、工作能力等方面的局限，在本书的谋篇布局、政策建议、思路举措、观点论断等方面可能存在许多不足之处，真诚希望广大读者批评指正、共同探讨，以便我们更好地为加强和改进国有企业党的政治建设献计谋策，不断提高国有企业党建工作的质量水平，更好地铸牢国有企业的“根”和“魂”，为推动国有企业不断做强做优做大、建设具有全球竞争力的世界一流企业提供坚强的政治保证。这正是笔者撰写本书的初衷和初心，也是笔者作为一名国有企业党建工作者应该积极主动担负的责任和使命。

本书的出版，得到了许多好友的支持与鼓励，我每写一章节都会用书面形式与他们交流，请他们斧正。特别是广东省广新控股集团有限公司党委书记、董事长黄平和党委副书记、总经理吴晓晖，中共广东省委党校（广东行政学院）常务副校（院）长杨汉卿，中共广东省委党校（广东行政学院）党史党建教研部主任梁道刚教授和副主任张浩教授，中共广东省委组织部干部四处副处长王贤品，广东省革命老区发展促进会副会长胡朝杰，广东省工商联副主席陈钦城，广东新华发行集团股份有限公司党委书记、董事长蒋鸣涛，江西省宜春市广东商会会长付平，以及连壮昭、李少勤、张汉湖、刘健、廖建军、王智霖等同志对本书提出了许多好的意见建议，并对我的工作给予了无私支持与帮助，在此一并致谢！在这里，我还要真诚感谢我的爱人张英姿和女儿张子玉的无私关爱和支持！真诚感谢本书的责编、审稿和出版等相关人员，特别是余平编辑给予的大力支持和帮助！真诚希望该书的出版能够给大家带来一些启迪思考，带来工作上的便利和身心上的愉悦。果真如此，再多的辛苦自然也是幸福的。

张秀中

2019 年 6 月于广州